农村治理体系和治理能力现代化

——慈溪农村专职干部制度研究

张小劲　张　汉　汪吉庶　孟天广　著

中国社会出版社

图书在版编目（CIP）数据

农村治理体系和治理能力现代化：慈溪农村专职干部制度研究／张小劲等著．—北京：中国社会出版社，2015.12

ISBN 978－7－5087－5227－3

Ⅰ.①农…　Ⅱ.①张…　Ⅲ.①农村—社会管理—现代化管理—研究—中国　Ⅳ.①C912.82

中国版本图书馆 CIP 数据核字（2015）第 303903 号

书　　名： 农村治理体系和治理能力现代化——慈溪农村专职干部制度研究
著　　者： 张小劲　张　汉　汪吉庶　孟天广

出 版 人： 浦善新
终 审 人： 李　浩
策划编辑： 孙武斌
责任编辑： 杨　非　　**责任校对：** 苗俊杰

出版发行： 中国社会出版社　邮政编码：100032
通联方法： 北京市西城区二龙路甲 33 号
电　　话： 编辑室：（010）58124841
销售部：（010）58124848
传　真：（010）58124856
网　　址： www.shcbs.com.cn
shcbs.mca.gov.cn
经　　销： 各地新华书店

中国社会出版社天猫旗舰店

印刷装订： 中国电影出版社印刷厂
开　　本： 170mm×240mm　1/16
印　　张： 16.25
字　　数： 220 千字
版　　次： 2016 年 2 月第 1 版
印　　次： 2016 年 2 月第 1 次印刷
定　　价： 32.00 元

中国社会出版社微信公众号

《社会治理视角下的社区建设丛书》

编辑委员会

总　序

张小劲

一、作为国家治理之基础的社区治理

2013年11月举行的中共十八届三中全会，经历了近一年的酝酿、起草和修订工作，以及会议期间高密度的审议工作，最终通过了《关于全面深化改革若干重大问题的决定》（以下简称《决定》）①。这一文件既体现了中央领导层的战略共识，更凝聚着全党上下的集体智慧，按照《决定》起草组组长习近平总书记的说法，这一文件充分考虑了社会的期待和诉求，直接因应着现实生活中的挑战和问题，要求以全面深化改革引领社会发展。"面对未来，要破解发展面临的各种难题，化解来自各方面的风险和挑战，更好地发挥中国特色社会主义制度优势，推动经济社会持续健康发展，除了改革开放，别无他途。"②

更为重要的是，《决定》将"完善和发展中国特色社会主义制度，推进国家治理体系和治理能力现代化"表述为全面深化改革的总目标。围绕

---

① 《中共中央关于全面深化改革若干重大问题的决定》（2013年11月12日中国共产党第十八届中央委员会第三次全体会议通过），载编写组编著：《〈中共中央关于全面深化改革若干重大问题的决定〉辅导读本》，人民出版社2013年版，1～60页。本文引述《决定》的文本均来自同引处，不另说明。

② 习近平：《关于〈中共中央关于全面深化改革若干重大问题的决定〉的说明》，载编写组编著：《〈中共中央关于全面深化改革若干重大问题的决定〉辅导读本》，人民出版社2013年版，85页。

着这一总目标的设定，《决定》全面论述了国家治理体系和治理能力的概念构成。2013 年新年伊始，习近平总书记又专门发表文章，强调“切实把思想统一到党的十八届三中全会精神上来”，对国家治理体系和治理能力问题做出了进一步的阐释：“国家治理体系是在党领导下管理国家的制度体系，包括经济、政治、文化、社会、生态文明和党的建设等各领域体制机制、法律法规安排，也就是一整套紧密相连、相互协调的国家制度；国家治理能力则是运用国家制度管理社会各方面事务的能力，包括改革发展稳定、内政外交国防、治党治国治军等各个方面。国家治理体系和治理能力是一个有机整体，相辅相成，有了好的国家治理体系才能提高治理能力，提高国家治理能力才能充分发挥国家治理体系的效能。”①

这些论述实际上已经完整地说明了国家治理体系和治理能力的概念体系。结合《决定》的文本，我们可以用图 1 的概念图示解释这些论述。

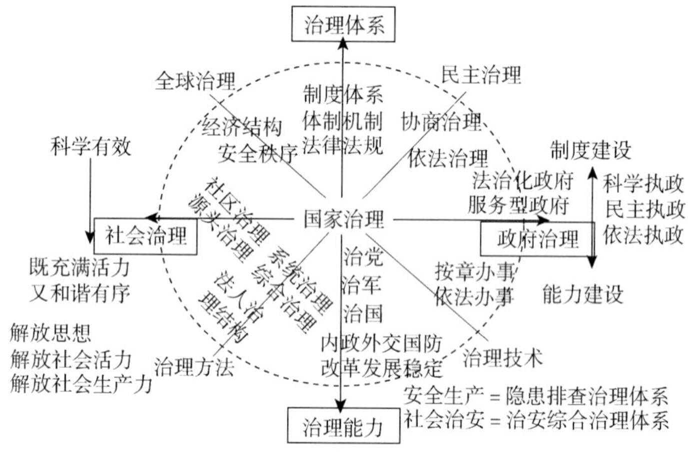

图 1　治理概念的框架性理解

从中可以看到，涉及政治、经济、文化、社会和生态文明五大领域的制度体系、体制机制和法律法规的完善、健全和配套发展，将是全面深化改革新阶段的重点所在，其核心在于执政党本身的制度法规建设，其关

① 习近平：《切实把思想统一到党的十八届三中全会精神上来》，载《人民日报》2014 年 1 月 1 日第 2 版。

键就是民主治理。由此而形成的国家制度安排，就是国家治理体系。实施和运用完备的制度法规从事国家事务的管理，包括治党治军治国，包括完成改革发展稳定的任务，包括处置内政外交国防事务的职责，意味着执政党必须实现科学执政、民主执政和依法执政，政府部门必须严格按章办事、依法办事，履行作为法治型政府和服务型政府的职能。国家治理能力就体现在这样的履职执政行为之中，政府治理首先就要治理政府。同时，对于整个国家而言，科学有效的治理还意味着要实现全社会既充满活力又和谐有序，因此，要有一系列方式方法的健全和完善，要注重解放思想，解放社会活力和解放社会生产力。

同时，从《决定》所强调的"五大建设"即政治建设、经济建设、社会建设、文化建设和生态文明建设的概念体系来看，那么，治理作为关键词在其中均占有关键性的位置。换句话说，治理在这五大领域均成为重要术语，在一定意义上讲，治理在这五大领域中具有一种重要的联结作用。但治理作为关键术语的使用又有相对聚集的一面。一如图2所示，治理在

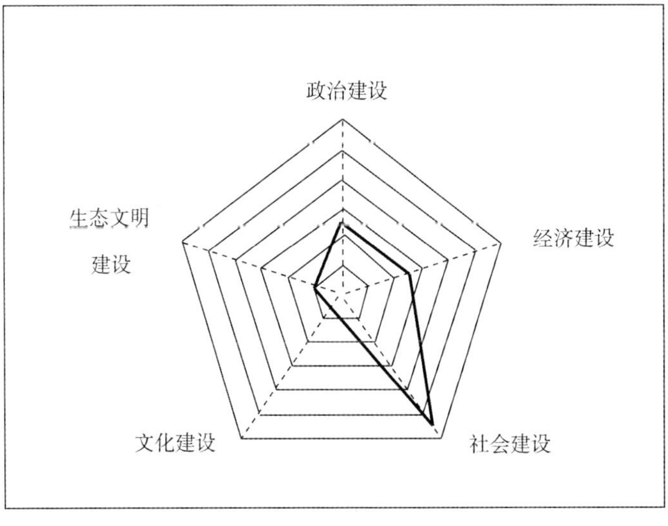

图2 治理在五大建设领域的出现频率比较

社会建设领域出现的频率最高，相关论述也最多。这无疑说明，治理作为关键术语和重要概念在社会建设领域居于最为重要的地位，也在相当程度上成为《决定》的最突出的特点之一。同时，这一描述性结果实际上还提

示着另一种反向观察，《决定》文本中没有提到治理问题或没有将治理作为关键术语所使用的领域，主要是《决定》文本所新增的“国防和军队”以及“党的领导”两个论题范畴。这在某种程度上提示着治理之于这两个论题的意义，或者说“无意义”，进而又在特定的意义上说明了治理作为关键术语和重要概念所包含的特定语义。易言之，在这两个论题领域，强调自上而下的管理、强调由下而上的服从，显然要远重于治理作为关键术语和重要概念所包含着的多元参与和平等互动的内涵。

再次，从类型学的角度来看，以24次的频率出现在14处且体现为16种构词方式的“治理”，可以用图3所示的矩阵加以归纳。所谓涵盖层次中的宏观与微观，主要是指治理作为关键词而与其他实词组合而成的词组所指称的对象物，大体上可以区分为宏观与微观两类，宏观是指相对宽泛、抽象和宏大的事物或领域，而微观则是指那些微型和具体的事

		涵盖层次：宏观	涵盖层次：微观
论说重点	方略	国际经济治理 国家治理（体系/能力） 政府治理 社会治理（体制） 依法治理 A	B 社区治理 学校内部治理结构 法人治理结构
论说重点	方法	C 环境治理 系统治理 综合治理 源头治理	D 隐患排查治理体系 社会治安综合治理

图3 治理构词的类型分析

物或领域；所谓论说重点中的方略与方法，是指治理与其他实词组合而成的词组所指称的对象物，可以划分为与路径和战略有关的方略问题以及与技术、手段和策略有关的方法问题。这样的区分当然是相对的，但这两个区分维度交叉所构成的4个象限，有助于我们更好地认知治理作

为关键术语所构成的词组的确切语义。由此而值得注意的是，倘若以创新的角度来观察，则可以发现，在治理的4种构词方式中，宏观和方略维度交叉形成的A象限中所包含的五种构词方式具有极其重要的意义，凸显了创新的取向。这些正是《决定》文本首次以正式的政治文件方式加以采纳的关键术语，并且进一步上升为重要概念的名词组合。也正是在这样的意义上，长期以来一向作为学术概念的“治理”，第一次上升到了国家战略的更高层次和法理高度，成就了改革理论和改革战略的一次重大突破。①

也正是在这样的意义上讲，在国家治理的框架内，社区治理的问题也有了实质意义上的提升，这意味着社区治理已经被纳入了国家治理的整体框架和战略布局，是国家治理的重要维度和基础构成。更确切地说，社区治理体系和治理能力走向现代化，也将是“全面深化改革”的重要任务之一。

二、什么是社区治理体系

从十八届三中全会《决定》的文本以及相关解释来看，国家治理体系主要涉及有关国家治理的体制、制度和机制。在这里，国家治理体系是指为了实现特定时期内的国家治理目标以及相应的国家发展战略及其规划设计，根据特定的国家意志以及相应的国家治理方略、原则、规范、政策方针而实施治理行为的组织结构、制度构成及其运转机制的统称。作为一种包容性的概念，国家治理体系所强调的是国家治理的系统化、配套性和协调性特征，所关注的是相对固化、稳定和长效的结构性因素，以及结构性因素之间的联结关系、结构性因素的相互作用形式及其功能指向。在这个意义上讲，《决定》所强调的“国家治理现代化”就是在实现伟大的“中国梦”、在走向小康社会的发展目标的进程中，中国的国

① 徐晓全：《从“管理”到“治理”：治国方略重大转型》，载《学习时报》2013年11月18日，第3版。

家治理体系应当相应地实现现代化。这是与宏观的发展目标相匹配的、既为实现这个目标提供坚实保障又在目标实现过程中不断优化的治理体系。更确切地说，“国家治理现代化”在目前全面深化改革中又体现为“四个全面”的战略部署，这就是为了“全面建成小康社会”，要通过“全面深化改革”的路径，要坚持“全面依法治国”的原则和“全面从严治党”的方法。

而国家治理体制、制度和机制，则是各有侧重的概念，尽管在实践中经常出现的是这三者的连用和混用。仔细分辨起来，国家治理体制是涉及国家治理的实质性组织形式、根本性权力配置和关键性重大制度的统称；按照中国宪法的规定，中国的治理体制是由人民代表大会制度、共产党领导的多党合作制度、政治协商制度以及民族区域自治制度所构成；与此相关且与之配套的则是各级人民代表的选举制度、党内民主制度、政府决策制度、司法制度、公务员制度等。国家治理制度，是构成为国家治理体制的诸多制度的统称，既包括前述各项重大制度，也涉及更加具体的制度形态和制度安排，例如政府决策制度中的集体决定制度、专家咨询制度、公众听证制度、成本核算制度、决算审计制度、绩效评估制度、信息反馈制度等。根据层级、范围和时效等属性的不同，还可以将这些具体的国家治理制度划分为不同的类型。相对而言，所谓机制，就是指由这些根本性的重大制度所决定的、由那些具体形态的制度运行和落实所产生的综合功能和集成效应的统称。例如，诸多政府决策制度的配合及其共同作用，即决策机制，其功能指向为产出既回应民众需求又适配资源条件的正当且合理的公共政策。也就是说，有什么样的制度构成和制度配套，就会产生什么样的机制。由此观之，就体制、制度和机制的概念区别而论，体制所强调的是诸多制度安排所构成的结构状况，机制所强调的是诸多制度安排所形成的功能作用；两者均关涉制度，且立基于制度的形态与性质：诸种制度的总和即构成为特定的体制，制度之间的契合、联结及其功能作用，即所谓机制。

由此观之，社区治理体系是指为处理社区公共事务和共同事务、进行社区治理的体制、制度和机制的统称。也就是说，与社区治理有关的制度、机制以及体制，统统包括在社区治理体系的概念之中；社区治理体系也包括了社区治理体制、社区治理制度和社区治理机制三个概念构成；而这三者也是既有关联又有区别的概念。其中，社区治理制度是指为从事社区公共事务治理而建构和形成的诸多制度安排；从纵向结构而言，包括中央政府主管部门和省市自治区、地级市、区县以及区县以下的政府相关机构和派出机构，以及这些机构为履行社区治理职责所实施的各项制度；从横向结构来看，包括有为满足社区居民各种需求而提供公共秩序、公共物品和公共服务的诸多公共部门以及受托受聘受雇承担相应公共职责和公共服务的私营机构和公益组织，以及这些公私组织在履行自身职责时所建立的各种制度；在社区内部，政府派出机构、居民自治组织、居民志愿组织、居民联合组织等，以及由法律法规、行政条令以及公共约定所规定的功能职责、所设定的活动形式，以及所调节的相互关系等，同样属于社区治理制度的范畴。这些制度的落实贯彻及其产生的实际功能和实践结果，由这些制度共同塑造和形成的综合作用和集成效应，就是社区治理机制。依据功能目标的不同、作用范围的大小以及功能指向的差异，社区治理机制还可以区分为更加具体的类别，例如社区自治组织代表选举产生机制、社区自治组织与各种驻地组织的议事机制和决策机制、公共服务供给机制等。

在比较宽泛的意义上讲，这些社区治理制度及其相应形成的社区治理机制，可以统称为社区治理体制。但在更狭义的理解中，社区治理体制又特指那些具有关键性作用、根本性影响和基础性意义的社区治理制度以及相应的社区治理机制。这些居于核心地位的制度及其机制，作为国家治理体系的组成部分，既受到国家治理体系的制约和影响，也必然随着国家治理体系的变化而发生着变化。因此，社区治理体制也经历了不同的变迁，呈现出不同的形态特点。

按照一般的理解，中国先后出现过多种各具特征各有差异的社区治理体制形态，其中包括，最初出现于根据地、曾在新中国建立初期盛行一时、至“文化大革命”动乱年代又曾一度复兴的“准军事管理体制”；立基于计划经济时代企事业单位体制之上的“强行政管理体制”；以及改革开放后曾作为过渡形态出现的“弱行政管理体制”，以及在近些年来逐步显现的“行政管理—服务体制”以及目前正处在发展中的“现代治理体制”。当然，这样的分类，是根据不同形态的主要属性和关键特征而加以概括的观察结果，也是“同构异质”的制度演化理论所提示的认识结论。在实践中，这意味着，尽管某些制度的结构构成也许持续未变，但其内在的某些重要因素却发生了变化，全新的结构要素开始介入发展过程，新的制度机制也随之产生出现，而制度运行的结果也就发生了很大的变化。

应当说，分析和认知社区治理体制的历史变迁和形态变化，是改革和完善社区治理体制的认识前提。正是在这样的认识基础上，才能进一步明确社区治理体制改革的形势与任务，才能理解社区治理体制改革的目标和意义。正是从这个意义上，本丛书试图对当代中国社区建设与治理问题进行专题式的梳理和分析，并从国家治理体系和治理能力现代化、特别是其中关于创新社会治理体系的论述出发，对社区治理体系、制度和机制加以全面审视，以发现作为国家治理之基础的社区治理的发展路径和动力。

序　言

2013年10月24日，在浙江省慈溪市崇寿镇傅家路村，举行了一场别开生面的“全市村专职干部聘用工作现场会暨傅家路农村社区服务中心专职工作人员聘用会议”。此次会议的主要目的，是以公开选聘的方式产生傅家路“农村社区服务中心专职工作人员”，又称为“农村专职干部”，也就是受聘于本村村级组织、在本农村社区专职从事社区管理与公共服务工作的农村社区工作者。

本次现场会的召开地点是慈溪市崇寿镇傅家路村。崇寿镇近年来一直高度重视农村村级组织建设工作，大力推行农村专职干部制度，实施村级管理中决策、执行、监督的适度分离，以优化村级治理机构，首创“农村社区工作人才库”制度，为农村专职干部队伍的规范化选拔、管理和培养提供了重要的制度依托。在崇寿镇召开本次现场会，具有重要的示范意义。

参加本次现场会的有：1. 崇寿镇各村党组织书记、村委会主任和政工负责人；2. 傅家路村党小组长、村民小组长、两代表一委员（党代表、人大代表、政协委员）及各界代表（共50名左右）；3. 慈溪市各镇（街道）组织委员和组织干事。

现场会的流程如下。首先由崇寿镇党委书记作动员讲话，然后由崇寿镇组织委员介绍《农村社区专职工作人员聘用办法》。之后进入正式的农村专职干部民主评议环节，由出席会议的傅家路村村民代表对8名傅家路农村社区服务中心专职工作人员候选人进行现场评议，然后对所有评议票进行计票，并现场公布结果。结果8名候选人全都顺利通过民主评议。傅家路村的镇联村领导宣读聘用人员名单，并颁发聘书，农村专职干部现场签订工作承诺书，然后由专职干部代表（傅家路村党组织副书记和村委会主任）作表态发言。最后由慈溪市委组织部副部长作总结讲话。

傅家路村的此次现场会，实际上是慈溪市农村专职干部制度十多年探索的一个缩影。从2001年开始，慈溪市分阶段逐步探索推行农村专职干部制度。其基本做法是，在农村党组织、村民委员会、村经济合作社这三套村班子之外，选聘一批农村专职干部从事村务管理与公共服务工作。农村专职干部以公开选拔的方式产生，向村三套班子负责。村三套班子成员与村专职干部主体一致，但适度分离，三套班子是议事机构，专职干部是执行机构。专职干部的工资由市镇两级财政负担，同时还享受养老保险等福利保障。

农村专职干部制度的探索，具有重要的政治意义和学术研究价值，反映了城镇化与农村社区建设深入推进背景下农村治理体系与治理能力的现代化。该制度的探索，进一步巩固了村党组织在农村的领导地位，进一步发展了农村基层民主，同时创新设计了农村专职干部聘用制，提高了村级治理的职业化和科学化水平，同时进一步保障了普通党员村民对村务管理与公共服务工作的监督权。由此，农村治理体系与治理能力的两大维度——民主与绩效，都得到了有效提升和保障。

本书以慈溪农村专职干部制度为个案，研究新时期农村治理体系与治理能力现代化的政治选择与实践机制。农村治理体系与治理能力现代化的政治选择，是在进一步完善和发展农村村级民主的基础上，把提高农村治理绩效摆在更为突出的位置上，大力提升农村治理的职业化和科学化水平。农村治理体系与治理能力现代化的政治选择与实践机制，则没有统一答案，各地因地制宜的创新之举都是积极有益的探索，也值得相互借鉴。慈溪的实践机制，就是农村专职干部制度，它以创新农村干部管理制度为核心，采用组织人事制度创新的方式来达到农村治理体系与治理能力现代化的目标。

本研究是一项实证社会科学研究。课题组由清华大学政治学系主任张小劲教授领衔，对外经济贸易大学国际关系学院讲师张汉博士、清华大学政治学系在读博士生汪吉庶和清华大学政治学系博士后研究人员孟天广博士参与。课题组于2012年12月、2013年5月、2013年6~8月和2013年10月共四个时段，进行了为期共约100天的深入调研。采用了实地观察、小组座谈、问卷调查、深度访谈和文献研究的方法收集研究资料。课题组对慈溪全市所有行政村的党组织书记进行了问卷普查，对全市除了村书记之外的村一般专职干部进行了概率抽样调查。课题组还在坎墩街道进行驻点调研，访谈街道主要领导干部及11个行政村的村书记和其他专职干部。同时也在崇寿镇、周巷镇和宗汉街道进行了调研。此外，课题组还收集了慈溪市党政有关部门及主要镇、街道在农村治理方面的文件，在慈溪市图书馆收集了相关地方文献，进行文献研究。课题组随后采用了定性与定量相结合的方法进行资料分析。

本书的章节结构如下。第一章从农村治理体系和治理能力现代化的角度，分析"中央一号文件"中所体现的农村治理中民主与绩效的有机结合的基本精神，并简要介绍慈溪农村专职干部制度的缘起。第二章介绍了与农村专职干部制度的起源有关的背景要素，包括村庄合并、村庄经营、城乡统筹和社会治理。第三章呈现的是慈溪原有的农村治理体系在城镇化的新背景下所暴露出的众多问题和困难，而农村专职干部制度，正是对这些问题和困难的积极回应和重要创新。第四章详细介绍了农村专职干部制度的探索目的和探索历程，具体的村专职干部选聘规则，以及镇（街道）在村专职干部选拔上的创新试点。第五章详细介绍了农村专职干部制度中对村专职干部的考核、培训和保障机制。第六章介绍了作为一种新型吸纳式村级民主平台的村级"和谐促进会"，它能够吸纳外来人口参与本村的村务管理工作，是农村专职干部制度重要的配套性制度设计。第七章对农村专职干部制度的运行效果进行全面的分析和评估，包括农村专职干部的构成以及履职和管理情况。第八章简要介绍了美国的城市经理制度，该制度在发展民主政治的同时建立起职业化的公共管理者队伍与科学化的公共管理体系，从而为农村专职干部制度的探索提供有益的参考。第九章从农村治理体系与治理能力现代化的理论视角，审视慈溪农村专职干部制度探索的成效并展望未来进一步完善和发展的方向。

本书写作的具体分工是：第一章由张汉博士负责撰写，第二章由汪吉庶负责撰写，第三章由张汉博士和孟天广博士负责撰写，第四章由张汉博士和汪吉庶负责撰写，第五章由张汉博士和汪吉庶负责撰写，第六章由张汉博士负责撰写，第七章由张汉博士和孟天广博士负责撰写，第八章由张汉博士负责撰写，第九章由张汉博士负责撰写，全书由张小劲教授统稿和定稿。

目　　录

第一章　农村治理体系和治理能力现代化：民主与绩效的有机结合 ……………………………………………… (1)
一、现代农村治理的两大基本维度：民主与绩效 ……………… (4)
二、完善农村治理机制的战略决策：对“中央一号文件”的分析 …………………………………………………… (7)
三、城镇化背景下的慈溪：农村专职干部制度的缘起 ………… (20)
四、小结 ………………………………………………………… (27)

第二章　政情与乡情：慈溪农村专职干部制度产生的背景 …………………………………………………… (29)
一、村庄合并：规模扩张的村治版图 ………………………… (31)
二、村庄经营：集体经济重新起步下的能人需求 ……………… (39)
三、城乡统筹：公共服务体系的全面植入与政府职能下移 …… (46)
四、社会治理：农村社区建设背景下的干部职业化要求 ……… (58)
五、小结 ………………………………………………………… (70)

第三章　结构与运行：慈溪农村治理的基本状况及其问题 …………………………………………………… (72)
一、村务管理 …………………………………………………… (73)

二、农村基层党组织建设 …………………………………… (82)
三、小结 …………………………………………………… (88)

第四章 选拔与聘用：农村专职干部的选聘分离方法 ……… (90)
一、农村专职干部制度的探索目标、政治理念和设计原则 …… (90)
二、慈溪农村专职干部制度的探索历程 ………………… (94)
三、慈溪农村专职干部的选聘规则 …………………… (103)
四、镇（街道）级农村干部选拔培养新机制试点 ……… (107)
五、小结 …………………………………………………… (121)

第五章 履职与管理：农村专职干部的考核、培训与保障机制 ……………………………………… (122)
一、农村专职干部的考核机制 ……………………………… (122)
二、农村专职干部的培训机制 ……………………………… (146)
三、农村专职干部的保障机制 ……………………………… (159)
四、小结 …………………………………………………… (165)

第六章 配套与支持：村级和谐促进会的新型吸纳式村级民主 ……………………………………… (166)
一、村级和谐促进会的创新尝试：一项草根试验………… (167)
二、村级和谐促进会的全面推广及其反响：草根试验的制度化 ……………………………………………… (171)
三、村级和谐促进会的创新意义：新型吸纳式村级民主 …… (175)
四、小结 …………………………………………………… (176)

第七章 制度运行状况的整体评估：问卷调查及访谈的发现 ………………………………………………… (178)
一、农村专职干部的构成 ………………………………… (179)

二、农村专职干部的履职与管理 …………………………………… (193)
三、小结 …………………………………………………………… (207)

第八章 他山之石：国外城市经理制对我国农村专职干部制度的启示 ………………………………… (209)
一、城市经理制：公共管理中的职业化社区管理者制度 …… (210)
二、城市经理制对中国农村专职干部制度建设的启示 ……… (220)
三、小结 …………………………………………………………… (224)

第九章 农村治理体系和治理能力现代化视野中的慈溪农村专职干部制度 ………………………………… (225)
一、慈溪农村专职干部制度的成效 ……………………………… (226)
二、农村专职干部制度进一步完善发展的方向 ………………… (231)
三、结语 …………………………………………………………… (234)

参考文献 ………………………………………………………… (236)

第一章　农村治理体系和治理能力现代化：民主与绩效的有机结合

国家治理体系和治理能力现代化，是中国共产党审时度势而作出的重要政治决策，这一目标的提出，为进一步深化改革指明了方向。2013年11月12日，中国共产党第十八届中央委员会第三次全体会议通过的《中共中央关于全面深化改革若干重大问题的决定》旗帜鲜明地指出："全面深化改革的总目标是完善和发展中国特色社会主义制度，推进国家治理体系和治理能力现代化。"这是中国共产党在其正式文件中第一次从治理的角度全面概括我国改革大业的总体目标，内涵丰富，意义深远。

2014年2月17日，习近平在省部级主要领导干部学习贯彻十八届三中全会精神全面深化改革专题研讨班上，进一步系统阐述了推进国家治理体系和治理能力现代化的历史背景、现实根据、科学内涵及制度模式选择、价值体系建设等重大问题，强调要适应国家现代化总进程，提高党科学执政、民主执政、依法执政水平，提高国家机构履职能力，提高人民群众依法管理国家事务、经济社会文化事务、自身事务的能力，实现党、国家、社会各项事务治理制度化、规范化、程序化，不断提高运用中国特色社会主义制度有效治理国家的能力。这是中国共产党的领导人首次鲜明提出"国家治理体系和治理能力现代化"这一现代政治的核心理念，成为我国进行国家治理体系和治理能力建设的具体指针。

2014年10月23日，中国共产党第十八届中央委员会第四次全体会议审议通过的《中共中央关于全面推进依法治国若干重大问题的决定》，更是旗帜鲜明地提出了"坚持走中国特色社会主义法治道路，建设中国特色社会主义法治体系”这一重大命题，指出依法治国是实现国家治理体系和治理能力现代化的必然要求。这一重要文件首次把依法治国放入推进国家治理体系和治理能力现代化的新的理论高度进行阐释，不但丰富了关于国家治理体系和治理能力现代化的理论体系，而且使依法治国的原则成为全面深化改革进程中的重要保障，因此具有更为开创性的意义。

在我国快速城镇化进程中，我们需要把农村治理体系和治理能力现代化摆在更为突出的位置。国家治理体系和治理能力现代化是一项复杂的系统工程，包含了很多要素和过程，其中农村治理是一个需要持续关注的领域。中国拥有历史悠久的农耕文明，“乡土中国”是中国传统文明形态的集中体现。[①] 直到近代，中国仍然是一个以农民为主体的前工业化国家。正是基于对农民问题的充分理解和高度重视，中国共产党领导的革命斗争采取了“农村包围城市”的独特方式，而不是照搬苏联的中心城市武装起义的方式才取得了最终胜利。中华人民共和国建立以来，党中央一直高度重视农业农村问题，然而计划经济时期赶超式工业化的迫切需求，导致农村发展长期迟滞。改革开放以来，包产到户、农村税费改革等一系列重大改革，不断激发农村新的发展活力。然而，城乡分治的社会结构长期没有得到彻底改变，以工促农、以城带乡的改革目标尚未完全实现。近年来中国积极推动城镇化发展战略，这是推动城乡统筹发展的绝佳时机。广大农村群众对公共服务的需求日益提高，农村公共服务与管理工作日益繁重，这是提升农村治理绩效的客观要求。同时，城乡融合与统筹的发展格局，也要求农村基层民主能够更好地发挥聚合民意、协调社会利益和推动公众参与等作用。在这一关键时刻，我们应该高度重视农村治理体系和治理能力现代化的问题。

农村治理体系和治理能力现代化，是城镇化发展背景下的一项重大政治选择。其基本方针，应该是在进一步完善和发展农村村级民主的基础上，把提高农村治理绩效摆在更为突出的位置，大力提升农村治理的职业化和科学化水平。我国的农村治理长期处于经济资源、技术资源、

① 参见费孝通，《乡土中国》，北京：中华书局，2013 年版。

人力资源和制度资源全面缺失的状况中，治理结构松散，治理能力低下。这种农村治理样态早已无法适应城乡统筹发展的新要求。在稳定和提升农村村级民主质量的同时，大力提升农村治理的绩效水平，是当前农村工作的当务之急。

农村治理体系与治理能力现代化的实践机制，没有统一答案，各地因地制宜的创新之举都是积极有益的探索，也值得相互借鉴。群众路线长期以来都是我们党一切工作的根本路线，中国共产党人一切为了群众、一切依靠群众、从群众中来、到群众中去。我们党相信群众的智慧和创造力，这也是一切地方创新实践的根本来源。改革开放以来，在稳定发展农村村民自治的基础上，各地根据自身的实际情况，已经探索出一些完善农村治理的具体做法，取得了一定的成就。这些创新的制度尝试，不但成为应对当地经济社会发展中的挑战的重要措施，而且对于中央的顶层制度设计也具有重要的试点意义，引起了党和国家、上级党委政府及学术界的极大关注和肯定。这些都是党领导下农村人民当家做主的具体表现和广大农村群众的智慧与创造力的生动写照。

浙江省慈溪市近年来探索的农村专职干部制度，正是推进农村治理体系和治理能力现代化的有益探索。该制度以创新农村干部管理制度为核心，采用组织人事制度创新的方式来达到农村治理体系与治理能力现代化的目标。农村专职干部制度，首先是对党管干部原则的秉承和发展，确保了党对农村事业的全面领导和党组织在农村治理中的核心地位。农村专职干部制度也积极吸收了现代管理学的先进理念，倡导村务决策和执行的适度分离，并把农村干部的管理能力和业务素质作为干部聘用的重要标准，并通过相应的制度建设和资源投入，确保农村专职干部有能力、有意愿、有资源从事农村治理工作。

本章将在理论层面探讨农村治理体系与治理能力现代化这一重大议题，并提出，民主与绩效的有机结合，是农村治理体系与治理能力现代化的题中之意。接着，本章将通过对 1982 年以来“中央一号文件”的回顾和分析，理清中央关于完善农村治理机制的战略决策。最后，本章将简要介绍慈溪农村专职干部制度的缘起。

一、现代农村治理的两大基本维度：民主与绩效

现代国家治理有两大分析维度，即民主与绩效。赵鼎新指出，一个国家政权能否维持其有效统治，主要取决于该国家政权的合法性。而国家政权的合法性，则有意识形态、绩效和程序三大来源。[①] 在一个国家政权建立之后，其意识形态基础会维持相对稳定，哪怕是形式上的延续性。在中国共产党持续执政的条件下，维系国家政权的主流意识形态必然是马克思主义及其中国化。在这一基本前提不变的条件下探讨中国的国家治理，需要重点考察绩效和程序两大合法性来源。国家治理绩效合法性，指的是国家有能力为其公民提供公共服务，体现的是一个国家政权的质量和效能。国家治理程序合法性，指的是国家领导人通过民主程序产生，体现的是一个国家政权对民意的尊重。根据民主－绩效二维度对现代国家治理进行类型学分析，就可以得到有效民主、无效民主、有效专制、无效专制四种理想类型（见图 1.1）。

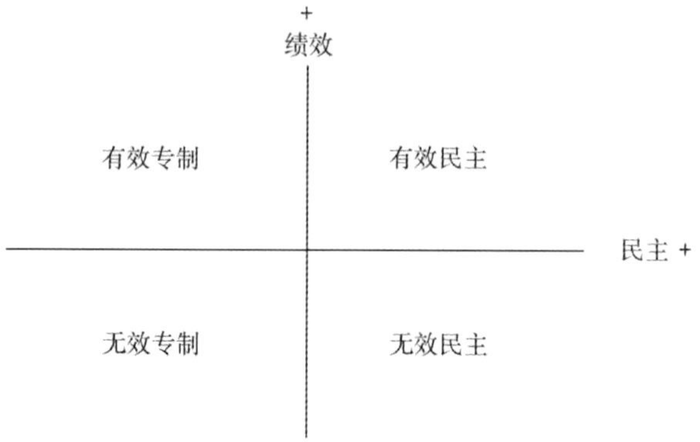

图 1.1 现代国家治理的民主－绩效二维度分析

① 赵鼎新，《当今中国会不会发生革命?》，载《二十一世纪评论》（香港），2012 年 12 月号，第 6－11 页。

推进国家治理体系和治理能力现代化，必须正确认识和妥善处理民主与绩效的关系。虽然世界各国政治体制不同，但是民主早已成为当今世界政治体制设计中公认的准则，民主的基本含义“主权在民”已经为各国所认可。同时也要看到，民主的“价值”意义十分凸显，但它同时也是一种产生实际效果的国家治理形态，因而又有其实效性的一面，也就是其解决现实的政治问题、回应人民需求的能力。因此，在推进国家治理体系和治理能力现代化的过程中，不应该只醉心于民主制度的价值合法性和形式规范性。现实政治中失败的民主制度比比皆是，如果一个民主政体仅仅流于形式而绩效水平低下，那么这种政体同样会丧失其合法性。① 从另一方面讲，国家治理的绩效也需要由民主制度来导航。民主制度可以聚合公众利益，反映公众诉求，从而确保国家政策符合公意。如果国家治理在体系结构和程序设计上达到了很高的实效水平，具有很强的执行力，但是却缺少民主制度的导航，那么其结果或者是无法有效获知公众需求而导致公共服务的无效供给，或者是专制与暴政，导致对公意的大规模践踏和制度化压制。因此，现代国家治理必须努力寻求民主与绩效的有机结合。

作为国家治理的一个子系统，农村治理中同样需要解决好民主与绩效有机结合的问题。然而，当前我国的农村治理中，民主与绩效都尚未得到充分的发展。一方面，农村治理中民主制度的发展始终得到高度重视，但现有的制度设计尚未有效发挥聚合村民利益诉求、规范农村公共权力行使的功能；另一方面，农村治理的绩效问题一直没有得到足够重视，农村治理的科学化水平和农村干部的职业化水平偏低，农村公共服务质量难以得到保障。

这些问题，与对民主概念的形式化理解和配套民主制度建设的缺失有关。20 世纪 80 年代村民委员会制度确立，从而第一次在中国农村治理的历史上引入了民主选举制度，农村自治组织从此需要经过草根民主的程序产生，中国历史悠久的乡村自治传统得以在民主制度的框架中延续和发展。

---

① 余逊达，《序二》，载余逊达、徐思勤主编《民主、民主化与治理绩效》，杭州：浙江大学出版社，2011 年，第 1 – 2 页。

然而，长期以来不少国内学界和政界人士把民主制度简单理解为“选举”这一形式，忽视农村公共权力运行与监督中的一系列配套制度设计。中国农村基层民主的“四个民主”中，对民主选举的重视程度最高，而对民主决策、民主管理和民主监督则尚未予以足够的重视。在村务决策、执行和监督过程中，普通村民的参与率不是很高，民主精神得不到充分体现。

此外，现行的农村村级民主，也无法适应城乡统筹的发展趋势。首先，村级组织的设置具有一定的封闭性，选民资格的确定和村委会委员的选举，均基于本村土地的集体所有及承包关系，长期在村居住和工作的外来人员，一般无法参与村委会的选举及公共事务的管理。① 其次，大规模村庄合并导致行政村规模急剧扩大，基于自然村熟人社会特征的村庄民主已经难以维系。由于行政村并非乡村社会日常生活的基本单元，行政村村委会选举中，候选人与选民的互动频次和熟悉程度均较低。村庄规模扩大导致村民大会的召开成本大大增加，已经无法在日常村务决策中发挥应有的作用。同时村委会与普通村民的日常沟通与互动日益减少，普通村民对村务决策、执行和监督中的权利难以得到保障。②

而农村治理绩效，则是一个近期才受到关注的议题，在这方面还缺乏系统的研究和制度建设。改革开放以来，由于发展经济的现实需求，原本应该是公共服务机构的农村基层组织，却冲在了投资经营活动的第一线。这虽然造就了乡镇企业在一段时间内的快速发展和农村经济状况的改善，但是也造成了村级组织“理性经济人”和“公共服务者”两种角色的交叠和冲突，使得村级组织的公共服务职能严重扭曲乃至退化。在国家全面取消农业税并逐步加大对农村的财政转移支付力度之后，这种局面才得到根本改变，村级组织的公共服务机构的角色定位得到明确，农村治理绩效问题才得到更大的关注。然而目前的农村治理体系和治理

① 项继权，《从“社队”到“社区”：我国农村基层组织与管理体制的三次变革》，载《理论学刊》，2007年第11期，第85－89页；杨海坤、曹寻真，《中国乡村自治的历史根源、现实问题与前景展望》，载《江淮论坛》，2010年第3期，第117－126页。

② 李永彩，《从“问题村官”看村级民主的困境与出路》，载《中共云南省委党校学报》，2013年第2期，第175－177页；冯兴元、柯睿思、李人庆，《中国的村级组织与村庄治理》，北京：中国社会科学出版社，2009年，第400－402页。

能力现状，都无法满足农村公共服务发展的需求，这突出表现在农村治理制度建设滞后和农村干部职业化程度偏低两个方面。以往选拔的农村干部，往往是村里“镇得住”的强势人物，或者是“能带路”的致富能手。在新形势下，缺乏现代公共服务与管理知识的村干部，在开展农村公共服务工作时往往力不从心。

因此，推进农村治理体系和治理能力现代化，实现农村治理中民主与绩效的有机结合，关键是加强村级组织建设和农村干部队伍建设。村级组织和农村干部是党和政府在农村的工作力量所在，是党和政府在农村联系群众、依靠群众、服务群众的依托。加强村级组织建设，加强对农村干部的培养、教育、管理和监督，既能推动农村民主的进一步发展，也能有效提升农村治理的绩效水平。

二、完善农村治理机制的战略决策：对“中央一号文件”的分析

完善农村治理机制，是中央长期高度关注的重大议题。2015 年 2 月 1 日，中共中央、国务院印发了《关于加大改革创新力度加快农业现代化建设的若干意见》，这是中央自 2004 年以来连续第 12 年发布“中央一号文件”。中央关于农业农村工作的“中央一号文件”是一个连贯的文件系列，从农村治理体系和治理能力现代化的理论视角，回顾和审视 1982 年以来指导农业农村工作的“中央一号文件”，我们就可以把握我国农村工作领域中的重大发展态势，以及中央有关完善农村治理机制问题的战略决策。

“中央一号文件”原指中共中央每年发出的第一份文件。1982—1986 年，中共中央连续五年发布以农业农村工作为主题的“中央一号文件”。2004—2015 年，中共中央又连续 12 年就农业农村工作问题发出“中央一号文件”。这些文件指出了党和政府在每年需要重点解决的农业农村工作问题并作出具体部署。因此，“中央一号文件”已经成为指导我国农业农村工作的年度纲领性文件的代名词，它生动地反映了中央对农业农村问

题的高度重视。

需要注意的是，在1987—2003年，虽然“中央一号文件”并未以农村工作为主题，但这并不意味着中央在当年没有就农业农村工作作出重要部署。比如在1987年，“中央一号文件”的标题是《中共中央关于向全体党员和干部、群众、传达〈邓小平同志关于当前学生闹事问题的讲话要点〉的通知》，而“中央五号文件”《把农村改革引向深入》，才是中央对当年农村工作的总体部署。从2004年开始连续十一年继续以农业农村工作为“中央一号文件”的主题，实际上是当时以胡锦涛为总书记的党中央对20世纪80年代农村改革时期这一“文件政治”① 传统的回归，也再次充分体现了中央对农村工作的高度关注。这一传统在习近平担任中共中央总书记之后得到延续。

完善农村治理机制是“中央一号文件”中的重要内容。“中央一号文件”是每年统领农村工作的纲领性文件，文件内容一般涵盖农业、农村、农民问题的诸多方面，在有些年份则集中针对某项具体的工作。完善农村治理机制，是保证农村各项工作落到实处的基本要求，因此也是“中央一号文件”中的重要内容。在历年的“中央一号文件”中，完善农村治理机制的指导意见和工作思路，往往放在文件的末尾，作为加强党对农村工作的领导、确保“中央一号文件”精神得以贯彻落实的机制保障措施。而在农村治理机制中，加强农村基层组织建设和农村干部队伍建设，一直是重中之重，也是“中央一号文件”一直着墨较多的内容。对“中央一号文件”中关于完善农村治理机制的内容进行分析，对于认识推进农村治理体系和治理能力现代化特别具有针对性。

---

① Guoguang Wu, “Documentary Politics: Hypotheses, Process and Case Studies”, in Decision - making in Deng's China: Perspectives from Insiders, edited by Carol L. Hamrin and Suisheng Zhao, M. E. Sharpe, Inc., 1995, pp. 24 - 38；施从美，《“文件政治”：当下中国乡村治理研究的新视角》，载《江苏社会科学》，2008年第1期，第96 - 102页；施从美，《当代中国文件治理变迁与现代国家成长——以建国以来中央颁发的土地文件为分析视角》，载《江苏社会科学》，2010年第1期，第97 - 104页；施从美，《当代中国文件制度的结构与功能解析》，载《江海学刊》，2010年第1期，第130 - 135页。

（一）文件主题的变迁

1982—1986 年的“中央一号文件”，并未在其标题中明确指出当年的文件主题。1982 年是中央第一次以农业农村工作为内容而发出的第一份“中央一号文件”，题目是《全国农村工作会议纪要》，这是 1981 年底举行的全国农村工作会议的纪要。1983 年的“中央一号文件”题目是《当前农村经济政策的若干问题》，与之类似，1985 年的“中央一号文件”题目是《关于进一步活跃农村经济的十项政策》，都是采用比较宽泛的“农村经济政策”的提法。而在 1984 年和 1986 年，则更为简单地采用了《关于一九八四年农村工作的通知》《关于一九八六年农村工作的部署》这种以年份标注题目的做法。

2004 年以来，“中央一号文件”最显著的特色，就是在其标题中以最显著的方式指明当年农业农村工作的主题。这些主题都是以某种工作目标的方式呈现的，往往以“促进”“提高”“推动”“发展”“加强”等祈使语气动词开头，要求当年开展的各项农村工作，都以实现这一主题目标为基本宗旨（见表 1.1）。

表 1.1　2004 年以来“中央一号文件”的主题

年份	主题	重大决策背景
2004	促进农民收入增加	科学发展观
2005	加强农村工作提高农业综合生产能力	科学发展观
2006	推动社会主义新农村建设	社会主义新农村建设
2007	积极发展现代农业，扎实推进社会主义新农村建设	社会主义新农村建设
2008	加强农业基础建设，进一步促进农业发展农民增收	社会主义新农村建设
2009	促进农业稳定发展、农民持续增收	社会主义新农村建设
2010	加大统筹城乡发展力度，进一步夯实农业农村发展基础	城镇化、农业现代化
2011	加快水利改革发展	农业现代化
2012	推进农业科技创新，持续增强农产品供给保障能力	城镇化、农业现代化
2013	发展现代农业，进一步增强农村发展活力	四化同步
2014	全面深化农村改革，加快推进农业现代化	农业现代化
2015	加大改革创新力度，加快农业现代化建设	全面深化改革

“中央一号文件”主题是历年“中央一号文件”的灵魂。主题的制定是依据当时党和国家的核心政治理念和重大战略决策，如全面建设小康社会、科学发展观、构建社会主义和谐社会、社会主义新农村建设、城镇化、农业现代化、全面深化改革等，结合当时农业农村工作发展的现实需要综合分析而作出的，体现了中央对农业农村工作的最新认识。因此，对“中央一号文件”的主题进行分析，能够最直观地观察到中央农村工作战略思路的发展变迁。

2004 年是自 1986 年以来中央重新以农业农村工作为内容而发布“中央一号文件”的第一年，这一年的主题是“促进农民收入增加”。这一主题的确定，直接体现了当时党中央刚刚确立不久的科学发展观，即“坚持以人为本，全面、协调及可持续的发展观”，反映了中央对农民利益的深切关怀和统筹城乡发展的重大部署。在后续历年的“中央一号文件”中，“促进农民收入增加”一直是中央农村工作的核心宗旨，并且在 2008 年和 2009 年的“中央一号文件”的主题中又得到了反复强调。

从 2005 年开始，“中央一号文件”的主题中多次提到关于促进农业发展、推动农业现代化的内容，包括 2005 年、2007 年、2008 年、2009 年、2010 年、2012 年、2013 年、2014 年和 2015 年。农村经济是农村各项事业发展的基础，而农业生产又是农村经济的核心。在现代市场经济条件下发展农业生产，必须依靠现代农业科技和现代经济管理理念，推动农业现代化。“中央一号文件”的主题中反复强调促进农业发展、推动农业现代化，正是体现了中央对农村经济特别是农业生产的高度重视，以及促进农业现代化的战略思路。另外，2011 年的“中央一号文件”以水利改革发展为主题，虽然领域非常具体，但实际上也是推动农业现代化战略之下的具体配套措施。

2006 年和 2007 年，“社会主义新农村建设”成为“中央一号文件”的主题。2005 年 10 月通过的《中共中央关于制定“十一五”规划的建议》提出“推进社会主义新农村建设”，2006 年《中共中央国务院关于推进社会主义新农村建设的若干意见》又进一步阐述了这一主题，特别提出“按照‘生产发展、生活宽裕、乡风文明、村容整洁、管理民主’

的要求，协调推进农村经济建设、政治建设、文化建设、社会建设和党的建设”。由此，我国的农村工作开始根据“社会主义新农村建设”的整体要求开展，而2006年以来的“中央一号文件”，也一直将“社会主义新农村建设”作为指导农村工作的一项基本方针。

2010年的“中央一号文件”第一次把“统筹城乡发展”确定为主题，其重大决策背景是城镇化发展战略日益受到中央的高度重视。其实早在2005年，“中央一号文件”中就提及了“城镇化”概念，并在2006年和2008年的“中央一号文件”中又反复出现。但是当时提出的“城镇化”概念并未形成成熟的战略构想，而是与工业化、信息化、市场化、国际化等概念并列，作为现代化的一种表现形式进行简单的描述，以勾勒我国农村发展的宏观社会背景。2010年的“中央一号文件”则对城镇化发展战略进行了比较系统的阐述，提出要“协调推进工业化、城镇化和农业现代化，努力形成城乡经济社会发展一体化新格局……把建设社会主义新农村和推进城镇化作为保持经济平稳较快发展的持久动力”，并提出了关于推进城镇化发展的制度创新的详细意见。由此，城镇化作为一项重大的战略决策被确定下来，并与社会主义新农村建设整合起来。

2012—2014年的“中央一号文件”，其主题虽然主要是农业现代化，但是在文件正文中多次强调了“同步推进”的战略。2012年的表述是“同步推进工业化、城镇化和农业现代化”，2013年提出“落实‘四化同步’的战略部署”，2014年则采用了“工业化信息化城镇化快速发展对同步推进农业现代化的要求更为紧迫”的表述，2015年的表述“推动新型工业化、信息化、城镇化和农业现代化同步发展”则强调了“新型工业化”的概念。这些都反映了中央近年来持续推动城乡统筹发展的重大战略部署，在中共十八大报告中则被总结为“四化同步”的表述，即“促进工业化、信息化、城镇化、农业现代化同步发展”。

在总体上回顾和分析2004年以来“中央一号文件”的主题，可以发现，“促进农民收入增加”是中央农村工作的基本着眼点，体现了科学发展观的指引，体现出对农民切身利益的深切关怀。“促进农业发展、推动农业现代化”“社会主义新农村建设”“统筹城乡发展”等主题，则可以由中共十八大所总结的“四化同步”的表述进行总体涵盖，体现出中央持续深入推动以工促农、以城带乡，统筹安排城乡发展的战略思路。

（二）农村基本公共服务体系建设

一个国家为其公民提供公共服务的能力，是评估该国家政权绩效合法性的最主要标准。“基本公共服务”的功能是保障全体公民最基本的人权，因此应该为全体公民普遍和公平地享有。基本公共服务主要有四大类型：一、底线生存服务，包括就业、社会保障、社会福利和社会救助；二、公众发展服务，包括义务教育、公共卫生和基本医疗、公共文化体育；三、基本环境服务，包括居住、公共交通、公共通信、公用设施和环境保护；四、公共安全服务，包括食品药品安全、消费安全、社会治安和国防安全。①

农村基本公共服务体系的持续发展，体现出我国国家治理能力的不断现代化。在城乡分割的格局下，我国农村地区长期处于资源匮乏、投入不足的境地，城乡差距较大，最突出的表现就是农村基本公共服务体系建设滞后。只有大力提高农村基本公共服务水平，才能真正实现农村治理体系和治理能力的现代化。中央一直高度重视农村基本公共服务体系建设，不断强化基层政权和村级组织的公共服务功能，在历年的“中央一号文件”中都有体现（见表1.2）。

表1.2 “中央一号文件”中关于农村基本公共服务体系建设的内容

年份	农村基本公共服务体系建设的内容
1982	农业科学技术推广
1983	农业科学技术研究推广，培养农村建设人才，农业农村基础设施建设
1984	农业农村基础设施建设
1985	兴办交通事业、技术转移和人才流动
1986	农业科学技术推广

① 陈海威，《中国基本公共服务体系研究》，载《科学社会主义》，2007年第3期，第98－100页。

续表

年份	农村基本公共服务体系建设的内容
2004	保障农村进城就业权、农民职业技能培训，保障农村事业经费，农业农村基础设施建设，农村扶贫减灾
2005	农业农村基础设施建设，农民职业技能培训，发展农村社会事业
2006	农业农村基础设施建设，发展农村社会事业
2007	农业农村基础设施建设、农民职业技能培训，发展农村社会事业，提高农村公共服务人员能力
2008	农业农村基础设施建设，农业科技和服务，城乡基本公共服务均等化
2009	推进城乡经济社会发展一体化
2010	加快改善农村民生，缩小城乡公共事业发展差距
2011	水利改革发展
2012	农民教育科技培训，农业基础设施建设
2013	改进农村公共服务机制，积极推进城乡公共资源均衡配置
2014	健全城乡发展一体化体制机制
2015	围绕城乡发展一体化，深入推进新农村建设

1982—1986 年的“中央一号文件”，涉及农村基本公共服务体系建设的内容，主要是事关农业生产的农业科技推广和农业农村基础设施建设，以及相关的农村人才教育和管理。这些公共服务内容属于“基本环境服务”，直接服务于农业生产。而直接事关农村群众生活质量的公共服务，特别是社会保障、社会福利、社会救助、义务教育、公共卫生、基本医疗、公共文化体育、食品药品安全、消费安全等内容，这五年的“中央一号文件”基本没有涉及。

2004 年的“中央一号文件”，也并未系统地提出农村基本公共服务体系建设的问题，但是相关内容已经较多地散见于若干条目中。比如，第十条“保障进城就业农民的合法权益”，第十一条“加强对农村劳动力的职业技能培训”，第十四条“继续增加财政对农业和农村发展的投入”，

第十五条“进一步加强农业和农村基础设施建设”，第二十条“完善扶贫开发机制”，以及第二十一条“认真安排好灾区和困难农户的生产生活”。此后历年的“中央一号文件”中，有关农村基本公共服务体系建设的内容都在持续增加，并且往往使用“发展农村社会事业”这样的表述方式。

在若干年份，“中央一号文件”把农村基本公共服务体系的建立与当年的文件主题紧密结合起来。比如在2006年的“中央一号文件”中，第四部分是“加强农村基础设施建设，改善社会主义新农村建设的物质条件”，第五部分是“加快发展农村社会事业，培养推进社会主义新农村建设的新型农民”，都与当年的文件主题“社会主义新农村建设”结合起来。2007年的“中央一号文件”还特别提出，要“提高农村公共服务人员能力”，这其中既包括农村基层干部，也包括农村教师、乡村医生等农村专业技术人员。这就直接涉及了农村村级组织建设中以公共服务供给能力为标志的绩效提升问题。

2008年的“中央一号文件”首次旗帜鲜明地指出，“推进城乡基本公共服务均等化是构建社会主义和谐社会的必然要求”。这是首次明确“城乡基本公共服务均等化”这一工作思路，而且把它提高到“构建社会主义和谐社会的必然要求”的高度，这标志着中央在城乡统筹发展的大背景下进行农村基本公共服务体系建设的全新思路。与之类似，在2009年“中央一号文件”的第五部分“推进城乡经济社会发展一体化”，2010年“中央一号文件”的第三部分“加快改善农村民生，缩小城乡公共事业发展差距”，2013年“中央一号文件”的第六部分“改进农村公共服务机制，积极推进城乡公共资源均衡配置”中，2014年“中央一号文件”的第七部分“健全城乡发展一体化体制机制”中，2015年“中央一号文件”的第三部分“围绕城乡发展一体化，深入推进新农村建设”中，也都从城乡统筹的角度系统论述了农村基本公共服务体系建设的问题。

回顾和分析“中央一号文件”中关于农村基本公共服务体系建设的论述，可以发现，建立农村公共服务体系、强化基层政权和村级组织的公共服务功能，逐渐成为“中央一号文件”中的明确要求。特别是2008年以来，“中央一号文件”对此的表述越来越系统化，并逐步放入城乡统筹发展、城乡公共服务均等化的总体框架中进行部署。农村基本公共服务体系建设，已经成为农村治理绩效提升的基本工作方式。

（三）“治理”概念的使用

《中共中央关于全面深化改革若干重大问题的决定》中提出“推进国家治理体系和治理能力现代化”，这标志着“治理”这一现代政治意义上的概念，已经得到了中共中央的全面认可，并将在中国的政治话语体系中扮演重要角色。实际上，如同“民主”“共和”“人民”等词汇一样，“治理”一词在中国政治话语体系中的发展，也经历了在古汉语、现代汉语和外文译介用语等词汇空间中的“概念旅行”，才发展为今天现代汉语中对英语词汇 governance 一词的主流汉译方法。①

在现代汉语中，“治理”一词仍然具有多重含义。有学者研究了 1978 年以来“治理”一词在中共历届三中全会文件中的使用，发现有经济治理、社会治安综合治理、环境治理、法人治理、国家治理、社会治理等多种用法。② 在“中央一号文件”中，“治理”一词的使用也存在这种多样化的使用方式。对历年“中央一号文件”中“治理”一词的总体使用频次进行分析，可以发现，总体上的使用频次呈现增加的趋势，特别是在 2006 年、2008 年、2011 年和 2015 年出现了四次峰值（见图 1.2）。

然而要从公共治理的角度对“中央一号文件”中有关完善农村治理机制的论述进行分析，我们要对文件中“治理”一词的使用频次进行进一步的细分。去除经济治理、社会治安综合治理、环境治理、法人治理等其他用法中对“治理”的使用后再进行统计，发现 2006 年、2008 年、2010 年、2013 年和 2014 年的“中央一号文件”，从公共治理的角度使用了“治理”一词论述农村治理机制问题，其中 2008 年使用频次最高，达 3 次，2013 年和 2015 年有 2 次，2006 年、2010 年和 2014 年分别有 1 次。（见表 1.3）

① 张小劲、李岩，《从语义图解到模式理解：〈关于全面深化改革若干重大问题的决定〉中关于治理问题的论述》，载《当代世界与社会主义》，2014 年第 1 期。

② 张小劲、李岩，《从语义图解到模式理解：〈关于全面深化改革若干重大问题的决定〉中关于治理问题的论述》，载《当代世界与社会主义》，2014 年第 1 期。

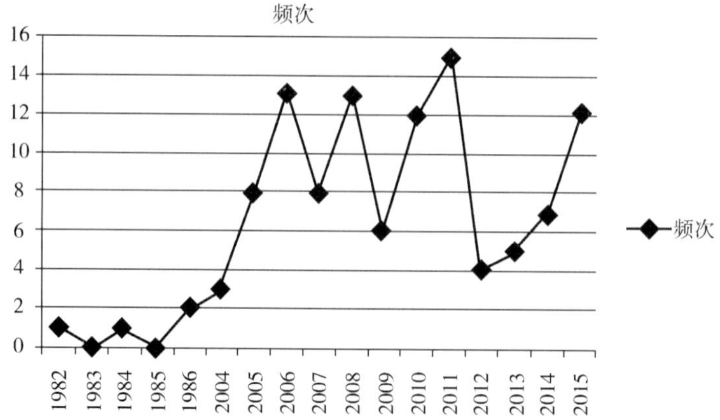

图 1.2 “中央一号文件”中“治理”一词的总体使用频次

表 1.3 “中央一号文件”中从公共治理的角度对“治理”一词的使用

年份	主要内容
2006	完善建设社会主义新农村的乡村治理机制
2008	完善乡村治理机制；充分发挥农民群众在村级治理中的主体作用；探索乡村有效治理机制
2010	进一步完善符合国情的农村基层治理机制
2013	完善乡村治理机制；建立健全符合国情、规范有序、充满活力的乡村治理机制
2014	完善乡村治理机制
2015	创新和完善乡村治理机制，引导发挥村民民主协商在乡村治理中的积极作用

可以发现，“中央一号文件”中从公共治理的角度使用“治理”一词论述农村治理问题，较多地采用“乡村治理”的说法，主要是由于我国的农村治理组织架构是以行政村为单元而设置的，因此“乡村治理”也主要指涉农村村级组织建设。只有 2010 年采用了“农村基层治理机制”的说法，因为在其中也提及了“强化乡镇政府社会管理和公共服务职能”，这已经超出了村级组织本身的范畴，而涉及基层政权建设的问题。显然，“农村基层治理”的提法既包括了村级组织，也包括了乡镇基

层政权，以及村级组织和乡镇基层政权之间的关系问题，具有更广泛的涵盖性。

（四）完善农村治理机制的工作部署

无论是以“促进农民增加收入”进行表述的对农民切身利益的深切关怀，还是以建立农村基本公共服务体系为主要工作方式的农村治理绩效提升，又或者是以“四化同步”进行表述的城乡统筹发展战略，都必须依靠具体的制度执行，这就需要持续完善农村治理机制。在农村工作这一具体领域中，村级组织和村干部工作在第一线，负责直接执行“中央一号文件”的各项重大决策。村级组织建设和农村干部队伍建设，构成了完善农村治理机制的最重要内容。此外，近年来基层农村不断涌现出的新型社会组织，也日益成为农村治理中不容忽视的新生力量，也引起了“中央一号文件”相当的关注，往往在“加强和改进农村社会管理”的话语框架中进行表述。完善农村治理机制的指导意见和工作思路，往往放在“中央一号文件”的末尾，作为加强党对农村工作的领导、确保“中央一号文件”的主要精神得以贯彻落实的保障机制。（见表 1. 4）

表 1. 4 “中央一号文件”中关于完善农村治理机制的内容

年份	主要内容
1982	加强农村基层组织建设、社队干部轮训
1983	加强农村干部培训，加强农村立法工作
1984	加强农村干部培训、基层干部轮训
1985	无
1986	农村整党
2004	加强对农村基层干部的培训，加强农村基层组织建设
2005	加强农村党建工作
2006	加强农村党建工作，维护农民的民主权利，培育农村新型社会化服务组织
2007	加强农村党建工作，加强和改进农村社会管理，促进农村和谐发展
2008	加强农村党建工作，完善村民自治制度，加强农村基层干部队伍建设，探索乡村有效治理机制

续表

年份	主要内容
2009	无
2010	加强农村党建工作，完善农村基层治理机制，维护农村社会稳定
2011	无
2012	无
2013	加强农村党建工作、加强农村基层民主管理，维护农民群众合法权益、保障农村社会公共安全
2014	加强农村党建工作，健全基层民主制度，创新基层管理服务
2015	切实加强农村基层党建工作，创新和完善乡村治理机制，提高农村基层法治水平

1982 年的“中央一号文件”提及了农村基层组织建设的问题，但主要是从政治动员的角度，要求基层组织加强工作力度和作风建设，并未提出比较具体的工作方法。1983 年和 1984 年的“中央一号文件”则比较具体地提出了加强农村干部培训和农村立法工作。此外，这五年的“中央一号文件”往往是提出要采用政治动员色彩比较强烈的干部轮训和整党等形式开展农村基层组织建设。

除了 2009 年、2011 年和 2012 年之外，在 2004 年以来的“中央一号文件”中均提及完善农村治理机制的问题。2004 年的“中央一号文件”，还并未系统地对完善农村治理机制进行论述，只是在第二十二条“要把解决好农业、农村、农民问题作为全党工作的重中之重”中，提出要加强对农村基层干部的培训、加强农村基层组织建设。

加强农村党建工作，一直是完善农村治理机制、加强农村基层组织建设工作的一项重点，从 2005 年开始，在历年的“中央一号文件”中得到反复强调。2005 年的“中央一号文件”中，只有第二十七条“进一步加强农村党建工作”属于完善农村治理机制的内容。该条特别指出，要“按照开展保持共产党员先进性教育活动的要求，深入开展农村党的建设‘三级联创’活动”，并“加大农村党员干部的教育培训力度”。

从 2006 年开始，“中央一号文件”比较系统地对完善农村治理机制问题进行了论述，内容主要涉及加强农村党建工作、完善农村基层民主自治制度、加强农村干部队伍建设和改善农村社会管理等。在每一个方面，既有诸如“加强农村党建工作”这种宏观指导政策，也依据当时农村发展的实际、中央的大政方针和地方的成功实践，提出了比较具体的措施，比如在加强农村党建工作方面提出要开展“三级联创”活动，在完善农村基层民主自治制度方面，提出要完善村民“一事一议”制度等（见表1.5）。

表1.5　2004年以来“中央一号文件”中关于完善农村治理机制的具体工作方法

完善农村治理机制的问题	具体工作方法
农村党建工作	开展“三级联创”活动，加强农村干部教育培训，完善“两推一选”的办法，加强农村新型组织党建，完善村干部“一定三有”政策，完善农村流动党员教育管理服务制度，全面开展市县乡党委书记抓基层党建工作述职评议考核
完善农村基层民主自治制度	完善村民“一事一议”制度，完善村务公开民主管理制度，建立村级民主监督机制，推广“四议两公开”等工作方法，扩大以村民小组为基本单元的村民自治试点，依法加强农民负担监督管理，引导发挥村民民主协商在乡村治理中的积极作用
加强农村干部队伍建设	推进农村党员干部现代远程教育工程，从优秀村干部中考录乡镇公务员，选任乡镇领导干部，合理提高村干部的报酬待遇和社会保障水平，多渠道培养选拔农村干部，加强对村干部行使权力的监督制约
改善农村社会管理	更好地发挥人民团体的作用，培育农村新型社会化服务组织，开展农村平安创建活动，搞好农村社会治安综合治理，构建农村立体化社会治安防控体系

回顾和分析“中央一号文件”中关于完善农村治理机制的论述，可以发现，中央对完善农村治理机制的政策内容，由最初比较单一的农村干部培训，向着农村党建、农村基层民主自治、农村干部队伍建设和农村社会管理等多方面综合发展（见图1.3），其工作方式也由最初比较单一的政治动员，向着宏观政治指导意见与具体工作方式相结合的方向发展，从而构成完整的系统化部署。

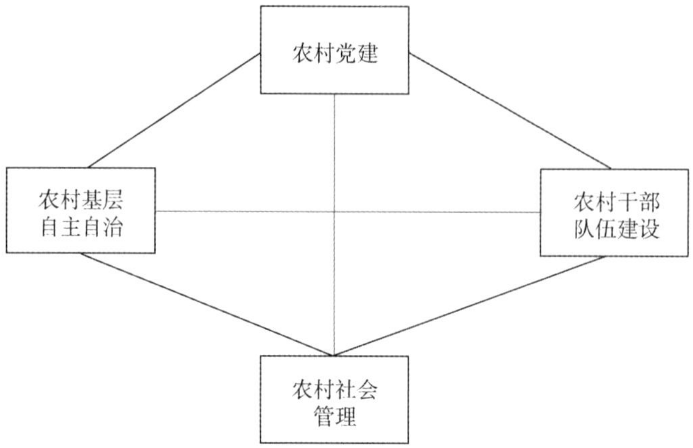

图 1.3 “中央一号文件”中关于完善农村治理机制的系统化部署中的四大部分

2004 年以来“中央一号文件”中关于完善农村治理机制的部署，虽然看似主要着力于农村基层民主建设，但其实也在很大程度上涉及提高农村治理绩效的问题。首先，农村基层党组织建设、村民民主自治制度建设、农村干部队伍建设，都能够起到提升民主质量、改善治理绩效的双重效果。通过推动民主制度建设，加强农村干部的选拔、培养、教育和监督，农村基层组织和农村干部才更具有凝聚力和战斗力，才能更好地尊重和满足农村群众的利益诉求，为农村基层提供更优质的公共服务。其次，改善农村社会管理，是允许人民团体和新型社会组织，在发展农村基层民主和为农村基层提供公共服务方面发挥更积极的作用，为农村基层提供新的民主参与渠道和公共服务产品，因此也能够起到提升民主质量、改善治理绩效的双重效果。

三、城镇化背景下的慈溪：农村专职干部制度的缘起

慈溪近年来积极探索农村专职干部制度，是基于慈溪全市经济社会发展的整体局势和农村治理领域中所出现的现实问题而做出的创新实践，是推进农村治理体系和治理能力现代化的重要探索。慈溪农村专职干部制度的产生，主要源自三个方面的因素。

（一）发展中的问题与应对

慈溪的经济社会快速发展，较早遇到了发展中的问题，但也具备在发展中解决问题的能力。

改革开放以来，我国东部沿海地区经济社会快速发展。浙江省长期实行省直管县的地方财政体制，这就赋予了县（县级市）发展地方经济的主动权，有助于实现区域经济协调发展。因此，浙江省在县域经济发展和区域协调方面，一直表现出色，涌现出一批经济社会发展势头迅猛的县（县级市）。

慈溪市位于浙江省东部的宁绍平原北缘，目前为宁波市代管的县级

图 1.4　慈溪市在长江三角洲中的位置

（来源：慈溪市人民政府新闻办公室编，《中国·慈溪》手册，第 6 页）

市（见图 1.4）。自改革开放以来，浙江省的经济发展模式一向以活跃的民营经济为最大特色，这一特色在富有经商传统的宁波地区有更为突出的表现。“无宁不成市”“甬人善贾”等说法，已经道出了宁波地区深厚的商业传统。宁波目前为副省级城市、计划单列市及具有制定地方性法规权利的较大的市，辖海曙区、江东区、江北区、北仑区、镇海区和鄞州区共 6 个市辖区，余姚市、慈溪市和奉化市共 3 个县级市，及象山县和宁海县共 2 个县。截至 2014 年底，慈溪市常住人口 1370514 人，其中户

籍人口 974241 人，在宁波市各县市区排名中，慈溪均排在首位。截至 2014 年底，慈溪市的 GDP 为 1111.56 亿元，增速 8.6%，位列宁波市各县市区第 2 位。[①] 从全国来看，慈溪同样处于我国县域经济发展的第一方阵。在中郡县域经济研究所于 2014 年 11 月发布的“第十四届全国县域经济基本竞争力百强”名单中，慈溪市排名全国第 6 位，浙江省内排名首位。2014 年 10 月，由中国中小城市科学发展高峰论坛组委会、社会科学文献出版社、东北亚开发研究院联合主办的“《2014 中国中小城市绿皮书》发布暨第十届中国中小城市科学发展高峰论坛”上公布了一系列排名榜单，其中慈溪市在“中国中小城市综合实力百强（科学发展百强县市）”榜单中位列第 5 位，在“中国十佳‘两型’（资源节约型、环境友好型）中小城市”榜单中位列第 5 位，在“中国最具投资潜力中小城市百强县市（投资潜力百强县）”榜单中位列第 1 位。而在 2014“福布斯大陆最佳县级城市排行”中，慈溪市位列第 7 位。

慈溪在取得了巨大的经济社会发展成就的同时，也较早地面临发展所带来的问题，比如城市建成区扩大及农业用地大面积征用、外来人口涌入、工业化深入推进、农业生产规模化、土地资源紧张、环境污染严重、交通拥堵、贫富差距拉大、老龄化、社会保障推进覆盖、教育资源布局调整等。但是同时，慈溪市雄厚的经济实力、较强的人力资源构成、经世致用的历史文化传统以及务实高效的政府管理，也使得慈溪有能力在发展中解决问题。

（二）城镇化和农村社区建设的要求

慈溪城镇化和农村社区建设的快速发展，对农村治理提出了更高要求。

农村社区建设和新型城镇化，是近年来党中央、国务院高度重视和着力推动的一项工作。2006 年 10 月，中共十六届六中全会通过的《中共中央关于构建社会主义和谐社会的若干重大问题决定》提出，“积极推进

① 中共慈溪市委组织部提供资料。

农村社区建设，健全新型社区管理和服务体制，把社区建设成为管理有序、服务完善、文明祥和的社会生活共同体”。2007年中共十七大上，中共中央再次强调把城乡社区建设成为“管理有序、服务完善、文明祥和的社会生活共同体”。这一提法顺应了城乡一体化的发展趋势，把城市社区与农村社区共同纳入“城乡社区”这一范畴，统筹进行规划、建设与管理。2012年12月的中央经济工作会议，则把新型城镇化定位为中国经济新的增长点和改革的重要红利。新型城镇化是“人的城镇化”和“地的城镇化”的协同推进，鼓励农民在居住和就业两方面向县城和小城镇集聚，以实现“就地城镇化”。

农村社区建设与新型城镇化的目标是实现城乡一体化，就是要把工业与农业、城市与乡村、城镇居民与农村居民，作为有机统一的整体进行统筹规划，促进城乡在规划建设、经济发展和社会事业发展的一体化，逐步改变长期形成的城乡二元结构，实现城乡在政策上的平等、产业发展上的互补、公民待遇上的一致。城市与乡村，不再被看作是泾渭分明、不可逾越的；政策导向，应该是促进城乡之间的交流、互补和融合。

近年来，慈溪市积极响应党中央、国务院的要求，持续开展农村社区建设和新型城镇化工作。工业化和城镇化的快速推进，使得乡村地区越来越密切地融入到非农产业发展之中，乡村地区也接纳了越来越多的外来人口，这使得城镇化和农村社区建设成为现实的发展需求。1995年以来，为了加快集中发展，建设中心村，慈溪大力推进村庄合并，行政村数从原来的800多个减少到297个，行政村的规模则急剧扩大。同时，随着经济社会的快速发展，大量政府职能向村级延伸，村级组织协助承担了许多政府的公共管理与服务工作。作为全国农村社区建设试验县（市）和浙江省农村新社区建设示范县（市、区），慈溪全面开展了农村新社区建设试点，引导社会救助、医疗卫生、科技教育、法律服务等公共服务进入农村社区。① 慈溪市拨出专项经费用于推进农村社区建设，并把农村社区建设工作纳入各镇（街道）目标管理考核中。自从2009年浙

① 中共慈溪市委组织部提供资料。

江省新农村建设考核延伸至县（市、区）后，慈溪市已经连续四年蝉联浙江省“社会主义新农村建设优秀单位”荣誉称号。2012 年，慈溪市围绕“美丽乡村·幸福家园”建设目标，突出城乡基本公共服务均等化、美丽乡村建设、集体经济发展、农村综合配套改革等工作重点，继续深入推进城乡一体化和农村社区建设。

目前，在慈溪已经普遍出现了城镇化和农村社区化的发展趋势，主要有以下几个方面的表现。一、在整体空间形态上，出现村庄连片发展的态势，基础设施和配套公建设施得以共享，农村村庄规划把拓展公共服务、发展社会事业、增强社区功能等纳入规划编制内容，在改善村庄居住环境的基础上，进一步加强农村社区配套服务体系建设；二、交通方式机动化，各类私人机动车保有率和使用率高，公共交通连接城乡；三、居住密度高，出现大量多层农民住宅，住宅连片建设，村庄内空地少；四、非农就业比例高，60 岁以下村民大多经营中小型企业或者在当地企业里打工；五、村庄内外来人口多，当地中小型企业吸纳了大量外来务工人员就业和居住；六、外来人口大量涌入，加之前几年村庄合并导致村庄规模增大，因此，目前很多行政村户籍人口加上非户籍人口，总人口接近万人，相当于 1992 年以前乡镇一级的管理规模；七、农业生产初步实现规模经营，通过土地流转，承包大户在连片承包地上建起大棚农场，经营蔬菜水果等经济作物；八、农村环境卫生、治安工作外包给专职环卫和保安人员负责，与城市居住区基本无差别；九、农村养老、医疗等基本社会保障覆盖率高，基础教育基本实现户籍人口与非户籍人口均等化；十、农村便民服务大厅普遍建立，村民可以就近办理党务、民政、社保、土管建房、水电管理等各项事务。

慈溪城镇化和农村社区建设的快速发展，对农村治理提出了更高要求。广大农村群众对农村公共服务的要求日益提高，农村公共服务与管理工作的内容日益复杂、覆盖范围日益扩大，这是提升农村治理绩效的客观要求。同时，城乡融合与统筹的发展格局，也要求农村基层民主能够更好地发挥聚合民意、协调社会利益和推动公众参与等作用。

（三）农村治理体系和治理能力滞后

慈溪以往的农村治理体系和治理能力滞后，农村基层民主发展出现瓶颈，农村治理绩效难以有效提高。

慈溪的农村村级组织，主要由村党组织、村民委员会、村经济合作社和村务监督委员会这“四套班子”构成。村民会议或村民代表会议是村级所有重大事项的决策者，村民会议或村民代表会议与村委会是决定与执行、监督与被监督的关系。村党组织与村委会、经济合作社是领导与被领导关系，村党组织是宏观领导者，主管全村“方向性”的大事。村委会是村级具体事务的组织者和管理者，负责处理日常村务。村经济合作社是村集体资产的经营者和管理者，负责集体资产的保值增值。村务监督委员会负责村民民主理财，监督村务公开等制度的落实。在村党组织、村委会、村经济合作社和村务监督委员会班子成员广泛实行交叉兼职，如村党组织书记一般兼任村经济合作社社长。

村级重大事项议事采取“五议两公开”程序，即党员群众建议、村党组织提议、村务联席会议商议、党员大会审议、村民（代表）会议决议、表决结果公开和实施情况公开。采取村务联席会议制度，讨论研究本村日常工作。会议由村党组织书记召集并主持，村三套班子成员参加，村务监督委员会列席。村委会定期向村党组织汇报工作。村党组织委员会议一般每月召开一次，村党员大会一般每季度召开一次。村民会议根据工作需要由村党组织、村委会决定召开，或由十分之一以上村民提议召开，由村委会召集。村经济合作社社员会议由社管委召集，每年至少一次。

慈溪既有的农村治理体系，在相当长一段时期适应了慈溪农村地区经济社会的发展要求，特别在农村基层民主建设方面取得了显著的成就。然而，随着慈溪农村经济社会的进一步发展，慈溪以往的农村治理体系和治理能力已经呈现出其滞后性，表现为农村基层民主发展出现瓶颈，农村治理绩效难以有效提高，具体又主要表现在如下几个方面。

一、村级选举容易受不良社会势力的影响。不少村民还没有充分认识到村委会选举是关系到自己切身利益的，甚至认为选举跟自己无关，因此没有认真行使自己的选举权，投票随意性太大，有的因为一包烟这样的小恩小惠就投票给某个人了。村委会选举中的一些疑似“贿选”行为，以及以小恩小惠和口惠许诺拉选票的行为，干扰了选举的正常进行。

二、村班子成员的工作能力和工作态度存在诸多问题。主要有两种情况：第一种是“出工不出力”，比如企业主等地方能人担任村干部，他们在企业发展上需要投入较多的精力，因而无暇顾及村务；第二种是“老好人”，比如一些村干部为了在选举中保住自己的位置，面对工作中的困难和矛盾绕道走，不敢认真开展工作。

三、一些优秀的人才无法进入村班子或者在村级选举中落选。主要有两种情况：第一种是“得罪人”，比如一些村干部工作中坚持原则，敢想敢干，但是也得罪了一批人，结果在村级选举中落选；第二种是“被排挤”，比如一些优秀的村后备干部，工作能力出色，但是一些村干部担心用了他们，自己的干部职位就保不住，因而故意排挤他们。

四、对村委会班子人员调整较为困难。现行的《中华人民共和国村民委员会组织法》对疑似“贿选”行为界定不具体，对于当事人又缺乏明确的处罚，难以对其进行有效约束。同时，《中华人民共和国村民委员会组织法》对罢免村民委员会成员规定的程序过于复杂，导致村干部进退去留渠道不畅。

五、村级选举过于频繁。村党组织、村委会和村经济合作社都要每三年进行换届选举，每一届班子任期相对较短，换届略显频繁，不但大量牵涉了基层工作精力，而且不利于稳定村干部队伍。

六、村干部工资福利水平低，人才出现断层。村级组织协助基层政权承担的农村治理工作日益繁杂，并且直接处在基层各种矛盾和冲突的最前线。但是以往村干部的工资福利主要依靠村集体经济收入支付，总体水平不高，也时常出现拖欠村干部工资的现象。这导致村干部流失和村级组织工作积极性下降，年轻人才多不愿意从事村务管理工作。

七、村干部职业化程度不高。村干部大多为兼职工作，而非全职从事村务管理工作，在工作时间上没有保证。村干部的职业素养有待提高，缺乏系统的岗位培训、职业认同感和责任感。

八、普通党员村民对村级民主的参与程度不足。村级重大事项议事采取“五议两公开”程序的社会基础，应该是自然村等内部交往与联系密切的村民生活共同体。然而在大规模村庄合并之后，行政村规模骤然增大，熟人社会的格局已经被打破，很多村已经不具备集中召开村民会议的硬件条件，召开村民代表会议的成本也非常高，因此召开的频率也非常低，一定程度上影响了村务重大决策功能的发挥。普通党员村民在日常村务决策中并没有充分的机会参与，村级民主的实际效果被削弱。

九、农村中大量的外来人员缺乏制度化的民主参与渠道。慈溪农村地区工商业快速发展，吸引了大量外来人口在慈溪农村工作和居住。然而现行的村级民主制度具有较强的封闭性，仅面向拥有本村户籍的村民开放，农村中的外来人员难以有效表达他们的利益诉求并协调与当地村民的关系，导致各类社会矛盾频发。

上述诸多问题，看似大多是农村治理中民主制度建设的问题，但其导致的后果却往往是农村治理绩效的低下。我国现行的法律制度框架规定，农村干部必须通过民主选举机制产生，这是我国民主制度的重大发展。然而民主制度发挥效力的领域是政治领域，其目的是聚合民众的利益诉求。而日常的行政事务工作必须以官僚制为组织依托进行，以绩效为第一考量标准。随着村级组织公共服务职能的进一步强化，农村治理中的绩效问题日益突出。民主选举产生的农村干部，往往无法确保日常村务管理工作中的高绩效。然而也不能为了提高农村治理绩效，而放弃村级民主制度，完全改由任命制产生村干部。总之，农村治理中民主与绩效之间的两难，集中体现在村干部队伍身上。

四、小结

综上所述，推进农村治理体系和治理能力现代化，必须探索农村治理中民主与绩效的有机结合。通过回顾和分析 1982 年以来的“中央一号文件”，我们可以发现，“促进农民增加收入”是中央农村工作的基本着眼点；在城乡统筹的背景下建立农村基本公共服务体系，是农村治理绩效提升的基本工作方式；促进工业化、信息化、城镇化、农业现代化同步发展的“四化同步”，是中央统筹安排城乡发展的战略思路。而这些基本着眼点、工作方式和战略思路的落实，都要求必须完善农村治理机制，特别是加强农村基层组织建设和农村干部队伍建设。“中央一号文件”一直强调，要从加强农村党建工作、完善农村基层民主自治制度、加强农村干部队伍建设和改善农村社会管理等多方面着手，完善农村治理机制。这仍然是我们在新形势下持续推动农村治理体系和治理能力现代化的重要指针。

浙江省慈溪市快速的经济社会发展，带来了发展中的问题，也提供了通过进一步发展以解决问题的途径。慈溪城镇化和农村社区建设的快速推进，符合中央关于促进农民增加收入、建立农村基本公共服务体系和“四化同步”等发展要求。而这些新的发展，也对农村治理体系和治理能力建设提出了更高的要求。慈溪以往的农村治理体系和治理能力滞后，农村基层民主发展出现瓶颈，农村治理绩效难以有效提高，其中最为突出的问题，都集中在农村干部队伍身上。因此，解决问题的关键所在，也就是改革农村干部制度，这也是慈溪探索农村专职干部制度的初衷。慈溪为此而探索的农村专职干部制度，也符合推进农村治理体系与治理能力现代化的新要求，符合“中央一号文件”中加强农村党建工作、完善农村基层民主自治制度、加强农村干部队伍建设、改善农村社会管理等有关完善农村治理机制的各项工作指针。

本书将在随后的章节中详细展开关于慈溪农村专职干部制度的描述、分析和评估，并从推进农村治理体系与治理能力现代化的理论视角，阐释慈溪农村专职干部制度探索的重要意义。

第二章　政情与乡情：慈溪农村专职干部制度产生的背景

在介绍慈溪市农村专职干部制度的创新之前，本章着眼于探讨慈溪的政情与乡情，即与农村专职干部制度的起源有关的背景要素。农村干部制度改革是一系列三农制度改革中的一环，为了更好地理解前者，则有必要在更大的制度空间层面去讨论并还原这一改革的动力及初衷。周雪光、艾云在对东北农村选举制度变迁的比较研究中，给出了一种多重逻辑下的制度变迁分析框架，为后续的相应研究提供了借鉴思路。所谓多重逻辑，是指在村民、基层政府和国家这三个行动群体中，各自行为受他们身处领域中的稳定制度安排的制约，且反映了其各自领域中的制度逻辑。这一分析框架的重要意义是引导我们从更为广阔丰富的社会背景来认识、理解制度变迁的渊源。[①] 当然，这三者逻辑不是既定不变的，相反，随着城乡政策的变动、农村生产生活方式的发展，三者的制度逻辑也会发生相应的变化。传统的观点认为，农村是一个自给自足的社会共同体，其治理机制停留在一种稳定的自治场域中。但近十几年来，当国家开启工业反哺农村的国家战略，用一种强国家逻辑全面改造农村社会、提升农民生活水平之时，这种传统的农村治理机制很难不被卷入到一种自上而下的命令体系之中。

实际上，当最早开始尝试开放村级民主实践以来，这种自下而上的

① 周雪光、艾云，《多重逻辑下的制度变迁：一个分析框架》，载《中国社会科学》，2010年第4期，第132－150页。

民主逻辑与自上而下的官僚等级制逻辑就始终存在着冲突。[①] 为了不让两种逻辑搅乱农村社会的正常运作，不同地区的制度创新设计都共享的核心关键是：如何将自上而下的政策与自下而上的利益诉求有机地结合起来。为此，在农村社会与国家政权的接触点上就权力分配机制展开了各式各样的博弈，各地的制度设计都保持了足够的开放性。然而，恰恰是这种开放性，会使得各方主体根据不同的社会背景以及发展目标蓝图，让各自的博弈策略充满了变数。相反，倘若还停留在一个静态的农村社会图景之上，又或者当农村的发展接近于完成、完善的状态，那么，这样的博弈就会保持在固定的均衡状态。

很显然，这样的博弈过程远未结束。慈溪作为经济起飞较早的东部沿海地区，更早走出城镇化步伐，更早实施城乡统筹战略，该地区的农村制度改革冲动显得更为明显。无论是农村公共服务推进还是社会管理制度变革，该地区都远远领先于全国平均水平。不可否认的是，这些要素将会影响到“自上而下”与“自下而上”这两种权力安排逻辑各自所持有的对抗筹码，而这也势必将要影响到村级治理中所要涉及的权力分配的安排结果——具体而言，就是农村干部制度的选择。作为这场制度博弈的核心环节，决定农村干部制度选择博弈结果的要素有以下三个大的层面：一是国家的农村战略意图和政策走向，二是基层政府在执行落实政策目标过程中针对各种代价和收益的权衡微调，三是农村集体内部的发展定位以及自治主体承担功能的门类。三者中间任何一方都无法独自决定制度的走向，毕竟，任意一方的意图逻辑，都要受到其他二者禀赋与逻辑的制约。或许，任何一方强制采取有利于自身的制度安排，所带来的结果很可能是上下的脱节：要么是与现实承载能力的脱节，要么是与宏观制度目标的脱节。

具体而言，国家层面总的思路是减轻农民负担、推动城乡统筹发展和农村城镇化、打造城乡服务均等化等重大命题。在国家层面思路的指引下，在基层政府层面则更多要考虑的是：如何实现服务供给的规模化、

---

① 景跃进，《村民自治与中国特色的民主政治之路》，载《天津社会科学》，2002 年第 1 期，第 42－46 页。

经济化效应；如何能够有效地传递并落实上级政府意图实现的农村政策；如何维护新时期农村社会发展与稳定的和谐并举等问题。在政策推进到农村内部之后，就村级权力自治单位而言，它所要考虑的问题包括：其承载的业务和功能发生了怎样的变化；村庄的各类社会禀赋——包括规模、人口、农村产业形态有没有发生相应变化，这对他们提出的要求有什么样的改变。很显然，三者的思考逻辑处于整个链条的不同位置，但在这一权力分配安排的博弈过程中，前两个层面注定占据主导地位，而基层政府则有最终确定制度微调安排的决定权。无论是退出还是介入，基层政府会优先考虑自身的目的与条件，并以强势的身份与农村自治权力机构进行某种协商或交换。

为此，本章将结合上述三个层次，重点考察近十年来发生在慈溪农村地区的诸种要素变化。具体而言，第一节将探讨慈溪市在1995—2001年所进行的村级行政区划改革给农村治理带来了哪些外部条件的变化，以及对农村干部制度的改革起到了怎样的推动作用。第二节则会考察当前慈溪有关农村集体经济发展的相关政策，作为村集体经济代理人的村干部，需要根据发展集体经济的需求而做出怎样的角色转变，群众对于村干部的要求又发生了怎样的变化。第三节则是探讨在统筹城乡发展的背景下，慈溪市向农村地区提供了哪些公共服务，以及这些公共服务内容对于村干部职责范围的变化产生了怎样潜在的影响。第四节则将对慈溪农村社区建设进程做出相关讨论，并探讨其对村干部队伍职业化的促进意义。

一、村庄合并：规模扩张的村治版图

慈溪市在历史上属于移民城市，随着滩涂用地的不断开发，逐渐形成了固定的农村居民点。不过，这些居民点分布地域广泛，且群落众多，导致慈溪市农村分布形态表现出数量众多和聚集点高度分散的特点。在并村之前，慈溪大大小小的村（居）有800个，具体就村落模式而言大致有三种类型：第一种是“核桃”式，主要位于历史比较悠久的东南部地区，以小宗族单位成核桃状分布，村庄建筑密度较高；第二种是“散沙”式，位于沿海一带，均为近代移民，农居一般都是沿江、沿塘而立，呈现“天女散花”的境况，大部分连自然村落的格局都未成型；第三种是“糖葫芦”式，一般位于集镇周围，村村相连，没有明显的地域界限，在城镇的建成区中居多。

（一）并村类型及其经过

慈溪市村庄撤并工作，始于一些地方根据经济社会发展需要进行的探索，经历了由各镇因地制宜自发地进行撤村并村到部分镇试点及全面铺开的过程。从1995年开始，到2001年2月底结束，历时将近6年，从时间上可划分为三个阶段。①

第一阶段（1995年5月到1999年底）。这一阶段时间最长，但撤并村数最少，全市由800个村撤并到768个村，共撤并32个村。这些村被撤并，主要是由于规模过小所致。各所辖镇根据行政管理的需要，自发地、因地制宜地为方便行政管理而自主进行合并工作。这阶段并村的数量虽然不多，但为下一步全面实施并村工作提供了丰富的工作经验和良好的工作基础。

第二阶段（1999年底到2000年底）。这一阶段历时一年，慈溪市由768个村撤并到580个村，共撤并188个村。在这一年里全市23个镇（当时建制，现保留5街道、14镇）中，有一部分镇开展了并村的试点工作，有一部分条件已经成熟的镇一次性完成了并村工作，其他镇也开始进行并村前期准备工作。全市性的行政村撤并工作实际上是从这一阶段开始，最为显明的标志是2000年中共慈溪市委、慈溪市人民政府下发《关于积极有序推进村级行政区划调整的若干意见》，并成立了以市委书记任组长的村级行政区划调整领导小组及办公室后，全市各地对于并村工作的力度开始加强。

---

① 中共慈溪市委组织部提供资料。

第三阶段（2000 年底到 2001 年 2 月底）。这一阶段时间最短，只有短短的两个月，但并村力度最大，全市从 580 个村撤并到 328 个，共撤并村数为 258 个，这还不包括村居合并数。市委市政府在充分调查研究的基础上，认为前期的并村试点工作已经给全面并村提供了坚实的基础，并对全面做好村村撤并工作基本形成了共识，为此，市委办公室、市府办公室于 2000 年发出了《关于明确村级行政区划调整工作中有关问题的通知》，明确在 2001 年 2 月底前原则完成村庄撤并工作。至此，全市性的撤村并村工作进入高潮阶段，行政村撤并工作进展迅速，完成顺利，截止到 2001 年 2 月 23 日，全市各镇提前基本完成村庄撤并工作，各方面均达到了预期的目的和要求。

从村级行政区划调整模式而言，总体上可划分为如下三种方式：一是村庄迁移式。即把地处偏僻、规模较小、经济薄弱的村，迁移合并到地理位置相对较好的村。实施迁移的村庄，各项基础设施建设和村民建房实行规划控制，使之逐步自然淘汰。这类合并方式需花费较长时间。二是优势互补式。即将区位相邻、资源各异的村合并，通过资源重新配置，实现优势互补，共同发展。例如，周巷镇原笆西村经济比较发达，著名的私营企业中国奇迪集团就在该村。该村在发展中急需土地资源，而与之毗邻的原庙后村经济发展比较缓慢，土地资源尚待开发，两村合并后实现了资源的优化配置，有力促进了新村的发展。三是区域联合式。即按照中心村定位，对一定区域内的村进行合并，通过统筹规划，规模开发，逐步形成区域中心。

经过村村撤并工作，整个慈溪市村（居）委会总数从原有的 800 个并减为 348 个（其中社区 51 个，纯行政村 297 个），减幅达 56.5%。以慈溪市行政区划面积 1361 平方公里来算，并村后 348 个村（社区）的平均区域面积为 3.91 平方公里。按慈溪 2014 年户籍人口 104 万来算，并村后的村（居）委会平均户籍人口达 2988 人。加之慈溪市属于人口输入地区，外来人口的比重逐年加大，截至 2014 年止，慈溪的外来人口总数达 98 万，几乎赶上慈溪市户籍人口。若以总人口 202 万计算，则 348 个村（居）委会实际管理人口平均达 5804 人。因此，这样的村辖面积与人口规模，已经远远超出了普通意义上的村，几乎与过去的“乡”的建制规模相当。

村庄规模的扩张，势必会对原有村庄治理的方式方法带来冲击，如何保证在不扩大单个行政村干部队伍规模的基础上，至少保证治理能效不降低，是摆在新时期慈溪市村级治理工作上的一个头号难题。慈溪是县级市，因此其正式的行政层级只有县、乡两级。然而，慈溪市的经济规模以及人口规模都足以堪比一个中西部地区的地级市。地级市的行政层级包含市（地级）、县、乡三级，这使得地级市在执行、落实相关政策时，有三个行政层级可资利用，其公务员人手比仅依靠县、乡两级的县级市更为充裕。由此，对于这种治理层级相对少、公务员队伍相对精减、但县域经济规模又十分庞大的县域治理而言，处于乡镇一级的基层政府有着更为强烈地将村干部纳入“准行政序列”的冲动。不过，既然受到制度约束，无法在村干部属性上做文章，那么，其首先能够想到的就是优化属地内下辖行政单位的数量。如果村庄数量过大，则镇村关系会相对松散，面临相同的政策落实任务，基层公务员也会因此缺乏足够精力去应付数量众多的村。在镇村行政区划调整之前，慈溪市平均每个镇（街道）下辖 34. 8 个村（社），调整之后，该数字下降为 18. 3 个，下降幅度为 52. 6% 。由此，慈溪市（县）下辖镇（街道）数量比例为 1：19，镇（街道）下辖村数量比例为 1：17. 4，总体基本上保持了三个行政层级的等比数量关系。

（二）并村结果及其优势

1. 优化资源结构配置

如果从资源的规模经济效应上评估的话，原有分散的村落模式格局制约了生产要素的优化配置。旧有的村落格局将资源与劳动力局限在一个狭小的空间内，且受制于原有行政属地的限制，人为阻隔了生产要素的流动，这实际上影响了农村融入城市化、市场化的进程。从推进农村生产力发展这一角度上而言，农村经济结构正在向以市场经济规律配置生产要素的方向转变。市场经济的发展，使农村产业结构发生了明显的变化，农村经济以市场为导向，人流、物流、信息流不断涌动，各种生产要素积极寻求经济社会效益的最大化，人口、产业的集聚日趋明显。这种流动性主要表现为“四个转移”：即承包土地向种养能手转移，农村剩余劳动力向二、三产业转移，工业企业向集镇园区转移，零星村宅向新村小区转移。村级行政区划的调整，实际上有利于人流、物流、信息流的集聚和辐射，促进土地、劳动力、资金、技术等生产要素在更大范围内的流动，实现生产要素的优化配置和优势互补，从而使农村生产力得到进一步解放和提高。

以盘活农村土地资源为例。在原有村落格局中，一些人为设置的村落边界占用了部分土地资源，造成了一定的土地浪费。开展并村工作之后，一些原有村落的界限变得不再有意义，因此可以将这一部分土地进行平整获得土地空间，以改善村民建房安置空间和提升村庄集体经济发展空间。例如，胜山镇缘樘村、横潭村两个自然村在 2000 年 8 月全面启动了“迁村并点”的村庄土地整理工程，净增耕地近 40 亩，迁居的村民在新村得到了较好的安置，生活条件大为改善。[①] 以产业聚集为例，匡堰镇原乾炳、寺龙、尖峰、邵岙 4 个村都发展花卉产业，但零星分散不成体系。当这四个村合并建成乾炳村后，花卉产业上了规模，村农业办公室着手筹建花卉专业协会和产销服务组织，这一组织成为服务花农的龙头，带动了整个行业走向规模化、产业化。[②] 周巷镇则从人流、地理、耕地的合理性和规划统一性出发，在尊重群众意愿基础上将云城片 8 个村合并建立云城村，成为周巷镇名副其实的副中心。通过生产要素的集聚，农业区域化，工业园区化，“三产”集聚化，工业、商贸、住宅、文化等方面的集聚辐射优势充分显现，为新村经济发展注入了新的活力。不仅如此，并村工作也给集体经济的发展提供了资源便利，比如，腾退出的旧办公场所可以作为村集体资产引入三产服务业获取租金收入，各小村散落的建设用地指标可以集中在一起实现规模用地，以此建造标准厂房

① 中共慈溪市委组织部提供资料。

② 史济权、许钰染、鲁企望，《农村改革又一重大突破——慈溪市调整村级行政区划推进农村城市化的报告》，载《宁波通讯》，2001 年第 5 期，第 17 - 19 页。

或直接引入外来投资，获取租金、分红收益。例如，胜山镇在率先实施村级行政区划调整后，村级集体经济收入只经过3年，就从1997年的367万元增加到1999年的644万元，再到2000年的800多万元，实现了村均45万元的年集体收入规模。

不仅如此，村级行政区划调整，加速了中心村建设步伐，高起点规划中心村，又为农村集镇化打下了扎实的基础。目前，慈溪市全市农村在空间上已初步形成人口、用地规模较为合理的村庄布局。由于慈溪的中小企业数量较多，其过于分散的产业布局将不利于实现集中的规模效应，造成产业链与管理上的不便。并村工作不仅促使分散的个私企业向工业园区集聚，拓展二、三产业发展的空间，为加快城市化进程提供有力支撑，同时，它还使一部分农民割断与土地的直接联系，离土离乡到中心村和城镇谋求生存和发展，实现农村剩余劳动力向城镇二、三产业转移。这种劳动力的流动，为合理流转土地打开了局面，而土地流转又会进一步促进农业规模化、集约化经营。

2. 实现农村公共服务的规模供给

进入21世纪以后，在中央统筹城乡均衡发展的战略指引下，村级管理开始向着发展经济和公益事业为主的服务职能转变。然而，当中央意图推进农村公共服务事业发展之时，并没有给各级地方政府提供具体的路线图和服务供给方式，这使得各地政府可以根据自身情形灵活处理。基层政府在采取自身的执行策略时，会对各种执行方式的成本和收益进行权衡。作为理性行为主体，基层政府肯定更愿意实现更小成本的服务供给。目前，在全国各地普遍尝试的网格化管理中都提倡对农村公共服务的有效供给，但是形式不一：有“一村一社区”，有“多村一社区”，也有“一村多社区”。其中，采取“多村一社区”的网格设计，就是一种强调节约管理成本的服务供给模式。但无论选择何种形式，都应以当地情况作为依据。以慈溪市为例，平均以4平方公里面积作为一个网格节点，是一种比较经济且高效的服务供给半径。不过，慈溪并没有采取“多村一社区”的网格化设计，相反是直接把若干个旧的小村合并成一个符合规模经济效应的大行政村。相对于“多村一社区”的模式而言，这种并村模式虽然前期并村成本较大，但后期的运行更为节约管理成本。毕竟，它使得之后的农村社区公共服务体系完全可能选择围绕村班子群体建立起来，而不需要额外地设置派出机构。

另外，村庄合并工作是推进农村城镇化的前提基础。这种安排有利于村庄规划，打破农村现有的分散、自然、低档次的建设格局，使村村之间的道路、水系、电力、文化教育、医疗卫生设施等合理布局，涉及村民生产生活的一些配套功能设施得到有机衔接和实施，促进农村资源配置优化，进一步提高资源的共享率，有利于合理利用资源，推动经济社会可持续发展。通过扩大基础设施等资源的共享范围，可大大降低管理运行成本。这就防止了过去由于村小导致的规划难订、设施难配套、建设难搞、资金使用效益不高等问题，也防止了无计划搞建设而造成重复建设和资金浪费的问题，使新村产生良好的规模效应，促进农村城镇化进程。

3. 减少村干部职数，优化村干部结构

并村调整后，全市行政村减少了近 6 成，村干部职数已由原来近 4000 人减少到现在的 2000 人左右。由于慈溪市早年并未采取村干部工资财政统筹的政策，因此，村干部工资就一直是村级非生产性支出的大头项目。再加上早年慈溪市村集体经济发展情形并不可观，这使得村干部工资开支一直是压在村集体经济账目上的一个沉重负担。并村工作使全市村干部的人头经费大大下降，节约了村集体经济的非生产性支出。

在并村之前，慈溪市就村干部队伍的一些现状做了相关调研，发现有两大问题：一是村干部队伍素质不佳，表现为学历较低、能力不足以及干劲不高。其中，特别是村党组织书记的选配难度较大，一些地方甚至陷入了“中用的人不愿当，愿当的人又不中用”的怪圈。这种权、能不匹配的现象，已经严重影响到了村庄的善治。第二大问题出现在并村过程当中。面对并村，许多村干部还存在怨言，阻碍了工作的推进：首先表现为拘泥于本村利益，富村担心产权关系混乱、被穷村搭便车，穷村担心上级财政转移支付丧失；其次是担心自身干部地位不保；最后则受制于传统村落地缘、文化、人脉关系的因素不愿与所谓“异族”合并。

为了同时解决以上两大问题，慈溪市的办法是在并村过渡时期采取大量下派镇机关干部的策略。经统计，慈溪市共有201名镇干部在此轮并村工作中下村任职，其中96名任村党组织书记。其中，长河镇的新村党组织书记全部由镇下派。此项工作策略首先精减了镇干部职数。同时，随着村规模的扩大，对村级事务管理规范性和效率的要求也日渐提升。而充分利用下派乡镇机关干部的管理经验优势，不仅能够实现并村过渡时期的稳定，巩固了党在农村的执政地位，同时也能带去日常行政工作中的规范化要素，利用自身经验帮助培养一批农村后备干部。

（三）"镇机关干部下派工作"的意义

从外部特征结果来看，由镇优秀干部下村任职或专职驻村的工作优化了村干部队伍年龄结构、改善了村干部队伍知识化水平。以原宗汉镇为例，在原48个村撤并为18个村后，镇干部下派任职40名，新村党组织书记具有高中及以上文化程度的占72.2%，比原来提高了30.5%，平均年龄为42.5岁，比原来下降了3.2岁。又如周巷镇新村书记中具有高中及以上文化程度的占33.3%，比并村前提高7.2%，平均年龄45.8岁，比并村前下降1.2岁。

另一方面，干部下派工作也为提升村干部队伍职业化水平起到了非常重要的作用。在并村工作开展前期，中共慈溪市委就已经决定在并村的同时加强村级组织建设，优化村党组织、村民委员会、村经济合作社三套班子的人员配备。当然，这一工作主要以围绕镇机关干部的下派而展开，只有以下派干部为轴，才能有效带动其他班子成员的整合，帮助维护来自不同自然村的村干部之间的内部团结。在此基础上，开始强调实行村三套班子交叉兼职，从严控制村干部数量，提倡明确分工，落实责任。

村级行政区划调整后，村干部职数减少，管理层次和幅度却加大加深了，这对村干部自身也提出了更高的要求。从管理规模和内容上看，新村一般由少则2个、多则7个小村合并而成，管理半径增大，服务对象增多。有的村常住户籍人口加上外来人员，总人口超万人，相当于原来一个小乡镇的规模。特别是近年来农村建设改革力度日益加大，征地拆迁、旧村改造、治安管理等任务日益繁重，但与此相对照的，却是村级原有组织管理能力的有限和政府扶持力量的不足。在此局面下，下派镇机关干部既可以提供基层政府扶持通道，还能引入镇政府的行政管理经验。可以说，通过下派帮扶，慈溪市逐渐传递出村干部队伍职业化的信号。经过几年的乡镇机关干部下派的过渡，慈溪市农村治理工作的规范化、制度化程度有了提高，这对于慈溪市农村干部制度变革这一大目标而言是具有里程碑意义的事件。镇机关干部下派工作最为重要的贡献就是为后来推行的村干部“职位设置定额化、岗位履行专职化、干部报酬工薪化、管理考核立体化、退岗养老保险化”打下了基础，而这也构成了慈溪“农村专职干部制度”的早期雏形。

二、村庄经营：集体经济重新起步下的能人需求

农村集体经济所有制，是我国法律规定的一种特殊经济所有形态。从法律上讲，农村的产权结构属于一种“共享型”结构，这个结构从20世纪50年代起就确立下来并一直持续到现在。不过，改革开放以后，国家强调“统分结合”，在名义上维持“集体所有制”的同时，将不同生产资料的使用权发包到户。其中，以土地发包为代表的家庭联产承包责任制改革就是最显著的例子。除土地之外，其他属于集体产权的生产资料也发展了使用权的承包制，有的甚至采取了所有权转制，直接私有。这种转制相比于承包责任制而言更加彻底，因为它们在法律上明确了产权私有化。

然而，中国农村地区的经济发展却是以乡镇企业这一集体经济形式成为突破口的，80年代以后，大量的村办企业（社办企业）和乡镇企业如雨后春笋般地从农村地区发展壮大起来，在巅峰时期，集体企业所占国民经济生产规模甚至达到全国总量的三分之一。可以说，集体经济一直广泛存在于我国农村地区，并始终作为一种产权形态发挥着其特殊的

作用。但由于不同地区集体经济改制方向不一，各地的集体经济发展状况差异极大。一般而言，集体经济越发达的地区，对由能人领导集体经济的渴望越强。毕竟，面对大规模的经营事务，即便是保持既有发展水平不下降，也需要村干部有一定的能力素质作为经营保障。相反，集体经济较为萎缩的地区，尽管对能人也存在渴望，但如果只是维持现状的话，则对于能人的需求将没有那样强烈。

慈溪的经验状况表明，当集体经济发展大潮退出历史舞台时，慈溪市的村干部队伍也随之出现了精英外流、干部工作精力不集中的现象。然而，随着慈溪市越发重视扶持集体经济的再次发展，农村对于能人干部队伍的需求也愈发强烈。为此，如何吸纳能人精英参与到农村治理中，成为慈溪市农村干部制度设计所要思考的一个重要环节。

（一）慈溪农村集体经济的退出及其后果

慈溪地区今天的经济发展模式总体而言属于“温州模式”，即以个私企业为主的工业加工型经济。可曾几何时，慈溪市也曾经历过集体经济发展的黄金时期。早在改革开放以前，慈溪就出现了一些社办企业和社队联办企业，如油坊、农机修理、纺织等手工加工企业。但由于受到政策限制，这些村队企业并没有形成什么效益和规模。到了 20 世纪 80 年代，慈溪市的乡镇企业突然进入了高速发展期，到 1987 年乡镇企业总数就达 2518 家。不过当时慈溪市的个私企业发展态势也很突出，为此当时的慈溪县委确立了“四个轮子”一起转的发展方针——即国营企业、集体企业、乡镇企业、个私企业并行发展，使之区别于苏南模式（乡镇集体企业为主）以及温州模式（个私企业为主）。[①] 但总体而言，直到 20 世纪 90 年代前中期之前，乡镇企业和集体企业的比重仍然要大于个私企业。然而到 1993 年下半年，由于公有制企业与集体所有企业运行状况不佳，慈溪市首先开始了针对国有工业企业的转制，随后在 1997 年，慈溪市委市政府又发出了《关于加快国有、城镇集体企业改革实施意见的通

---

① 胡岳鹏，《浅析慈溪民营企业在县域工业经济中的坐标》，载《慈溪史脉》，杭州：浙江古籍出版社，2010 年。

知》，意见中指出，集体企业因为产权不清、效益不好，难以适应社会主义市场经济的发展需要，因此提出了对村办企业、乡镇企业加快转制进程的要求。

自此，大量的乡镇集体企业在较短的时间内买断改制为民营企业。时间证明，这样一轮转制改革确实使得慈溪市的经济发展进入了一个更具活力、更为健康的发展轨道。但其后果是，到2007年底，慈溪市集体企业数量比重只占0.1%，产值比重只占3%，几乎全盘让位于民营企业。不仅如此，一些原先集体所有的村级资产也在不断萎缩。可以说，到21世纪，集体经济已经在事实上退出了慈溪农村的历史舞台。为此，笔者深深体会到，私营经济、民营企业已经成为慈溪地区的一张醒目名片。

从经济总量上看，慈溪市近几年来一直位于全国百强县前十位，相比之下，农村集体经济状况却差强人意。在经历乡镇企业改制潮后，慈溪市政府尽管依旧鼓励各村发展集体经济，摆脱自身债务问题，但是，面对遍地开花且经营思路更为灵活的个私企业，集体企业的竞争力并不占优势，为此，集体收益也不甚理想。相比之下，村级负担却是逐年加重，许多村的日常办公运转都出现了举步维艰的情形。

当然，造成这一局面的原因亦是多方面的：一方面，基于农村税费改革的出台，原先来自村内个私企业的提留取消了；另一方面，由于集体企业改制和集体固定资产变卖，没有增加相应收入的来源；再一方面，在出台城乡统筹的发展战略之前，财政向农村地区的倾斜也较少，转移支付的力度相对不够——这三方面原因的共同作用使得本世纪初慈溪村集体收入的比重水平甚至相对于90年代还下降了。但是，许多村级支出却是刚性的，例如人员经费；如果加上每年一些新项目、新公益事业的涌入，开支水平甚至还在不断上涨。以2002年调查为例，一个村要正常运转，开支的村干部人头经费、办公经费、活动经费、会议经费、报刊经费、公共设施水电经费等，平均就需要40万元，再加之政府提倡的环境整治、基础设施建设等工程，村级配套负担就更重了。以上这些因素共同导致了村集体的日常运转陷入困难，这种困难又进一步导致村集体变卖原先的集体资产以弥补窟窿，造成恶性循环。

作为委托人（全体村民）的代理人，村干部实际上是在协助村民打理集体资产，类似“经理人”地位。因此，如果一个地区农村集体经济占比重越大，对村干部经营治理能力、经济运营规范的要求也会越高，当然也就会自然而然越为凸显出村干部在村级治理中的重要性。相反，如果村集体经济发展不力，那么村干部自身的“使命感”则会被严重削弱，同时集体经济经营管理也更加陷入不规范的情形。笔者在对村干部的访谈中所得到的一个普遍感受是，当一个村集体经济发展良好时，村干部则较有成就感，工作的想法和思路都比较开阔，对于村庄经营有着较高的积极性。相反，当一个村的集体经济陷入债务缠身的状况时，村干部的积极性就较差，缺少工作动力，且怨气较重。对此，一位负债村的村书记说：

“我们三年前还是负债村，当时每年开门费 100 万，但负债却 600 万，没有街道转移支付我们就只能关门了。这种状况让我当时这个书记当得很没热情，本来跟组织申请这届不再继续干了的。但现在好转起来后，就没过去那么大压力了。”（2013 年 8 月 14 日访谈）

（二）慈溪鼓励村集体经济发展的具体措施

面对大量的公共服务和基础设施建设任务，农村刚性支出不断增长，如果村集体经济发展空间受限，渠道不宽、后劲不足，就会影响到农村公共事业的正常开展，同时负担也最终将转嫁到地方财政身上。从利益角度出发，地方政府更希望农村能尽可能用自己的集体经济收入来承担农村各项开支，减少财政转移支付。为此，发展农村集体经济一直就被列为慈溪市政府优先的农村战略而经常被各种文件所提及。

不过，在今天的经济大环境下，经营集体企业已经不再是发展村集体经济的主要方式，尤其是对于慈溪这种私营企业发达的地区而言更是如此。因此，当前的集体经济经营多是围绕集体土地、集体资源而进行的：首先包括盘活各种集体存量资产，对除耕地之外的集体资源和资产进行承包或出租获取相应收入；其次组建物业公司等服务组织，收取合理的租赁费、使用费或服务费；最后是开展土地整理，获得新增耕地，获取土地整理折抵建设用地指标等。为顺应这样一些适应于今天的集体经营形式，慈溪市专门出台相关文件提出了以下几条鼓励措施。

一是积极推动发展村级集体经济二、三产物业用房。鼓励村集体经济采取独资、合股等形式建设标准厂房，政府在供地、规划、信贷支持等方面为其创造条件、提供便利。同时，慈溪市还对符合条件的新建标准厂房、三产用房建设按每平方米一定数额进行奖励。2009 年全市新增村级物业用房 20.23 万平方米，其中新增工业标准厂房 7.62 万平方米，三产物业用房 12.62 万平方米。到 2009 年底，全市村级集体经济组织拥有工业用房面积 82.08 万平方米，村均 2487 平方米，三产用房面积 58.41 万平方米，村均 1770 平方米。到 2010 年，慈溪市村级集体经济组织共拥有二、三产用房 140.49 万平方米，每年租金收入已达 1.14 亿元。如今，农村集体新增收入的主要来源已不再是集体企业的利润收益，而是利用村集体的房屋固定资产获得物业租金。相比于经营企业，物业出租风险较低而收入较为稳定，这使得越来越多的村干部将发展二、三产物业用房列为日常工作的核心来对待。

二是强化土地要素保障，出台村级集体经济发展留用地政策。为进一步确保村集体获得支撑发展的建设土地资源，慈溪市于 2007 年出台的《市委办公室市政府办公室关于印发〈慈溪市规范村级集体经济发展留用地（产）管理的实施办法〉的通知》，明确将征收土地面积的 8%（其中城区内为 4%）作为村级集体经济发展留用地。同时，为了保障区位不佳的村也能获得物业收入，慈溪市的留用地建设坚持统分结合、以统为主的原则，除有经济实力且符合土地利用总体规划、城乡规划的村可自行开发二、三产物业用房外，一般由各镇（街道）牵头负责，统一安排留用地地块，实行村村联合开发，并明确产权或股份。例如，慈溪宗汉街道就采取将十八个村的留用地指标集中起来进行招商引资，由各个村按照股份进行租金收入分红。这样的联合股份方式能够让一个镇（街道）的所有行政村分享良好的区位优势，而不由一个村单独垄断所有好处，以此促进村与村之间的平衡发展。

三是为减轻集体经济发展中的税费负担，慈溪市出台了村集体经济发展项目经营的税费返还政策。2012 年发出的《中共慈溪市委慈溪市人民政府关于进一步发展壮大村级集体经济的若干意见》提出，对村级集体经济发展用房出租收入所缴税金的市镇两级财政所得部分，按财政体制专项结算到镇（街道），再由镇（街道）结算到村。该文件还提出，对村级集体经济发展用房建设项目，免收行政事业性收费，所涉及的政府定价、政府指导价的服务性收费，按现行规定的标准减半收取。对依法办理土地出让的，其出让金净收益部分，市财政全额返还给村。

四是加大补助村扶持力度，从土地指标安排、项目建设补助、办公经费补助等方面给予财政转移支付倾斜。2013 年发出的《中共慈溪市委慈溪市人民政府关于进一步增强村级集体经济实力的若干意见》提出，慈溪市财政今后每年拨出 100 万元，分期分批扶持集体经济相对薄弱村的道路、自来水等基础设施建设。2006 年发出的《中共慈溪市委慈溪市人民政府关于发展村级集体经济的若干意见》则提出，今后要建立村级专项补助资金制，由市、镇两级财政每年安排一定资金对一些收入相对较少的村实行专项补助，以确保村级组织正常运转和建设集体经济发展用房。而 2012 年发出的《中共慈溪市委慈溪市人民政府关于进一步发展壮大村级集体经济的若干意见》则提出，要实施市级财政补助村集体经济发展三年行动计划。根据村集体经济年稳定收入和发展条件等情况确定新一轮市级财政补助村。以 2012 年为例，全市共确定财政补助村 150 个，其中，薄弱村 60 个，一般村 40 个，较好村 50 个，分别给予 40 万元、20 万元、10 万元的补助，金额共计 3700 万元。另外，市、镇两级财政对市级财政补助村集体经济发展用房项目给予补助，购买、配置二、三产物业用房和对闲置的村办公用房、校舍、旧厂房等场所改造出租项目也可列入政策扶持范围。

除了这些具体的帮扶措施，2007 年发出的《中共慈溪市委慈溪市人民政府关于振兴村级集体经济的若干意见》提出，还要对集体经济相对薄弱村的转化工作实行专项考核，主要考核各镇、街道辖区所属行政村是否有了稳定的集体经济收入来源。对集体经济相对薄弱村转化工作做得好的镇（街道）、村主要干部予以奖励。而三年内仍得不到转化的村，原则上不能列入下一轮的集体经济相对薄弱村，并要追究村及镇（街道）主要领导责任。

（三）发展集体经济对农村干部制度改革的倒逼意义

“火车还需车头带”。尽管慈溪市给出了发展集体经济的诸多意见，也相应提供了许多政策上的倾斜，但如果没有相应的制度来保证提供一个稳定的农村人才干部队伍的话，那么重新发展集体经济也将成为一句空话。

由于私营经济在慈溪得到蓬勃发展，因此在相当一段时间内，慈溪市农村干部队伍存在能人外流的现象，许多能人精英都将经营企业作为首选。即便这些村里的能人留在村干部队伍中，他们也不再将大部分精力放在村务之上，而是更加关心自己企业的经营。这使得慈溪的村干部队伍出现了某种程度的“空心化”“在岗不在心”现象，用当地老百姓的话来讲，当村干部已经变得不那样吸引人了。

目前，慈溪市农村具体负责运作集体经济的主体为村经济合作社，一般由村党组织书记兼任合作社社长。但是由于慈溪地区村三套班子成员多为交叉任职，因此，村经济合作社的管理人员一般也兼任村党组织成员和村委会委员，发展集体经济的工作实际上就落在我们通常所言的村干部身上。面对越来越沉重的支出负担，村干部发展集体经济的任务也越发紧迫。但与此同时，要经营好一个村的集体资产，村干部的能力素质与精力投入二者缺一不可。许多村书记在访谈中表示，经营村庄实际上不比经营公司更容易，他们必须“多开会、多跑腿”，及时熟悉政策、了解市场、懂得疏通打点关系才能为集体经济争取更好的发展空间。这从某村党组织书记的话中可以清楚展现：

“等之后村里的标准厂房能够盖好，这样一年的租金收入就有200万元。除钱之外，更关键是为村里争取了这样一个好的集体固定资产，这是造福子孙后代的。否则，就等着地被这样征完，咱们村就没有发展空间了。但是，现在发展的局面很紧迫，政策机遇也就这么几年，指标啊、贴息啊，我不想浪费了。在土地指标问题上，村里还是需要与镇上博弈的。为了能够更好地为村里办事，许多政策我还得继续组织班子人员学习，明确班子人员分工，我自己也多跟上面领导沟通，争取再多一些支持。同时，我们也希望招商引资来一些有实力、能够长期经营的企业，这样我们的收入也会更加稳定。”（2013年7月23日访谈）

村书记的话反映出集体经济的发展需要有经营能人做勤劳的领头雁，同时，还必须有一支得力的村干部队伍作为执行力量。因此，无论是村还是乡镇，都希望有能力、有精力、有市场应变力的人能进入村干部班子。尤其是作为“领头雁”的村书记的人选，将在很大程度上决定一个村的发展命运。从笔者调研的情况来看，即使拥有相同禀赋和资源的村，其村集体资产规模、历年稳定收入的数额都有巨大的差异，这些差异与村干部尤其是村书记的个人能力大小、个人对于村庄发展的责任心大小息息相关。

因此，农村干部人才流失这一困境倒逼着慈溪市必须改革既有的农村干部制度——如何吸引能人留在农村干部队伍之中？如何让他们保证将必要的精力投入在村治事务之上？是摆在慈溪市政府面前的一个棘手的难题。为此，慈溪市创新的以“选聘分离”为特点的农村专职干部制度，用一套较为完善的财政保障体系较好地回应了这一困境。而关于具体的制度设计，我们将在后文详述。

三、城乡统筹：公共服务体系的全面植入与政府职能下移

整个20世纪90年代，国家实行以围绕优化城市工业为中心的经济建设战略，以此为代价的是，农村公共服务供给、基础设施建设长期滞后，

城乡差距不断扩大。除保留一定的税费征收任务之外，所谓国家与农民的关系只维持在一个非常松散的水平，而当取消农村税费之后，这种关系甚至已经处在某种“悬浮”的状态之上，类似于无为而治。① 整体而言，20 世纪 80 年代之后国家对待农村治理的一个基本思路就是农民利用农村剩余来满足农村社会自我管理、自我建设的需要，尽可能地减少乡镇基层政府对农村的资源提取。因此，虽然类似人民公社时期利用工农剪刀差来获取农业剩余补贴工业的时代已经过去，但是，以农村家庭联产承包责任制、村民自治为核心的“后人民公社制度”，反映的是国家的一种“放手”姿态——尽管它一方面激活了农村的经济活力，实现了农民的基本温饱水平，但国家其实并未完全负担起带领农村和农民与城市同步发展的责任。

利用村提留来进行自给自足式社会管理的旧式村治模式，无疑是不能有效带动提升农民生活水平的。如果没有工业反哺农业，没有城市带动农村，那么农村公共产品就始终只能维持在较低水平，并最终导致农村发展的停滞。面对这一问题，进入 21 世纪以后，三农问题再次受到中共中央的高度重视，中共十六大和十六届三中全会明确提出：统筹城乡经济社会发展，是解决新时期三农问题的根本出路，也是推进经济社会全面、协调、可持续发展的必然要求。由此，始于党的十六大的统筹城乡发展战略，成为改变当前农村治理工作面貌的一个重要契机，从而也深刻影响到农村干部制度细节的选择。

（一）公共服务的起步元年：以 2004 年慈溪市“一号文件”为标志

从慈溪市农村发展战略的时间线布置来看，2004 年是慈溪市农村工作的一个转折点。从这一年开始，中共慈溪市委、慈溪市人民政府首次将统筹城乡经济社会发展的任务列入本市的农村工作一号文件《关于统筹城乡发展做好 2004 年农业农村工作的若干意见》。当然，

① 周飞舟，《从汲取型政权到“悬浮型”政权——税费改革对国家与农民关系之影响》，载《社会学研究》，2006 年第 3 期，第 1－38 页。

这并不是说慈溪市在2004年前就没有统筹城乡发展的尝试，只是之前的部分农村工作都是就具体情况形成具体对策，但在战略思路上不构成体系性，也没有给出明确的总体路线图。而以此份文件为标志，慈溪市给出了统筹城乡发展、做好农业农村工作的具体指导思想和实施原则。

指导思想： 坚持以党的十六大和十六届三中全会精神为指导，贯彻落实市委十一届三次全会和十四届人大二次会议精神，围绕全面建设小康社会、率先基本实现现代化的总目标，以提高农民的收入水平、生活质量和整体素质为工作主线，大力实施统筹城乡经济社会发展战略。以现代农业为发展方向，推进工农联动，加速农业工业化进程；以规划为龙头，优化资源配置，促进农村城市化和居住社区化；以维护农民利益为根本，实行财政倾斜，提高农民的设施共享水平和社会保障水平；以制度创新为动力，突破城乡二元结构，全面加快农业和农村现代化建设步伐。

实施原则： （一）三化联动，整体推进。坚持城市化、工业化与农业现代化协调发展，充分发挥城市化的带动作用和工业化的支撑作用，加速农村劳动力向二三产业和城镇转移，让城镇成为农民发展的新空间，非农产业成为农村发展的新源泉，农民成为城镇发展的新动力，走出一条以城带乡、以工促农、互补互促、共同进步的新路子。（二）规划一体，设施共享。树立市域一体规划的理念，把农村的建设与发展纳入城乡一体化规划范畴，有效整合城乡要素资源，进一步优化生产力布局、城市空间形态和公共设施配置。坚持基础设施投入向农村倾斜，加大农村交通、水电、科教、文卫等基础设施建设力度，提高农民的公共产品保障水平，让广大农村群众共享现代文明成果。（三）以民为本，富民为先。把维护最广大人民群众的物质利益、文化利益和政治利益放在首位，赋予农民平等的发展地位、自由的发展空间和应有的合法权益。坚持“多予、少取、放活”的方针，进一步强化农业、发展农村、致富农民，积极拓宽农民转产就业渠道，切实减轻农民负担，千方百计增加农民收入，努力改善农村生产生活条件，使农民真正成为工业化的得益者和城市化的享受者。（四）政府推动，制度创新。发挥政府主导作用，加快职能转变，深化城乡配套改革，营造城乡统筹发展的良好环境。适应农村经济社会发展的新趋势，推进农业经营机制、农村社区建设、社会保障体系、户籍制度和村级管理等各层面的改革和创新，加快建立与社会主义市场经济相适应的城乡一体化的经济社会新体制。

从以上指导思想和实施意见来看，打破城乡二元结构，实行财政倾斜，提高农民设施共享水平和社会保障水平的表述，简单归结起来就是要建立新农村公共服务体系，且强调了由政府发挥主导作用。这种表述从侧面表明了政府介入农村管理事务的意愿。所谓的“介入”不仅仅体现为向农村提供与城市接轨的配套服务，也实际暗含了打造一种方便提供公共服务的农村治理制度架构的意愿。例如，在该文件所明确的五大“强农工程”中，除了包括发展现代农业、农民转产就业、村居环境改造、农村社会保障这四项“公共服务事项”以外，剩下的一项就是“强化基层基础”。这其中明确提出从增强集体经济家底、完善村级管理机制和发展农村社区文化等方面入手，进一步巩固党在农村的执政基础。要按照农村社区化的发展方向，完善村级公共事务管理体制，推进村级管理模式向社区管理模式转变，不断推进村级管理的民主化、规范化和制度化（见表2.1）。可见，公共服务体系进入农村，势必将会改变原先的管理方式、管理内容以及管理目标。那么，原有依靠村提留进行自我管理、自我建设的旧村治模式还能否适应新形势下的村治要求，则将成为各地经验探索的一个重要问题。对于慈溪这样起点较高的地区而言，由于统筹步伐更快、力度更大，它所需要的改革配套管理制度的意愿就会更为强烈。

表 2.1　慈溪市五大“强农工程”

属性	名称	内容
公共服务事项	现代农业发展工程	围绕“绿色、安全、优质、高效”这一主题，以基地建设、龙头培育、科技兴农和机制创新为重点，加快农业产业化、工业化和国际化进程。
	农民转产就业工程	加快培育发展农村劳动力就业中介组织，进一步强化信息沟通、就业推介、数据统计等基础性工作，着力搭建农民转产就业的服务和工作平台。
	村居环境建设工程	统筹城乡规划建设，增强对农村基础设施的投入，加快推进农村社区化进程。在继续深化拓展“环境整治年”活动的基础上，重点抓好“新环境百村改造”。
	农村社会保障工程	按照“征地有保、养老有靠、就医有补、遇困有助”的要求，逐步扩大覆盖面，提高保障标准，逐步建立起与慈溪经济社会发展水平相适应、城乡接轨、农民与市民平等一致的社会保障体系。
管理配套事项	基层基础强化工程	从增强集体经济家底、完善村级管理机制和发展农村社区文化等方面入手，进一步巩固党在农村的执政基础。要按照农村社区化的发展方向，完善村级公共事务管理体制，推进村级管理模式向社区管理模式转变。不断推进村级管理的民主化、规范化和制度化。

笔者根据《关于统筹城乡发展做好2004年农业农村工作的若干意见》内容整理。

农村地区公共服务的发展过程并非一蹴而就，以社会保障为例，其发展路线基本上遵循了从城乡双轨制到城乡并轨再到公共服务均等化的过程。随着一系列公共服务职能逐步铺开与深入，农村的管理工作也由此变得事务繁多起来，为了保障这些工作的规范化，每一项工作都有具体的细化指标，并以目标责任考核的形式与分管村干部进行挂钩。就此，本书将就社会养老保险、医疗卫生保障在慈溪农村地区的推广情形为例进行探讨。

（二）公共服务的逐级推进：以慈溪农村社会养老保障为例

改革开放之后，由于国家推行城市发展战略，因此农村只保留一些最基本的公共服务和社会保障内容，并且，这些基本公共服务还是通过向农民进行提留统筹而获得资金保障的，因此，农民等于自己集资付费来购买公共服务。由于服务内容不多，因此，只需要在乡镇基层政府保留为数不多的机关工作人员负责这些工作即可。相比之下，城市的公共服务水平和社会保障水平却逐步得以完善，经过几十年的发展，城乡之间的社会保障差距不断扩大，城乡二元的公共服务状况引发了最大的不公正。为此，党中央从2003年起提出城乡统筹发展战略，试图缩小城乡二元差距。但现实的困境是，政府的财政转移支付力度无法一步到位，难以很快实现城乡一致的公共服务水平。为此，表现出公共服务的逐级推进的态势。所谓农村公共服务的逐级推进，是指政府对农村的公共服务供给经历了从无到有、从少到多、从城乡双轨到城乡并轨的过程。随着公共服务的逐级推进，这种政府的保障职能也开始逐步向农村渗透，而这也对农村干部的角色、使命提出新的要求。这一点，我们从慈溪农村社会养老保障的发展脉络上也能够清晰观察到。

长期以来，养老保险制度几乎与中国农村没有任何关系，大多数农民的养老只能依靠承包地上的农业收入和儿女的供养。除此之外，农村的社会保障仅集中在五保对象身上，而且其供养的资金来源也只是依靠农村自身的提留资金。所以，政府几乎没有承担起农村社会养老保障的义务，或者只是提供极少量的财政转移支付来帮助少部分困难群体。然而，随着城市化的逐步推进，农民也面临越来越多失地的风险，在这种情形下，为农民提供普遍的养老保险的需求也越来越强。不过，在推进这些社会保障事业的过程中，政府所承担的责任并非一步到位，农民所享有的福利水平只是随着政府不断加大农村事务的政策倾斜和财政倾斜而逐步提高。这反映出当前农村公共服务体系逐级推进的态势。这种策略一方面考虑到政府财政的承载能力，另一方面也反映出政府在支农方面并无太多经验，采取试点一步走一步的策略则更显稳妥。

最早在慈溪推出的农民社会养老保障是1996年开始在浙江省推行的“农村社会养老保险”，简称老农保。它属于省一级的政策，其性质类似于保险理财产品，实际上是一种农民储蓄积累式的养老保险，财政不出一分钱。当时的“养老保险实施办法摘要”中对此规定：投保人年满60周岁，可按月或按季度领取养老金，养老金领取标准按12%的年复利率计算，今后遇到银行利率调整时亦作相应调整。出于其社会养老保障的功能背景，该养老保险的利率略高于银行存款利率。然而，个人账户的储存额能在多大程度上养老，一方面取决于利息，另一方面取决于同期的收入增长。由于当时利率较高，因此收益还不错。但随着利率的下降，这一保险的吸引力越来越低，而且当时在农村推广的面很窄。毕竟农民收入低，即使投保，也很难在年满60周岁后获得可观的收入，根本起不到养老的作用。十几年后的今天，大部分当年投保的人已经撤保。

2003年发出的《中共慈溪市委慈溪市人民政府关于印发〈慈溪市土地被征用人员养老保障实施（暂行）办法〉的通知》提出，要结合慈溪城镇化发展的实际情形，开始对土地被征用人员提供养老保障。失地保险又称“土保”，是一种有选择性的养老保障，只针对土地被征用人员。由于征地剥夺了农民维持基本生存条件的生产资料，因此采用社会保障来替代土地就成了当时的一种策略性选择。在这项政策中，投保资金坚持以个人负担为主，政府、集体补助为辅的原则。其中，个人担负62%，市、镇（街道）对投保人员按A档标准的投保资金分别给予30%和8%的补助，资金来源主要是土地出让金留成部分。村集体经济组织可以根据经济承受能力对土地被征用人员的投保资金给予适当补助。除此之外，政府还针对该特殊群体提供了一系列与其他社会保障对接的政策。例如，那些经济条件较好的村集体经济组织可以以经济合作社或股份制经济合作社为单位，比照企业参保的办法，为其成员办理城镇职工基本养老保险，所需费用由单位和个人按规定承担。如果是在各类企业就业的，企业必须为其办理城镇职工基本养老保险手续。同时，失地人员还享受城镇再就业群体的特殊照顾政策。

慈溪市真正开始面向全部农村户籍人口提供养老保障是在2007年，命名为“慈溪市农民基本养老保险”，也称“新农保”。2007年发出的《中共慈溪市委慈溪市人民政府关于印发〈慈溪市农民基本养老保险暂行办法〉的通知》提出，新农保的参保者应为慈溪市行政区域内从事农林牧渔业等农业生产、年龄在18周岁（在校学生除外，下同）以上、具有本市户籍且暂未纳入本市其他社会养老保障体系的农村居民。新农保实行市级统筹，遵循权利与义务相对应、社会统筹与个人账户相结合、基本养老保险费则由个人和政府财政两方共担、保障水平与经济社会发展状况相适应的原则。在缴费部分，不同档的财政补助的比例也不一样，但总体补助水平维持在30%。

不过，新农保与城镇居民养老保障依旧是并行的两套养老制度，还没有实现城乡公共服务均等化的目标。因此，到2009年，慈溪市在宁波市的统一规划之下，开始研究整合自己现有的各项地方性养老保障制度。2009年发出的《市委办公室市政府办公室印发关于进一步完善我市城乡养老保障体系建设的若干意见的通知》提出，要对土地被征用人员养老保障（以下简称“土保”）、城镇老年居民养老保障（以下简称“城保”）和农民基本养老保险（以下简称“新农保”）三项养老保障制度进行整合，建立起统一的城乡居民养老保障制度。其中，无论是财政补助比例还是缴费基数都较之前的新农保有所上涨。至此，慈溪市农村养老保障制度完成与城市的并轨运行（见图2.1）。

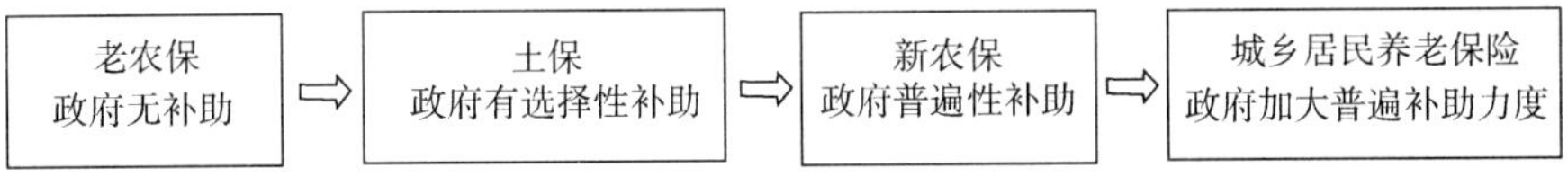

图2.1　慈溪推动农村社会养老保障服务的“四步走”策略

概括而言，慈溪市地方政府提供农村社会养老保障服务采取了四步走策略：第一步，完全依靠市场原则，政府不提供任何财政补贴；第二步，有选择地设定受保对象范围，并给予部分政府财政补贴；第三步，提供与城镇居民有区别的农村养老保险，其财政补助力度相较城市居民要低。第四步，将城镇居民养老保障体系与农民养老保障体系并轨，提供城乡均等化的社会保障措施。

从图 2. 1 表现的前后经过来看，慈溪市政府投入补助资金的比例越来越高。此情形显示出慈溪市政府对农村社会养老保障事业的重视程度不断提升，对该项工作的推进力度也愈加增大。这客观上又促使慈溪市政府对负责制度落实的基层干部与工作人员提出了更高的工作要求。随着社保内容的不断丰富，参保农民数量的不断增加，原先的乡镇一级的对口机关的工作任务变得繁重起来，急需有额外的人手来承担这一工作。但与此同时，乡镇政府又要实行机构精简，这使得原有的对口公务员力量显得不堪重负。因此，如何有效利用农村既有的干部资源，来协助承担越发扩容的政府职能，成为基层政府首要思考的制度议题。

对于那些过去没有承担过社会养老保障工作的村干部而言，新的政府职能也由此落在了他们的头上。但很显然，简单的任务摊派不能保证这项工作得到有效执行，因此，它客观上需要在农村设置某种固定的岗位机制来确保工作职能的对接，而这些又构成了农村干部职业化的动力之一。

（三）公共服务的职能细化：以慈溪农村公共卫生服务工作为例

随着公共服务的逐级推进，寻求农村干部协助承担政府职能成为因时之需，而这构成了农村干部职业化的动力之一。而另一方面，职业化的动力还来自于工作业务呈现出越来越高的专业性，而这又与公共服务的职能细化不无关系。为此，我们将以慈溪农村公共卫生服务工作为例，对此进行说明展示。

与农村社会养老保障服务相似的是，慈溪市的农村公共卫生服务工作也体现出逐级推进的特点。以农村医疗保障服务为例，慈溪市新型农村合作医疗始于 2003 年。当时慈溪市人民政府发出《关于建立新型农村合作医疗制度的意见》，提出到 2004 年全市基本建立农村合作医疗制度，农民参加率达到 80% 以上；到 2007 年，农民参加率达到 90% 以上，形成住院统筹为主体，大病救助为辅助，医疗服务不断普及，多形式、多层次的农村医疗保障体系。与慈溪农村社会养老保障发展路径有所不同的是，慈溪市合作医疗从一开始就包含了农业人口和非农业人口两部分。当时的政策规定，除已参加城镇职工基本医疗保险及城镇职工大病住院医疗保险的人员外，其余户籍在本市的所有农业人口及非农业人口（包括本市户口的大、中、小学、幼儿园学生）均可以户为单位参加合作医疗，其经费由政府、集体、个人等多方筹集。直到2007年，慈溪市才正式推出专门针对城镇居民的医疗保障制度。但这种双轨运行并未实施多久，到2009年11月，慈溪市进一步明确提出对新型农村合作医疗制度和城镇居民医疗保障制度实施并轨运行，统称城乡居民医疗保障制度。2009年慈溪市人民政府发出的《关于巩固和发展城乡居民医疗保障制度的实施意见》提出，农村居民和城镇居民在“参保范围、筹资标准、保障水平、服务水平”等方面实行一个制度、四个统一、全市统筹，打造城乡居民医疗保障一体化。

然而，农村医疗保障制度只是整个农村公共卫生工作这一系统工程的一个子系统。实际上，整个系统工程还包括农村疾病预防控制、妇幼保健、爱国卫生、食品药品监督等内容。慈溪市人民政府于2005年发出的《关于加强农村公共卫生工作的实施意见》中明确提出了未来慈溪农村公共卫生工作的总体目标：到2007年，建立健全市镇村分级负责的农村公共卫生管理体制以及投入保障和责任考核机制。这项目标意味着农村公共卫生工作正式列入了村级管理事项，明确每个村都要围绕公共卫生工作成立公共卫生管理小组，村（社区）主任兼任组长，成员由村（社区）妇女主任、计划生育员、卫生服务站负责人、暂住人口专管员等组成，负责组织实施本村（社区）的环境卫生、改水改厕、健康宣教、企业卫生安全、集体聚餐、食品药品等健康相关产品的巡查、信息报告和流动人口的卫生管理等工作，甚至还包括办好村（社区）卫生服务站、督促社区卫生服务站、个体诊所履行公共卫生工作的有关职责。在此，我们大概可以通过慈溪市周巷镇村（社区）目标管理考核办法中公共卫生部分的具体细则来透视这项工作的细化程度（见表2.2）。

表 2.2 慈溪市周巷镇村（社区）目标管理考核办法公共卫生部分

项目	工作内容及分值	考核标准
计划生育 100 分	考核细则另行制订	
公共（爱国）卫生 100 分	组织管理（14 分）	1. 村（社区）成立公共（爱国）卫生工作领导小组并开展日常工作的得 4 分，无领导小组或专（兼）职公共卫生员的各扣 2 分；2. 及时做好公共卫生政策宣传及卫生下乡配合工作的得 3 分，配合不及时的扣 2 分；宣传力度不够的扣 1 分；3. 做好传染病疫情等突发公共卫生事件处理的得 3 分，不能及时处理造成影响的扣 3 分；4. 积极参加上级相关培训的得 2 分，未参加培训的每少一次扣 1 分；5. 相关资料齐全的得 2 分，相关资料不齐全的扣 1 分，无资料的扣 2 分。
	卫生监督（10 分）	1. 做好每月一次的传染病疫情、中毒事件、非法行医、食品、药品及公共场所经营等排摸登记报告工作的得 8 分，排摸登记每少一次扣 2 分；2. 报告率达 95% 以上的得 2 分，报告率每下降 1% 扣 1 分。
	城乡居民健康（26 分）	1. 完成市下达的城乡居民医疗保障任务，完成率达到 92% 的得 8 分，92% ~95% 的得 10 分，95% 以上的得 15 分；2. 积极配合健康教育讲师团下村讲座，做好组织发动和场地准备的得 3 分，不配合开展健康教育讲座及活动的，每发生一起扣 1 分；3. 各类健康教育资料发放率达 90% 以上得 4 分，健康教育资料发放率每下降 1% 扣 1 分；4. 做好参保农民和育龄妇女健康体检工作的组织发动工作的得 2 分，保证参保农民和育龄妇女健康体检率分别在 60%、85% 以上的得 2 分。
	防疫接种（5 分）	1. 做好儿童预防接种和健康体检通知单发放的得 3 分；2. 协助社区卫生服务中心做好社区慢性病人、出院病人访视工作，通知率达 100% 的得 2 分；通知率每下降 1% 扣 1 分。
	妇女儿童卫生管理（12 分）	1. 每月动态掌握辖区育龄妇女生、孕等基本情况的得 2 分，基本情况不清楚的扣 2 分；2. 每月动态掌握辖区本地儿童迁移等基本情况的得 2 分，未做好本地儿童迁移、育龄妇女、出生、死亡等情况调查与报告的，少报一次扣 1 分；3. 做好产妇新生儿访视和四项质控调查的得 2 分，未做好产妇新生儿访视的扣 1 分，未做好四项质控调查的扣 1 分；4. 及时掌握和做好上报《慈溪市婚孕期情况记录表》的得 2 分，未上报《慈溪市婚孕期情况记录表》的少一次扣 1 分；5. 资料齐全的得 1 分，资料不全的酌情扣分；6. 婚检率达到 70% 以上的得 2 分；7. 做好叶酸补服对象的宣传动员工作，补服对象知晓率达 100% 的，得 1 分。

续表

项目	工作内容及分值	考核标准
公共（爱国）卫生100分	外来人口卫生管理（10分）	1. 动态掌握流动儿童的基本情况的得2分，基本情况不清楚的扣2分；2. 动态掌握外来孕产妇基本情况的得2分，基本情况不清楚的扣2分；3. 积极开展排摸登记报告的得4分，未开展每月一次排摸登记报告工作的，每次扣1分；外来人口管理工作报表每少一次扣1分；4. 资料齐全的得2分，资料不全的酌情扣分。
	改厕管水（10分）	1. 做好本村（社区）水井的建档和动态管理的得5分；未建立动态档案的扣3分；户井消毒每月少开展一次的扣1分；2. 落实公厕保洁、消杀制度，落实除四害工作的得5分，公厕保洁或消杀未做好的，每一次扣2分，未落实除四害工作的每一项扣1分。
	无偿献血（5分）	1. 做好无偿献血组织宣传发动等工作的得3分；2. 积极组织宣传无偿献血政策和开展活动的得2分。
	食品药品安全（8分）	1. 保持食品药品安全示范村（社区）创建成果的得6分，管理监督不力，每发生一起食品药品安全事故的扣2分；2. 资料完整的得2分，资料不全的酌情扣分。
	附加分	2011年创建慈溪市、宁波市、省级卫生村（卫生先进单位）或亿万农民健康促进示范村的分别加2分、4分、6分，不累计加分，以最高荣誉为准。

资料来源：中共周巷镇委员会《关于下发2011年度村（社区）目标管理考核办法的通知》。

我们发现，光公共卫生考核部分就区分了组织管理、卫生监督、城乡居民健康、防疫接种、妇女儿童卫生管理、外来人口卫生管理、改厕管水、无偿献血、食品药品安全这几个大类，在这些大类之下还继续细分了30个子项。可见，农村公共卫生服务工作的内容设置已经非常丰富。相比过去，农村的公共卫生工作在很长一段时间内基本处于停滞状态，以上这些公共卫生服务只有城市居民才有权享有。因此，在20世纪以前的村务管理事项中就基本上不包含这些内容，甚至对乡镇一级干部的考核中都不包括这些公共卫生方面的工作内容。

从笔者采访的分管公共卫生的村干部的感受来看，受访对象均感言近十年来医疗保障、卫生服务体系的变化速度太快，政策通常执行两到三年就一大改，且覆盖对象范围不断扩大，只有通过不断学习新的政策才能不混淆这些政策细节的变动。这些变动无疑加大了他们的工作压力。毕竟，每一次变动都将重新整理参保对象的档案数据，或者引入新的工作内容。由于常年变动，乡镇机关也常常组织村一级分管公共卫生工作的干部进行集中学习，从而熟悉政策的具体变化。（2013 年 8 月 1 日访谈）

将公共服务内容和职能细化到如此程度，基本上意味着该工作已经具备了一定的专业属性，促使承担该职能的村干部必须朝更加职业化的方向发展。而将职责分解到人，并伴随一系列评估、考核体系的做法，则更加清晰地展示了政府对于该项工作在农村地区规范化运作的期待。

四、社会治理：农村社区建设背景下的干部职业化要求

公共服务体系的全面植入，为农村干部朝职业化道路发展提供了背景动力。而农村社区建设则为村干部践行职业化导向、服务化导向的治理方式提供了具体的制度平台。所谓农村社区建设，是指在行政村的地域范围内，依靠政府、社会和村民自身等多方面的资源和力量引入城市社区管理模式和服务理念；通过对行政村进行社区化服务和管理，逐步提高农村服务水平和农村居民生活质量，构建一种新型的、接近城市社区的农村基层社会生活共同体。也就是说，以城市社区组织架构为参照，根据农村社区特点整合出类似的组织架构，从而实现农村社区建设与管理，强调组织架构的完整、硬件设施的完备以及服务配套的完善。

（一）慈溪市农村社区建设的总体意图

2001 年是慈溪市开始试行农村专职干部制度的元年，也正是这一年，慈溪从全市选取 21 个村展开试点，拉开了慈溪农村社区建设的帷幕。可见，专职干部制度与农村社区建设相互作为配套制度得以同步实施。2007 年，慈溪全市开展推广农村专职干部制度，并使之更加健全完善。到 2010 年，慈溪市市镇两级财政开始每年度安排一部分公共财政预算支出用于农村社区建设，为农村公共服务设施建设、社区服务开展提供必

要的资金支持。对那些已开展农村社区建设的村，通过年度综合评估后按每百户0.5万元下拨工作运转经费，市、镇（街道）按4∶6比例负担。而对于那些新开展农村社区建设的村，市财政则给予每村5万元的启动资金补助，镇（街道）同比进行配套。到2010年年底，慈溪市全市已经有80%以上的村开展了农村社区建设。而到2012年，整个慈溪市农村社区覆盖率已达到100%。

社区建设是一个覆盖城乡的总体性工作，具体而言分为城镇社区建设与农村社区建设。为此，慈溪市提出“一手抓城市深化，一手抓农村延伸”，充分表明了慈溪市试图打破旧有城乡二元格局、建设统一城乡社区格局的发展决心。当然，农村社区建设怎样进行、社区建设的内容有哪些、农村社区建设的目标指向是什么，这些问题并没有标准的答案模板，各地所进行的都是因地制宜的探索。毕竟，基于农村社会结构、财政实力、城市发展定位的不同，各地就会有不一样的农村社区建设模式。实际上，对于近年来大行其道的网格化管理，各地就呈现出完全不一样的思路。或许，这种情形依旧会出现在农村社区建设命题上。

不过，对于农村社区建设而言，最容易想到、同样也最容易实现的目标就是硬件基础设施的配套。慈溪市也不例外，在最初论证阶段，慈溪市就在村庄建设规划、基础设施配套、公共服务设施配套上提出了一系列要求。这包括庭院整治以美化村庄村落环境，提升村容村貌；包括“布局优化、道路硬化、村庄绿化、路灯亮化、卫生洁化、河道净化”的“六化”要求；还包括村落文化宫、休闲公园、集贸市场、老年公寓社区配套服务场所建设等。①

然而，农村社区建设并不是意味着在景观和基础设施方面将农村建设为准城市社区就算大功告成，实际上，在简单的基础设施投入思路的指引下，很容易陷入“有场所、无服务，有设备、无人员，有人员、无职能”的尴尬境地，这种现象在早些年率先进行新农村试点的部分地区并不鲜见。因此，真正的农村社区绝不仅仅只限于在农村基础设施的提

① 中共慈溪市委组织部提供资料。

升，其根本还是要在管理、服务职能的跟进与配套。前一节介绍了慈溪市的农村医疗、社会养老保障措施已经与城镇居民政策并轨，且公共服务的财政投入上逐步实现城乡均等化，为配合这一工作，则有必要继续在服务模式上实现城乡统一化。总之，农村社区建设绝不仅仅是硬件上的配套升级，也是一次针对农村地区社会管理服务功能的软件升级。

为此，2010 年发出的《中共慈溪市委慈溪市人民政府关于全面推进农村社区建设的实施意见》，为农村社区建设提出了“五个有”的工作目标：有一个统筹兼顾、符合农村发展规律的农村社区建设规划；有一个从实际出发、适应社区化服务和管理要求的社区服务中心；有一揽子面向农村全体居民、以公共服务为主的服务项目；有一支专兼结合、有效承接政府公共服务的农村社区工作队伍；有一套健全完善、运行规范的农村社区服务和管理制度。为了实践这一工作目标，慈溪市又提出了农村社区建设的三个主要内容：一是农村社区服务中心建设，二是农村社区服务体系建设，三是农村社区管理工作升级。在下文中，笔者将就这三个内容分别进行介绍。

（二）慈溪市农村社区建设的主要内容

1. 农村社区服务中心建设

当前，慈溪市的农村社区服务中心是在充分整合利用现有村办公（服务）用房、校舍等设施，采取改建、扩建或新建等方式建成的。社区服务中心集管理、服务、教育、活动等功能于一体，并配套完善“三室三站二中心一校一场所”（村党组织、村委会办公室、综治警务室、图书阅览室、劳动和社会保障管理服务站、卫生［计生］服务站、村志愿服务站、党员服务中心［站］、居家养老服务中心、村民学校、综合性多功能室内活动场所）等服务设施。其实，笔者在调研中发现，大多数行政村的社区服务中心都与村三套班子办公地点设置在同一地点，实现了村三套班子与社区服务中心的高度融合，三套班子成员也按不同需求，兼职社区服务中心的各种职务。不难看出，慈溪市的思路是尽可能地让新设立的服务中心利用既有资源，节省资金投入与人力投入，节约行政成本。

到2012年底，全市几乎所有村都建立了农村社区服务中心，并设置“××社区服务中心”统一标识。2010年发出的《中共慈溪市委慈溪市人民政府关于全面推进农村社区建设的实施意见》，对农村社区服务中心的建设和管理提出了具体意见。村级社区服务中心用房总面积一般不小于350平方米，这一面积能够保证中心成为为村民提供服务和社区居民开展活动的有效平台和载体。在村级社区服务中心的服务职能方面，统一推行“三个一”政策：设立一个敞开式便民服务大厅，在大厅内根据需要设立社会保障、社会救助、计划生育、就业培训、法律服务、暂住人口管理等服务窗口；开通一条村民服务热线，村民服务热线的电话号码应在服务中心明显位置公布；建立一套规范的农村社区服务中心运作制度，服务项目、内容、流程和承诺等内容应向村民公布，接受群众监督。当然，在以上三者中，又以便民服务大厅最为重要（见图2.2和图2.3）。

图2.2　慈溪市坎墩街道坎东村社区服务中心外观（课题组摄于2013年5月25日）

图 2.3 慈溪市坎墩街道坎东村社区服务中心服务大厅

（课题组摄于 2013 年 5 月 25 日）

村级便民服务中心建设与农村社区服务中心建设的关系，属于两块牌子、一套人马。最早，设立便民服务中心这一想法的突破口源于行政审批制度改革的制度尝试。由于浙江地区市场经济发展较为蓬勃，且许多产业分布在农村之中，较远的办事空间距离以及烦琐的审批办事手续，使得浙江地区很早就有了完善行政服务体系的探索尝试。早在 1999 年，浙江省上虞市就设立了便民服务中心，成为第一家县级政府为便民而设置的集中办事机构。2001 年，玉环县又首创了全程办事代理制，将便民公共服务网络向农村基层延伸。这种便民服务，其本质属于一种小规模的属地空间内的政务代理服务，改变了过去办事只能前往政府各个部门跑流程的局面。这种审批职能的下放，极大拉近了人民群众办理相关业务的空间距离。而且，这些便民机构将许多服务整合在一起，实现了多项业务的一站式服务，极大缩短了办事时间。由于这些新生事物获得了极好的反馈，浙江省对其及时进行了总结推广，提出到 2010 年底前实现村级（社区）便民服务“全覆盖”，形成完整的省、市、县、乡、村五级公共服务体系。

2. 农村社区服务体系建设

总体而言，整个农村社区服务体系包括社区政务代理服务、农村社区经营性服务以及农村社区志愿互助性服务。

首先，政务代理服务的建设初衷是为创新农村基本公共服务提供方式，推动与居民基本生活及保障密切相关的社会保障和救助、劳动就业、宅基地审批、计划生育、法律服务、暂住人口管理等社会公共服务项目进入农村社区服务中心（便民服务大厅），设立相应代理服务窗口，积极推行行政审批“代办员”制度，实现公共服务全程代理和“一站式”办理。

其次，农村社区经营性服务是指利用规划引导和政策扶持，鼓励和支持社会组织、企业和个人投入农村社区服务业，为农村居民提供超市、家政、配送等农业产前、产中、产后和生活方面全方位的服务，继续推进农村综合服务社、商业示范社区建设和“放心示范店”工程，推广“流动邮政服务窗口”等便利性服务项目，以此满足农村居民多样化、个性化消费需求。

最后，农村社区志愿互助性服务则是充分利用农村自治组织和民间组织，鼓励和动员农村党员、驻村单位代表、外来人员代表、有一技之长的村民来参加志愿服务。在农村广泛开展便民利民、助老扶幼、扶残助残、纠纷调解、环境保护、文体活动等互助性服务。与此相配套的则是建立一整套涉及招募、注册、培训、激励、考核等志愿工作制度，促进农村社区志愿服务向专业化方向发展。

3. 农村社区管理工作

农村社区管理工作包含两个内容：社区自我管理和公共安全管理。

首先，完善农村社区自我管理是指以农村基层党组织领导为核心、村民自治为基础、农村居民广泛参与、各类社会组织互动合作的农村自我管理机制。从本质上而言，社区自我管理就是立足于法定村级自治组织之上，并容纳更多民主因素的管理机制。例如，在党组织建设上，全面推行片区支部建设、形成党组织网格化渗透目标；在村级重大事务决策上实行“五议两公开”的程序；在针对外来人口的管理上，则推广建立共建理事会、和谐促进会等融合性社会组织，发动群众自我管理、自我服务的新机制。

其次，农村公共安全管理主要围绕社会治安综合治理工作和农村维稳而展开，包括完善农村警务机制，建立农村综治（警务）室和农村治安防控体系，推动警务力量进村，并组织保安人员在社区内外巡逻防控，优化对流动人口和出租房屋的服务管理。同时，还包括开展法制宣传教育和法律进乡村，发展人民调解机构和法律援助点等内容。

从本质上看，以上这三项主要内容重新定位了村干部的工作使命与工作方式。其中，村干部的工作使命以推进农村公共服务事业为核心，凸显了某种以服务为导向的治理思路；而村干部的工作方式则凸显了“全职化”“脱产化”的转型思路，当然在法理上，这种全职化体现为村班子成员同时又是社区服务中心的全职工作人员。通过这种双重身份的定义，从而彻底摆脱了过去村干部在名义上“半脱产”“兼职化”的属性特征。

（三）农村社区建设与村干部职业化要求

与“多村一社区”的模式不同，慈溪采取的是调整村级行政区划，实行“一村一社区”的基本模式。其思路更加强调依托原有农村的自治组织权力架构和人员组成，并在其中融入新的治理内容与管理模式，而不是另起炉灶在乡镇与村之间打造出一个派出式的服务机构。由于事先进行了规模适度的行政区域规划调整，因此一个村就可以成为一个较优规模的服务辐射圈。而且这种模式减少了农村治理中的人员投入，使得尽可能依托现有村组织资源、干部资源成为可能，这样既能提供更多的农村公共服务，同时又避免了基层政府的机构膨胀，导致行政支出成本的过度增长。有了这样的农村社区架构，慈溪市可以将许多以前属于乡镇、街道的审批职能下放到村一级，由社区便民服务中心来提供统一的代理服务。这产生的一个结果就是，慈溪市的村级组织可以顺利承接原先属于乡镇政府的职能，成为地方政务的一级“代理”服务机构。

目前，慈溪市根据浙江省和宁波市部署，并结合自身实际，重点将以下10类服务事项纳入村级便民服务中心的代理内容。

1. 民政服务事项：最低生活保障；临时救助；医疗救助；殡葬改革；养老服务和老年优待等。

2. 劳动和社会保障服务事项：劳动保障法律法规和政策业务咨询服务；人力资源调查、就业失业登记、职业介绍、职业供求和职业培训信息发布、就业援助、职业技能培训报名、创业服务等公共就业服务；城乡居民社会养老保险参保手续办理，土地被征用人员养老保障参保缴费，参保人员领取养老金的资格认证，死亡人员终止养老保险关系；社会保险宣传发动、参保登记、信息变更和领取失业保险金人员失业状态信息提供；企业退休人员和城乡居民养老保障待遇享受人员社会化管理服务；劳动保障书面审查和分类监管，劳动关系接访与调处。

3. 国土资源服务事项：农村宅基地审批受理和代办；设施农用地审批受理和代办；农村宅基地确权登记发证受理和代办；建设用地相邻纠纷的调节和协调。

4. 城乡建设、规划服务事项：村庄建设指导服务，农民建房政策法规和技术咨询，乡村建设规划审批代办等。

5. 农业服务事项；土地流转信息收集、审查、发布、上传；农产品买卖市场信息发布；有关生产技术、气候变化、抗灾防灾、支农惠农政策传达；农技推广、动植物疫病防控、农产品质量安全监管；粮食直补资金落实服务；农资供应、育秧育苗、植保统防统治、机耕机收等生产作业性服务；农业技术培训等。

6. 卫生服务事项：组织农村群众参加城乡居民医疗保障，协助开展农村群众城乡居民医保报销情况公示；组织农村群众参加健康教育和健康体检、妇女“两癌”筛查、婚育青年体检；改厕技术指导等；开展城乡居民医保系统日常管理查询、费用收缴、参保人员名单录入、城乡居民医保卡补办等。

7. 人口计生服务事项：再生育审批的初审和代办；生殖健康服务证、流动人口婚育证明等计生证件代办；计划生育奖励扶助金、特别扶助金和公益金发放对象资格确认初审和公示；外来流动人口婚育证明查验；

计划生育政策宣传；优生“两免”和国家免费孕前优生健康检查服务告知书发放；病残儿童医学鉴定申请及初步审核；人口计生工作纪律方面条款的告知等。

8. 综治暂住人口服务事项：暂住证代办；政策法律咨询；司法调解；信访接待；外来人口培训等。

9. 日常事务代办联系事项：包括水、电、电话、互联网、天然气、液化石油气、有线电视线路等的安装、维修代办联系。

10. 其他便民服务事项：如协助村民身份证办理、协助辖区内个体工商户、企业申办有关证照及年检年审服务，党员服务，市场信息咨询等。

从这些服务事项来看，涉及的工作内容已经列举得非常详细，而且具有一定的专业化要求。毫无疑问，这种全新的社区服务中心架构势必会对村三套班子的日常工作机制和工作内容带来改变。事实上，农村社区建设确实成为改善农村干部职业化属性的一个契机。根据中共慈溪市纪委办公室《关于印发〈关于推进村级便民服务中心规范化建设的实施意见〉的通知》，慈溪市村级便民服务中心采取五天工作制和双休值班制，其工作人员除个别村自聘干部之外，基本上由村专职干部组成。其中，村党组织书记和村委会主任轮流到便民服务中心值班，其他专职干部和到村大学生都需要在便民服务中心办事大厅集中工作，工作形式接近于行政办事人员。一般情况下，服务中心办事人员数量一般在4～7人，由村专职干部担任，因此，每一个岗位都会专门负责若干事项。例如，民政服务事项与人口计划生育服务事项归一个岗位负责，国土资源服务事项与城乡建设、规划服务事项归另一个岗位负责，要确保每个人头都有具体的服务事项分工。总之，社区服务中心的工作模式已经接近于“职业化岗位”，即定岗、定人、定责。为了确保村级便民服务中心运行有序、管理规范，慈溪市还专门详细制定了“集中办公制”“全程代理制”等十项制度，同时，还专门设定农村社区服务中心（村级便民服务中心）评估标准，来保障落实农村社区服务中心的硬件达标和服务达标（见表2.3和表2.4）。

表 2.3　慈溪市农村社区服务中心规范化办公 10 项制度

1. 集中办公制。各村除党组织书记、村委会主任外，其他村干部原则上到村级便民服务中心集中办事办公。 2. 领导值班制。村党组织书记、村委会主任应在便民服务中心轮流值班，做好窗口之间的协调、管理和监督。 3. 公开亮相制。在便民服务中心设置工作人员亮相台，公开岗位职责、服务内容、服务流程等，并制作统一的办事登记表、受理单。公开投诉电话，接受群众监督。 4. 首问责任制。服务对象咨询或办理相关事项时，首位接待或受理的工作人员必须认真解答、办理或引荐给主办人员。 5. 一次性告知制。在服务对象咨询或办理有关事项时，窗口工作人员必须一次性告知所要办理事项的依据、时限、程序、所需的全部材料以及不予办理的理由等。 6. 限时办结制。对村本级服务，应即时办结或在一个工作日内办结；需到镇（街道）、市办理的审批或服务事项，应在 5 个工作日内上报办理，确实特殊、紧急的，及时帮助办理。 7. 全程代理制。建立健全一支村级“代办员”队伍，需到镇（街道）、市办理且无须本人到场的审批或服务事项，由行政审批代办员全程代办，并根据要求填写授权委托书及受理单进行规范化管理。不定期向群众发放审批服务质量测评表，对代理代办质量进行测评与把握。 8. 岗位委托制。主办人员因事外出的，应委托好其他窗口工作人员，代为解答或办理。 9. 办件分析制。每月初，各村级便民服务中心必须对上月办理情况进行汇总分析，及时掌握群众需求，改进服务方式。 10. 服务延伸制。根据群众需求建立各类服务队伍（专业人员、经营商户、志愿者、村干部等服务队伍），因地制宜建立“一村一特色”服务项目，切实为群众解决问题。

表 2.4　慈溪市农村社区服务中心（村级便民服务中心）评估标准（试行）

考核项目	考核内容		评分细则
服务设施到位（20 分）	服务中心整体外观（8 分）	1. 社区服务中心总面积应在 350 平方米以上。（2 分）2. 在醒目位置悬挂“××社区服务中心”的统一标识。（4 分）3. 服务中心下设站、室标识规范。（1 分）4. 村级便民服务中心宽敞明亮、整洁美观。（1 分）	1. 总面积少于 350 平方米扣 2 分。2. 没有标识或标识不醒目扣 4 分。3. 标识不规范扣 1 分。4. 每发现 1 处不整洁扣 0.5 分。

续表

考核项目	考核内容		评分细则
服务设施到位（20分）	村级便民服务中心（8分）	1. 村级便民服务中心设在一楼且面积在50平方米以上，设置“××村便民服务中心”的标识。（3分）2. 村级便民服务中心设置合理、整洁规范，配备电话、电脑、复印机、档案柜等办公设施，配有休息椅子。（2分）3. 便民服务中心摆放《办事须知》《便民服务手册》《村民自治章程》《村规民约》等有关政策法规宣传资料，公开投诉电话。（3分）	1. 村级便民服务中心每增高一个楼层扣1分；面积不达标扣1分；无标识扣1分。2. 村级便民服务中心设置不合理扣2分；相关服务设施每少一项扣1分。3. 无《办事须知》《便民服务手册》《村民自治章程》《村规民约》以及未公开投诉电话等各扣1分。
	“三室三站两中心一校一场所”建设（4分）	配套完善村党组织、村委会办公室、综治警务室、图书阅览室、劳动保障和社会救助服务站、卫生（计生）服务站、村志愿服务站、党员服务中心（站）、居家养老服务中心、村民学校、综合性多功能室内活动场所。（4分）	基本硬件覆盖不全相应扣1~4分。
服务人员到位（20分）	1. 村级便民服务中心日常管理责任人、工作职责明确。（10分）2. 除村党组织书记、村委会主任外其他专职村干部应在村级便民服务中心办公服务，配置工作人员不少于3人。（10分）		1. 中心日常管理责任人、工作职责不明确扣10分。2. 村级便民服务中心工作人员配置不到位扣1~10分。
服务制度到位（20分）	1. 建立服务窗口首问责任制、限时办结承诺制、一次性告知制、岗位委托制和全程代理制等十项制度。（4分）2. 服务项目、服务承诺、工作制度等上墙公开，实行挂牌亮名办公，设置人员去向牌，接受群众监督。（2分）3. 服务窗口有服务内容受理台账，实现工作人员“一人一簿”，对服务内容进行办件情况统计和纪律督察。（8分）4. 村务公开栏设置标准，公开内容齐全，公开及时，张贴规范。（6分）		1. 服务窗口规章制度不全扣2分，未实行全程代理制扣2分。2. 相关服务制度未上墙公开扣1分，未挂牌亮名办公、未设置人员去向牌扣1分。3. 服务窗口无受理台账扣8分，记录不规范扣2分。4. 村务公开栏设置不标准，公开内容不全，公开不及时扣6分，张贴不规范扣3分。

续表

考核项目	考核内容		评分细则
服务功能到位（30分）	农村社区基本公共服务（10分）	1. 与居民基本生活密切相关的民政残联、劳动保障、国土资源、人口计生等十方面公共服务项目进入村级便民服务中心，设立相应服务窗口。（4分）2. 实施“代办员”制度，实现公共服务全程代理和“一站式”办理。（4分）3. 开通村民服务热线，编印发放村民服务手册。（2分）	1. 公共服务项目进窗口少一项扣1分。2. 公共服务没有实现全程代理和“一站式”办理扣4分。3. 检查发现工作时间连续2次无人接听电话扣1分，无服务手册扣1分。
	农村社区经营性服务（10分）	通过培育发展村级便民服务协会，依托村级服务热线、便民服务手册等，整合村级商业服务资源，开展便民利民服务活动，满足农村居民生产、生活需求，并因地制宜，积极探索切合实际的服务项目，形成“一村一特色”。（10分）	根据村级汇报情况视情打分。每村至少形成1个以上特色经营性服务项目。
	农村社区志愿互助服务（10分）	1. 培育公益性社区社会组织和志愿者队伍，建立不少于2个公益性社区社会组织和3～5支志愿服务队伍，志愿互助活动经常开展。（5分）2. 发展各类文体活动队伍不少于3～5支，组织开展文化、体育、科普、教育、娱乐等活动。（5分）	1. 队伍建设数量不到扣2分，活动无照片记录或年活动少于6次扣3分。2. 队伍建设数量不到扣2分，活动无照片记录或年活动少于6次扣3分。
群众满意度（10分）	通过问卷调查形式，开展村民群众满意度调查，满意率达到90%以上。（10分）		测评群众满意率每减1%扣1分；群众举报社区服务中心工作态度较差，经调查属实的视情每次扣5～10分。

资料来源：《关于推进村级便民服务中心规范化建设的实施意见》。

从上述制度要求的细节来看，这些行为规范中对村干部的要求几乎等同于政府公职人员，这顺应了慈溪市政府意图打造成为一支职业化村干部队伍的设想。无论是办公方式还是服务理念，抑或是问责制度，农村社区建设对于村干部日常工作的要求更像是政府相应职能的延伸，其形式上接近于政府的派出服务机构。当然，它在本质上又不同于政府派出服务机构。

由于村干部是通过民主机制选举产生，会面临周期性选举的问题，从合法性来源上讲属于向下负责。这种法律属性决定了村干部在本质上不属于公务员，村干部既不一定具备强烈的职业化意愿，也不需要具备公务员的职业素质。但是，面对新时期新的社区建设工作的要求，旧式的村干部队伍素质很难实现一种标准化的服务模式。为此，慈溪市在打造职业化村干部队伍之时，就需要考虑如何让村干部能够全心全意地坚守自己的工作职责，如何能够负责任地执行上级政府所安排的工作任务，如何能够自愿且努力地提高自身业务水平。

从人性角度出发，倘若没有制度性的激励与保障，完全依靠村干部的“自觉”显然行不通。怎样使得村干部个人利益与村集体利益，乃至与上级组织意图能够有机结合、有效链接，这就要求慈溪市在农村干部制度上有所改革，使之做到新意愿与旧制度的有效衔接，既能照顾到村级基层民主的巩固，同时也能顺应对于村干部职业化的要求。尽管逻辑上这两者中间似乎存在一定的张力与矛盾，但是，这并不意味着二者之间没有可操作空间。从本质上讲，慈溪市所主张的“选聘分离”式的农村专职干部制度改革，就属于这一夹缝中的积极探索。

五、小结

慈溪市在1995—2001年进行了大规模的行政村合并，从而优化了农村资源结构配置、实现了农村公共服务的规模供给、减少了村干部职数并优化了村干部结构。农村集体经济的重新起步，也要求慈溪必须改革既有的农村干部制度，让优秀的农村能人留在农村干部队伍之中，为发展村庄集体经济做引路人。城乡统筹的基本公共服务体系的全面建立，以及农村社区建设的全面推行，则对农村治理的科学化水平和农村干部的职业化水平都提出了新要求。

上述种种现象，都预示着一种与以往完全不同的新的城乡统筹发展的新格局的出现。农村不再是与城市割裂的边缘地区，而是已经纳入一种一体化的发展机制中。在这一背景下，农村治理机制的完善和农村干部素质的提升，就成为必然的要求，这正是慈溪农村专职干部制度探索的初衷。第三章将更为具体地介绍农村专职干部制度全面实施之前，慈溪农村治理的基本状况及其问题。

第三章　结构与运行：慈溪农村治理的基本状况及其问题

制度的创新，往往源自现实的问题与困难。制度是由特定的社会价值引导而人为建构的一系列行为规则，其基本功能是规范社会行为使之符合既定的社会价值，使社会运行状况达到较为理想的状态。制度建设与现实社会的运行之间，存在着动态调整的关系。制度的设计必须具有一定的前瞻性，能够引导社会进步和变革。而一旦现实的制度落后于社会发展的步伐，就必须进行新的制度设计。

慈溪探索的农村专职干部制度，正是源自农村治理体系与农村发展现实之间的这种动态调整的关系中。慈溪原有的农村治理体系，已经无法适应城镇化背景下慈溪城乡社会发展的需要，已经暴露出很多的问题和困难，然而在这些问题和困难中，也恰恰包含了制度创新的潜在方向。农村专职干部制度，正是对这些问题和困难的积极回应，是推动农村治理体系和治理能力现代化的重要地方创新。

基于对村党组织书记和村一般专职干部的问卷调查和访谈，本章将从村务管理和村党组织建设两个方面呈现慈溪农村治理的基本状况，以及在农村专职干部制度全面实行之前农村治理中的主要问题。

一、村务管理

（一）管理规模与管理事务

我国的农村治理体系是以行政村为基本单元。行政村的规模能够直接反映农村治理的负载量和覆盖范围。作为拥有一定集体资产的基层群众自治组织，村级组织的集体资产量，比较直观地反映了村级组织的基本经济能力，而对其与其他村级收入来源的比较，则反映了村级收入的基本结构，而其支出项目则直接反映了村级组织提供村级公共服务的状况。这些都是农村治理能力的重要方面。

在行政村规模方面所呈现的两大特点，一是规模大，二是外来人口多。截至2014年底，慈溪全市行政村平均户籍人口规模为2988人，平均外来人口规模则为2816人。[①] 行政村的平均户籍人口和平均外来人口规模合计超过5000人，这已经是一个不小的管理规模。而行政村户籍人口和外来人口的平均值非常接近，这说明外来人口已经成为慈溪农村治理中普遍需要应对的重要的管理议题。

行政村的人口反映的是村务管理的规模。而村务管理事务的复杂化，则更体现了农村治理格局的深度变化。尤其在农业税改革之后，基层政权对农村的资源汲取关系得到根本扭转，基层政权更多的是通过财政转移支付的手段加大对农村的统筹调控力度。大量的农村公共服务工作也随着财政转移支付同时下达到村庄层面。由此，村级组织承担的公共服务事项增多、覆盖面增大、复杂化程度提高，包括环境整治、征地拆迁、社会稳定、社会保障、农房两改、安全生产、土地管理、计划生育、文化卫生等。村级组织不再像过去那样只承担“催粮催款、结扎引产”等单一职能，因此需要建立更为科学有效的村级组织结构。

---

① 中共慈溪市委组织部提供资料。

对于村级组织功能的巨大转换，村干部有着切身的体会。某村书记说：

“现在的村实际上已经是一个小政府概念，跟过去不一样。刚刚搞家庭联产承包责任制的时候，国家实际上对村处在一种放手状态，也不涉及什么村级的公共服务和基础设施问题……但现在不一样了，上级政府要推行他们的民生政策，无论是基建、医疗、养老、环保等等问题，都需要村一级来执行，因此，村干部的干事执行能力就显得格外重要了。既然是帮政府完成工作，那么，也相当于受雇于政府。”（2013 年 7 月 12 日访谈）

农村治理规模的扩大和治理事务的复杂化，给村干部的工作带来了直接的压力，其中以村党组织书记的感受最为明显。然而长期以来村干部工资低、待遇差，与他们的实际工作贡献不成比例，因此造成了很多村干部工作热情下降、战斗力减弱。某村书记说：

“村书记是最难干的，因为各条线的工作，到最后都是落到村里面，我们没地方推了。现在老百姓的要求也高了，环境卫生各方面，而且监督也很厉害。过去村干部强势一点就把事情解决了，现在不行了，你要跟他慢慢磨。”（2013 年 5 月 21 日访谈）

农村治理规模的扩大化，主要反映在村庄人口和地域面积的扩张；而农村治理事务的复杂化，则主要反映在农村公共服务的全面铺开与深入基层。这两方面的变化，导致农村治理所需的人力资本和财政投入大为增加，基于传统自然经济和熟人社会结构的村级组织结构，已经无力应对这些新挑战，亟待组织体系的调整与现代化。

（二）村资产量、村级收入与支出

在村集体资产量方面的两大特点，一个是规模不大，一个是差异显著。截至 2014 年底，慈溪全市村集体资产量的平均值为 2737.6 万元，最大值为36504.9万元，最小值为23.1万元。这反映出慈溪农村集体经济的发展从平均来看不算特别突出，而且村与村之间的贫富差距比较大。

在村级收入来源方面，大多数村书记认为村级收入的来源主要是村集体经济收益，排在第二位的是市镇财政转移支付，而群众自筹资金的比例较小。在村级支出内容中，村级基建投资和环境卫生是两项最主要的支出内容。

可见，村集体经济状况，仍然是决定大多数行政村治理能力的决定性因素，特别表现在村级公共服务供给方面。当然，也有近1/4的行政村已经以市镇财政转移支付作为其最主要的收入来源，这反映了财政转移支付力度的显著加大。

（三）村委会选举

在村级选举中，村委会选举因其重要性高、关注度大、参选人员广泛等特点，最能体现我国村级民主的草根特色和开放性。然而，也正因为上述特点，村委会选举的不可预测性也最高，出现的问题也比较集中。

慈溪的村委会选举所呈现的特点是：总体规范，问题集中。

在村委会选举中，村委会主任的选举结果意义最大。村委会和村党组织的关系，一般也集中体现在村委会主任和村党组织书记的关系上。因此，考察村委会主任的选举情况与村党组织的关系就具有显著的预测意义。慈溪的村委会选举普遍实行候选人自荐直选的方式，选举结果基本上能够符合上级组织的意图。

当被问及目前本村村委会选举中存在的下列问题是否严重时，所有选项的选答率均没有超过10%，可见总体上村委会选举比较规范有序。在各类问题中，村干部所认为较为突出的问题非常集中。村书记的回答中比较集中反映的问题主要是“家族势力影响”（8.3%的村），其次是“贿选”（5.6%的村）、“参选人与党组织不合作”（5.3%的村）和“参选人随意扩大竞选承诺”（4.9%的村），而“黑恶势力影响”的问题不太突出（1.1%的村）。总体而言，影响村委会选举的主要问题在慈溪的表现均不是很突出，村委会选举的总体情况稳定。村一般专职干部反映的问题大体类似，也是集中在主要是“家族势力影响”“贿选”和“参选人随意扩大竞选承诺”，认为“黑恶势力影响”“参选人与党组织不合作”的较少（见表3.1）。

表3.1　村专职干部认为下列问题在村委会选举中的严重性

	书记		村一般专职干部	
	选答“严重”的数量（个）	比例（%）	选答“严重”的数量（个）	比例（%）
参选人与党组织不合作	14	5.3	8	3.1
贿选	15	5.6	17	6.6
家族势力影响	22	8.3	19	7.3
参选人随意夸大竞选承诺	13	4.9	11	4.2
黑恶势力影响	3	1.1	9	3.5
其他	5	1.9	6	2.3

村委会选举比较规范，这主要得益于慈溪近年来在村级组织管理方面所做的大量制度建设工作，这些工作有效地规范了村级组织的权力行使。所以，即使在村级选举中出现了一些问题，但是在村级组织的日常工作中，这些具有约束力的制度，也会对村班子的工作进行有效的监督和制约，从而减少了滥用权力的行为。而这一结果，又反过来进一步规范了村级选举，因为即使通过不正当方式选举成功，进入村班子工作之后，也无法随心所欲地以权谋私，也就是说，不正当选举的预期收益大大降低。

某街道党工委的副书记比较全面地分析了这一现象：

“（村委会选举规范的）原因是一个投入产出比的问题，因为村委会现在不能给人提供多少利益，所以你贿选选上之后也没有什么收益。而且浙江跟其他地方不一样的是，党组织在农村一直控制着局面……村务监督委员会，主要是对农村里的一些建设工程和财务情况进行监督，比如招标的时候……选的人都是有威信的，人品好的，热心公益事业的，一般都是村里的老书记之类的。他们有查账的权力，可以要求看每一笔花销的账目和发票，如果觉得有问题，他们可以拒绝签字。因为到镇里报账必须要有他们签字的，所以这一点约束力很强。”（2013年5月7日访谈）

在村级组织的日常运行中，人事安排一般已经由前期的选举结果所确定，因而村级财务权就是最重要的村级权力。慈溪市多年来一直着力通过制度建设以规范村级财务，特别是完善村级账务在镇（街道）进行财务代理的措施。该制度把村级财务管理权全部集中到镇（街道）一级的会计代理站，村里只保留出纳负责报账。一般村级支出需要村经济合作社社长、账目经手人和证明人共同签字，大额财务支出还需要村民大会讨论及公开招标。对此，某街道财政所所长进行了详细介绍：

“农村财务这一块，最早是经发办里的农办负责的，因为上面的隶属机关单位是农业局。有一段时间是划到我们财政所管理。当时是希望做农村财务集中核算，会计集中代理。2005—2010 年这段时间是在财政所这里管理。当时是在 2004 年农村合作社换届选举，我们对农村财务进行了全面审计，是由财政所负责的，发现问题不少。街道里做了一个审计报告，我当时向街道里提出，要重视农村财务工作，提出了建议，希望对管理做出一定的调整，由农办委托财政所管理农村财务，对村干部也进行财务方面的业务培训。当时下面也是遇到一些阻力的，因为财务权收上来，下面就不自由了。但是这是街道的决定，下面也没有办法，因为我有街道书记的支持。前两年主要是打基础的时候，经过了 5 年时间，我们通过了审计规范化管理考核，农村财务规范了。我觉得可以交给农办管理了，我们财政所只起到监督、指导的作用。我们 2005 年出台的政策，提出实行会计代理。根据当时的情况，很多村的财务盘子做得很大，开支很大。当然现在看起来，会计代理制度也有不足，那就是会计跟村级经济活动脱节了，会计不了解农村的情况，因为在街道机关里，有什么事，反映起来也需要时间。街道里现在有 3 个会计，负责全街道的城市社区和村。街道里的会计只负责理账、会计核算，但是没有财务管理。现在的会计代理制度有不足，这就需要会计经常下村去，比如村级工程实施要参与，投招标要参与，各类村级经济会议也要参与。在对村进行考核的时候，要把会计参与村级经济活动这一点加入考核指标，让会计随时了解情况。”（2013 年 5 月 10 日访谈）

该街道会计代理站的会计则进一步介绍了村财务管理制度的具体实施方法：

“村里只有出纳，负责报账，然后把单据拿到我这里做账。我们制度都很严的。农村里有合作社的监督委员会，每个月月底都要把村里账目、发票交给他们审核签字。需要有合作社社长、账目经手人和证明人三个人的签字。像村里的招待费、建设桥梁等公共项目投资，都需要经过社员代表大会通过。”（2013 年 5 月 10 日访谈）

某村书记则从自己的角度详细讲了村级财务监督的机制：

“村里财务管理最规范，财务都是公开的。我们实际上就像是仓库保管员，管理村集体资产。村里的工程 5 万块钱以上的，必须要进行招标。现在可能提高到 10 万了。大家有事都由集体商量的，重大决定要由社员代表通过。”（2013 年 5 月 21 日访谈）

以村级财务监督机制为代表的村级治理制度建设，并非针对选举环节设计，而是针对村班子产生之后的日常村务管理工作，从而有效规范了村班子权力的行使。而这些富有成效的日常管理措施，又反过来降低了选举中不正当行为的预期收益，从而进一步规范了村级选举的秩序。

然而村委会选举总体规范的同时，一些问题仍然十分集中。从镇（街道）干部和村干部的角度来看，选举中的问题，集中体现在选出来的一部分村干部参选动机不良、工作能力不足、拉帮结派、松懈懒散、与上级组织不配合等方面。

比如某街道党工委副书记谈到了村委会选举的局限性：

“村委会选举让一些素质不高的人选上来，但是村里工作又必须让他们做。但是政府这边就比较麻烦，对他们又不能直接免职……选民很多时候无法表达他们的意见，因为有些候选人他们根本不认识。而且农民

的视野也比较局限。”（2013 年 5 月 7 日访谈）

某村书记则直言：

“说实在的，在村级选举中，不可能像美国总统选举那样，每四年或八年就轮换一次。一般而言，村里的选举是平稳的，也缺少实质性竞争的。一些村干部在选上后，就有终身制的感觉，他们没有想象中那种畏惧下一轮选不上的危机感，只要不出大问题，平平稳稳的，也不用上进，下届还能选上。所以，在过去，这种选举实际上没有促进人才的流动和出现，反而限制了人才流动。更重要的是，村干部也没有特别强烈的意愿去改造村庄。毕竟，小小的村庄各种利益纠结，自然村之间的平衡就是一大难题，如果一个村干部大动干戈就会影响到下一届连任。所以，在我看来，现在的选举实际上就是虚的，它甚至鼓励人不做事。选举可能带来小团体化和宗族化问题，在我们这边，就体现为‘自然村化’的倾向。人们在选的时候，是不管他们自然村的人能力如何的，反正只选自己的人。”（2013 年 7 月 12 日访谈）

可见，慈溪的村委会选举总体规范，主要表现在选举过程的规范。不良社会势力对选举虽然有一定的影响，但是并未改变农村治理的大局。然而村委会选举中真正的问题，不是选举过程的不规范，而是选举本身对农村治理绩效的长期影响，突出表现在选举产生的村干部工作能力不高、工作态度不端正，无法真正担负起农村公共服务的重任。而现行的农村基层民主制度，对于此类不违规但也不积极的工作状态，难以提供有效的制约机制，导致问题长期存在而得不到纠正。

（四）村务管理会议

村民（代表）大会和村三套班子（村党组织、村委会、村经济合作社）联席会议是主要的村务管理会议。村民（代表）大会是最高村务决策机构，负责本村所有重大事项的决策。村三套班子联席会议则是日常的村务议事机构，负责提出关于本村重大决策的建议并提交村民（代表）大会表决，也负责主持本村的日常工作。

调查显示，村民代表大会的召开频次并不高。78.5%的村书记表示，本村村民代表大会每季度召开一次。76.5%的村一般专职干部表示，本村村民代表大会每季度召开一次（见表3.2）。由于村庄合并导致村民代表规模扩大，作为本村最高决策机构的村民代表大会，其召开频率较低，显然无法应对日常村务管理中的决策工作需要。

表3.2　村民代表大会召开的频次

	书记		村一般专职干部	
	选答数量（个）	比例（%）	选答数量（个）	比例（%）
1个星期一次及以上	2	0.8	6	2.4
1个月一次	20	7.8	15	6.0
1个季度一次	201	78.5	192	76.5
1年一次	29	11.3	30	12.0
少于1年一次	3	1.2	8	3.2

相比之下，村三套班子联席会议召开频率高得多，这也符合村级日常工作主要由村三套班子负责的实际情况。62.8%的村书记表示，本村每个星期至少召开一次村三套班子联席会议。58.6%的村一般专职干部表示，本村每个星期至少召开一次村三套班子联席会议（见表3.3）。日常村务管理议事工作主要依靠村三套班子联席会议，目前已经形成比较制度化的周例会机制。

表3.3　村三套班子联席会议（即议事会）召开的频次

	书记		村一般专职干部	
	选答数量（个）	比例（%）	选答数量（个）	比例（%）
1个星期一次及以上	162	62.8	147	58.6
1个月一次	90	34.9	91	36.3
1个季度一次	6	2.3	13	5.2
1年一次	0	0	0	0
少于1年一次	0	0	0	0

（五）农村后备干部培养

农村后备干部是村级组织的后备力量，可以根据需要随时补充进村班子中，因而对于村级组织的长效建设意义重大。农村后备干部一般多从年轻人才中产生，一般需要经过多年的后备方可进入村班子工作。因此，农村后备干部的选拔和培养情况，也就是农村干部梯队的建设，对于村级组织的长期发展也具有一定的预测意义。

调查结果显示，本村年轻人参与村务管理工作的积极性不算非常高。53.2%的村书记认为，本村年轻人参与村务管理工作的积极性高。54.1%的村一般专职干部认为，本村年轻人参与村务管理工作的积极性高，与村书记对此问题的认知水平大体相当。（见表3.4）

表3.4　本村年轻人参与村务管理工作的积极性

	书记		村一般专职干部	
	选答数量（个）	比例（%）	选答数量（个）	比例（%）
高	133	53.2	118	54.1
不高	117	46.8	100	45.9

那么为什么村里的年轻人没有表现出非常高的积极性？在访谈中，村书记和村一般专职干部把原因总结为村干部收入低、工作压力大、后备时间长等几个方面。

一些村书记在访谈中也提及了本村后备干部培养中出现的问题，由于村干部收入低、工作压力大、培养时间长，因此愿意来做后备干部的优秀年轻人才并不多。比如某村书记说："现在村里年轻人参与村务管理的积极性也不高，因为村干部收入低，工作压力大。"（2013年5月14日访谈）另一位村书记则说："现在没有多少人愿意来做后备干部，因为选上之后还要锻炼五六年才行。"（2013年5月16日访谈）还有一位村书记则提及后备干部不积极参与村里工作的情况："村里的年轻人，如果有进后备干部的机会都很积极，但是村里开大会的就经常不来。"（2013年5月17日访谈）

可见，待遇低、压力大、后备时间长等现实问题，导致年轻人多不愿意参与村务工作，农村后备干部建设存在一定的人才匮乏问题。而且即使进入村后备干部之列，不少人也有其名而无其实，不积极参加村务工作。

在农村后备干部的选拔中，现任村班子成员的意见起到很大的作用。因此，现任村干部选拔后备干部的标准和倾向性，能够在很大程度上影响哪些人能够被选为后备干部。调查显示，企业能人是村干部首选的后备干部人选，“时势造英雄”（农村突发事件中涌现出人才）也是后备干部人选产生的重要契机。村干部在主观上并不认为父辈的村干部经历是选择村干部的重要标准。村一般专职干部比村书记更认可到村大学生，这应该与村一般专职干部平均年龄较低、拥有大学学历的比例较高有关，因此能够与到村大学生有更多的共性、交流和认可。（见表 3.5）

表 3.5 村后备干部的首选人群

	书记		村一般专职干部	
	首选数量（个）	比例（%）	首选数量（个）	比例（%）
村干部后代	16	6.0	3	1.2
本地企业能人	135	50.8	113	43.6
外出务工经商返乡人员	7	2.6	6	2.3
到村大学生	53	19.9	87	33.6
优秀外来人员	2	0.8	2	0.7
在突发事件中表现出组织管理才能的人	76	28.6	71	27.4
其他	9	3.4	3	1.2

二、农村基层党组织建设

农村党组织在农村治理中发挥政治领导的作用，其组织建设状况既反映了党组织在农村基层的领导力，也对农村治理体系和能力有直接的影响。因此，研究农村治理也需要考察农村基层党组织的状况。

（一）基本状况

在农村党组织规模方面，农村党组织管理的党员总数平均为128个，外地流入党员数平均为5个，流出到外地的党员平均为8个。各行政村党组织平均管辖4个片区党组织和1.2个企业党组织。

慈溪农村地区工商业发展活跃，吸引了大量外来人员来此工作和居住。随之而来的流动党员管理，也成为慈溪农村党组织需要着力关注的新工作领域。目前流入慈溪并有规律地参与当地党组织活动的流动党员并不很多。原因有二：一是外来人口中党员比例不高，数量有限；二是一部分流入党员出于种种个人考虑，而不愿意主动告知当地党组织。

关于第一种原因，某村书记说："我们外来人口管理站也会对外来人口进行调查的，来的人都不是党员，因为都是做建筑工这种体力劳动的，一般都没有党员。如果在企业里技术工什么的，可能有党员。"（2013年5月15日访谈）

关于第二种原因，一个村主任说："现在（村里）外来人口里的流入党员有两个，一个是自己报上来的，一个是街道里查到的。我觉得外来人口里面肯定还有党员，但是他们不愿意说，也许觉得到这里来打工，没有面子。"（2013年5月21日访谈）

流动党员是随着经济社会的发展特别是人口流动性的急剧增大而出现的社会现象，这给现有的党员管理制度造成了一定的挑战。目前各地已经探索出多种行之有效的流动党员管理制度。慈溪近年来探索的外来流动党员服务"一卡通"制度，正是外来流动党员管理方面的创新实践。为加强对外来流动党员的教育管理，增强他们对本地党组织的信任感，促使他们主动亮身份，更好地发挥先锋模范作用，慈溪市依托各级党群服务中心推行外来流动党员"一卡通"制度。慈溪市外来流动党员服务"一卡通"制度建立于2008年5月，发放对象为外来流动党员和组织关系在慈溪的外来党员。"一卡通"整合了教育、司法、总工会、劳动保障、民政等部门服务资源以及各级党员服务中心、63981890服务热线、慈溪市困难党员互助金等服务资源，外来流动党员可凭"一卡通"在全市各级党群服务中心免费享受组织关系代理、劳动培训、职业介绍、职工维权、法律援助、子女就学帮扶、贫困救助等便捷高效服务，党群服务中心无法解决的，会协调有关单位给予解决。目前慈溪全市已累计发放“一卡通”800多本，为外来流动党员解决实际困难400多件。申领人凭身份证复印件及有关政治身份证明材料向镇（街道）党群服务中心提出申请，经慈溪市党群服务中心审核后统一发放，持卡党员就可以凭卡享受全市各级党群服务中心提供的各类服务。由此，慈溪市对外来流动党员加强管理的同时，也能够更好地为他们提供服务和关爱。①

（二）农村党组织活动及入党情况

党组织的日常活动，能够起到统一思想、凝聚人心、促进交流、加强素养等多种功能。农村基层党组织处于基层社会治理的第一线，往往把党组织活动与具体的村务管理工作紧密结合起来，所以也具有很强的实效性，也是农村治理体系的重要内容。

在党组织活动频率方面，53.6%的村书记认为本村党组织是一个季度举行一次党组织活动，另有38.0%的村书记认为本村党组织是一个月举行一次党组织活动。而41.3%的村一般专职干部认为是一个季度一次，也有40.9%的村一般专职干部认为是1个月一次。可见村一般专职干部对此的认知频率稍高于村书记的认知频率。

49.6%的村书记认为，总体上看本村党员参与党组织活动的积极性高；也有58.1%的村一般专职干部认为，本村党员参与党组织活动的积极性高。在本村村民要求入党的积极性方面，47.1%的村书记认为积极性高，更有53.1%的村一般专职干部认为积极性高（见表3.6和表3.7）。

表3.6 党员参与村党组织活动的积极性

	村书记		村一般专职干部	
	选答数量（个）	比例（%）	选答数量（个）	比例（%）
很高	54	20.5	53	22.0
高	131	49.6	140	58.1

① 中共慈溪市委组织部提供资料。

续表

	村书记		村一般专职干部	
	选答数量（个）	比例（%）	选答数量（个）	比例（%）
一般	75	28.4	46	19.1
不太高	4	1.5	2	0.8
合计	264	100	241	100

可见，村书记和村一般专职干部对村党组织党员参与活动的积极性以及村民要求入党的积极性，总体上比较满意，而且村一般专职干部的评价更为积极。但是也需要看到，两个问题中村书记选择“一般”的比例也接近30%，情况并未达到非常理想的状态（见表3.7和表3.6）。

表3.7　本村村民要求入党的积极性

	村书记		村一般专职干部	
	选答数量（个）	比例（%）	选答数量（个）	比例（%）
很高	53	20.2	45	18.7
高	124	47.1	128	53.1
一般	78	29.7	63	26.1
不太高	8	3.0	5	2.1
合计	263	100	241	100

近年来，慈溪市也在积极创新农村基层党组织建设工作思路和手段，取得了显著的成效。首先，市主要领导到基层组织工作薄弱的市级财政补助村担任“第一书记”，帮助各村理清发展思路、夯实组织基础、推动项目建设。其次，针对农村社区规模大、公共服务任务重等现实问题，实施网格化党建，把村党支部升格为村党委或党总支，把全市划分为2409个片区网格，在片区上建立党支部，再在片区内设置党员中心户，形成以村党委或党总支为核心、片区党支部为主体、党员中心户为阵地的农村基层组织网络，整合资源开展“网格化管理、社区化服务”。最后，实行党员积分制管理。党员通过多种形式参与党组织活动以获得积分，而党员积分情况则作为党员评先树优的重要依据。这些工作创新都有力地加强了基层党组织建设。

在访谈中，一些镇（街道）干部和村干部也介绍了党员管理工作的实际情况和问题。比如，某街道的组织委员发现，农村里的企业主入党积极性很高。

“但是现在年轻人也不是特别积极地要求入党。村里的一些小企业主要求入党的比较多。因为在企业里工作，入党名额一般是跟工作业绩挂钩的，但是在村里一般不会。有些人想进村班子的，就要求入党。现在村班子的成员基本都是党员……要求入党的很多是小企业主，他们愿意为自己谋一个职位和身份。另外，我们也注意从街道下属部门的临时工当中挑选后备干部，比如说城管、保安，他们已经具有一定的管理工作经验。”（2013 年 5 月 8 日访谈）

也有一些干部直指农村党组织建设中的问题，比如党组织凝聚力不足，党员参与工作的积极性不高。某街道党工委书记说：

“党组织缺乏凝聚力，老龄化比较严重，工作热情不高。这也与市场经济有关，不可能像以前那样，总是讲奉献，人做事都要给回报了。”（2013 年 5 月 20 日访谈）

作为一种社会行为，入党本身对于申请入党者肯定有一定的意义，能够带来特定的利益和价值诉求。当问及党员身份给个人的生活和工作带来了什么，村一般专职干部认为最主要的是“有更多的机会为村民服务”，其次是“能较快地获得新政策和信息”“政治地位和社会荣誉”“获得对党组织的归属感”，“政治和职业发展机会”也占到一定比例，“能认识很多干部，托人办事方便”所占比例较小。当然，由于回答问卷时，村一般专职干部已经有对问题答案的“政治正确性”的认识，所以更倾向于回答他们认为“应该”回答的内容，所以关于此项问题还需要谨慎解读。

（三）农村党组织活动水平与参与积极性的主要影响因素

为了进一步考察影响农村党组织活动水平及参与党组织活动和村民

入党的积极性的主要因素，我们以农村党组织活动水平为因变量，对农村党员比例、党组织数量和人均村庄集体资产进行了回归分析，回归分析的结果参见表3.8。

表3.8　农村党组织活动水平的主要影响因素

	党组织活动频率回归系数	党员参与积极性回归系数	村民入党积极性回归系数
党员比例（参照：比例低）			
比例中等	0.208＊＊	0.146	0.168
比例高	-0.054	0.010	-0.048
党组织数量（参照：0~3）			
4~6	-0.194＊	0.006	-0.267＊＊
7~20	-0.175	0.207	-0.157
人均村资产的对数	0.001	-0.028＊	0.005
常数项	2.673＊＊＊	2.176＊＊＊	2.208＊＊＊
样本量	209	212	211
F检验	2.36＊＊	1.600	1.530
R-squared	0.055	0.037	0.036

第一，对党组织活动频率的回归分析显示，村庄中的党员比例和党组织数量（片区党组织+企业党组织）都影响着党组织的活动频率。党员比例中等的村庄党组织活动频率比党员比例低的村庄更少，而党员比例高的村庄在党组织活动频率上和党员比例低的村庄没有显著区别；党组织数量中等（4~6个）的村庄党组织活动频率显著高于党组织数量少（0~3）的村庄。以上结论表明党员比例过高也会导致党组织活动难以组织等问题，而党组织数量过多也会妨碍党组织活动的有效组织。从这个意义上，加强党组织的活动频率而不是盲目地提高党员比例或扩大党组织数量对于农村基层党组织建设更有意义。

第二，对党员参与积极性的回归分析显示，人均村资产显著地影响着党员活动积极性，而村庄党员比例和党组织数量都不影响党员参与积极性。人均资产多的村庄党员参与积极性高。

第三，对村民入党积极性的回归分析显示，党组织数量影响着村民入党积极性。党组织数量中等规模（4~6个）的村庄，村民的入党积极性显著高于其他村庄。

村党组织的活动频率也受到开展何种形式的党组织活动的影响。表3.9分析了现阶段农村党组织开展的一些主要活动对党组织活动频率的影响，农村党组织开展的一系列活动可以分为理论及政策学习、村务管理工作会议、聚会和休闲活动、技能培训及展览、政策和法律咨询服务五大类，据此分析五类活动分别对党组织活动频率的影响。可以发现村务管理工作会议对党组织活动频率存在显著影响，召开村务管理工作会议显著地促进了党组织的活动频率，而其他活动未能有效提升党组织的活动频率。这表明，一方面常态化定期召开村务管理工作会议是提升党组织活动频率的关键举措；另一方面需要大力强化理论及政策学习、技能培训及展览、政策和法律咨询等活动的频率。

表3.9 党组织活动频率与党组织活动形式的关系

党组织活动形式	党组织活动频率			
	1个星期一次及以上	1个月一次	1个季度一次	1年一次
理论及政策学习（%）	50	66.7	54.4	58.3
村务管理工作会议（%）	66.7	50.5	73.2	33.3
聚会、休闲活动（%）	0	4	6.5	0
技能培训及展览（%）	0	8.1	8	0
政策、法律咨询服务（%）	0	19.2	13.8	16.7

三、小结

综上所述，在慈溪快速的城镇化和农村社区建设中，行政村合并、农村外来人口增加导致村庄治理规模急剧扩大，政府公共服务职能在农村基层的全面铺开则导致村庄治理复杂性的上升。这些都对农村治理体系和治理能力建设提出了更高的要求。

农村治理绩效的提升，突出地反映在农村公共服务供给水平的提升上。以往的农村公共服务供给主要依靠村庄集体资产，而村庄集体资产的贫富差距必然造成一定程度的农村公共服务村际差距。上级财政转移支付力度的加大，则反映了政府公共投入向农村基层的下沉，将对村际公共服务的差距起到一定的调整作用。

然而既有的农村治理机制，已经显现出各种问题和不足。首先，农村基层党组织建设中，存在着党组织凝聚力不足、党员参与工作的积极性不高等问题。其次，村委会选举总体规范，主要表现在选举过程的规范，但是村委会选举中真正的问题，是选举本身对农村治理绩效的长期影响，突出表现在选举产生的村干部工作能力不强、工作态度不端正，无法真正担负起农村公共服务的重任。最后，农村后备干部的培养中出现了人才匮乏的问题，其原因主要是村干部收入低、工作压力大、后备时间长等几个方面。这些问题和不足，都成为慈溪进一步探索完善农村治理机制、推进农村民主建设和提升农村治理绩效的现实动因。慈溪所探索的农村专职干部制度，正是对这些问题和不足的直接回应。随后，我们将展开对慈溪农村专职干部制度的详细介绍和分析。

第四章　选拔与聘用：农村专职干部的选聘分离方法

制度创新需要精细的制度设计才能落到实处。制度创新首先源自现实的问题与需求，而基于对这些问题与需求的分析并结合理念创新，才能提出制度创新的方向和策略。然而制度的创新最终需要以制度的设计达成，必须着力于细节。

制度创新也是一个循序渐进、试错和动态调整的过程。制度创新源自现实的问题和需求，这些问题和需求必定是特定时间段内的现实和需求，它们本身尚处于不断的变动之中，因此，应对它们的制度创新也必然是一个动态过程。同时受限于现实的条件限制，制度创新也需要循序渐进，不断积累所需的物质条件和人力保障。

慈溪对农村专职干部制度的探索，首先一直着力于精细的制度设计，并且不断地根据新的问题和需求进行动态调整。该制度的探索，在总体上经历了若干阶段，呈现出逐步推进和推广的历程。同时，该制度创新也包含了地方试点的机制，允许镇（街道）根据自身实际因地制宜地探索农村专职干部制度的选拔与培养机制。

本章将对慈溪农村专职干部制度的总体原则和具体设计方法进行深入考察，同时对镇（街道）级别的制度试点创新进行个案考察。

一、农村专职干部制度的探索目标、政治理念和设计原则

如前文所述，过去的农村治理体系所面临的主要问题是，农村基层

民主发展出现瓶颈，农村治理绩效难以有效提高。而其更根本的原因，则是在农村治理中没有合理安排“政治”（决策）与“行政”（执行）的关系。一方面各种配套的权力运行与监督机制和民主参与机制的缺失，加之社会建设的滞后，从而导致农村民主质量不高。另一方面，村干部职业化水平不高、村务管理科学化水平不高，执行力不强，班子调整困难，从而导致农村治理绩效低下。“民主”与“绩效”似乎成了一对两难问题，在既有的农村治理框架中难以解决。面对这些问题，慈溪农村专职干部制度的探索思路是，通过采取聘用制建立起一个新的农村专职干部队伍，以提升农村治理绩效和农村干部职业化水平，在村级层面有力地承接政府的公共服务职能。

慈溪农村专职干部制度的探索目标是，“巩固和发展农村基层民主，重视和提升农村治理绩效，实现民主与绩效的有机结合”。巩固和发展农村基层民主，是要对几十年来我国农村基层民主自治制度的探索进行延续和发扬；重视和提升农村治理绩效，则是在城乡统筹发展的大背景下，把农村治理绩效问题摆在更突出的位置上。通过两方面工作的相互协调，达到农村治理中民主与绩效有机结合的效果。

慈溪农村专职干部制度的探索秉持的是这样的政治理念：“以党领政，以选建政，以聘施政，以民督政。”以党领政，就是指党组织永远是农村基层治理的政治核心，也是农村治理的创新主体，要不断加强和改善党在农村中的政治领导和战斗力。以选建政，就是指采取民主普选的方式，产生村民委员会，作为村民民主自治的基本组织架构，也是村级事务决策的重要组织依托。以聘施政，就是指通过选聘分离的制度安排，以聘用制的方式选拔农村专职干部，作为村务执行班子负责农村的公共管理与服务工作。以民督政，就是指保障村级组织以及普通党员村民对村三套班子和农村专职干部的监督权，确保村干部联系群众、服务群众。

“选聘分离”，是慈溪探索农村专职干部制度的核心设计原则，也是其实现民主与绩效有机结合及推进农村治理体系与治理能力现代化的基本策略。“选”就是继续深入发展农村基层民主，进一步完善村级选举，并探索新型村级民主参与机制，从而在农村治理中聚合民众利益诉求和促进民主参与。“聘”就是创新建立农村专职干部队伍，以农村管理绩效为第一考量标准，采用聘任制的方式选拔产生，从而在农村治理中推进村干部职业化和村务管理科学化。在既有的以“选”的方式产生村三套班子成员的机制之外，创新设计以“聘”的方式产生农村专职干部，“选”与“聘”两套体系并行不悖，而且各有分工、相互促进。这样就能够实现农村治理中民主与绩效的有机结合。

在完善现有的以村党组织、村委会为组织基础的农村基层民主制度的基础上，通过建立农村专职干部队伍，就可以逐步实现村务议事与执行的适度分离。村党组织和村委会由民主选举产生，负责农村村务民主议事工作，并且可以根据实际情况把一部分党员村民代表纳入村务议事班子中来。而村专职干部则由村级组织选聘产生，向村级组织负责，承担村务执行工作，其工资待遇和业绩考核由村级组织决定。村务议事班子和执行班子在主体一致的前提下适度分离，没有精力全职工作的村级组织班子成员，可以以兼职方式参与村务议事工作，而村务执行班子必须全职工作，专职负责村务的具体执行。专职干部也不必一定从议事班子人员中产生，而是通过公开招考等形式多渠道产生，从而为有能力从事村务执行工作但因为各种原因没有机会选进村班子的村内外各类人才提供了为村工作的机会。当然，村务议事与执行并非泾渭分明的关系，只是在班子成员主体一致的基础上适度分离。这样，既保证了村务决策的民主，又保证了村务执行的绩效（见表 4.1 及图 4.1）。

表 4.1　村三套班子成员与村专职干部的比较

	村党组织成员	村委会成员	村经济合作社成员	村专职干部
产生方式	党内民主选举	村民民主选举	村经济合作社社员（代表）选举	村级组织选聘
选拔范围	本村党组织内党员	本村村民	村经济合作社社员	村内外各类人才
选拔标准	党内代表性	对村民的代表性	对村经济合作社社员的代表性	村务管理绩效
权力来源	党的执政地位	基层民主	基层民主	村级组织授权

续表

	村党组织成员	村委会成员	村经济合作社成员	村专职干部
主要职责	政治领导	农村村民自治事务和协助上级党委政府的行政事项	经营村集体经济和公益事业	村庄日常管理
薪资标准	村民（代表）大会通过	村民（代表）大会通过	社员（代表）大会通过	全市统一规定
政治身份	党员	党员、群众	党员、群众	党员、群众

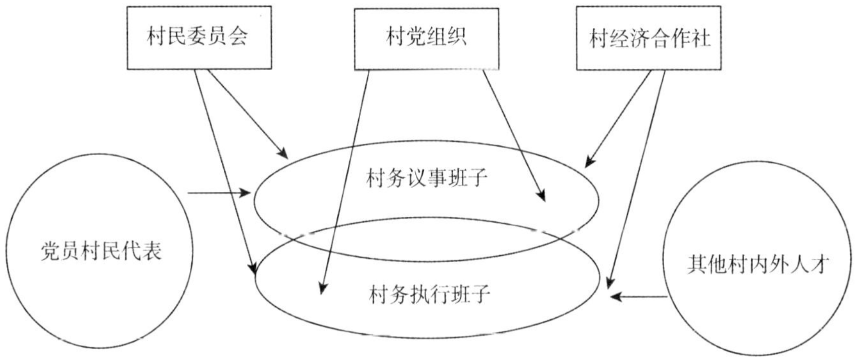

图 4.1　决策、执行适度分离的村务治理结构中的人才输送机制

“选聘分离”是慈溪农村专职干部制度设计的核心设计原则。除此之外，该制度还有“定编定酬”“财政保障”“双向监督”等设计原则。

“定编定酬”，就是指根据村庄人口规模核定各行政村专职干部职数，并确定专职干部的薪酬和福利水平。农村治理的规模，主要反映在村庄人口规模。慈溪农村专职干部制度是根据村庄人口的规模（包括本村户籍人口和按比例折算的外来人口），按比例核定本村农村专职干部的岗位职数。同时，对农村专职干部的薪酬标准和福利水平作出明确规定，薪酬标准按照上年度宁波市职工社会平均工资水平计算得出，全面实施农村专职干部城镇职工基本养老保险、医疗保险、失业保险、工伤保险这四大保险。

“财政保障”，就是指市、镇（街道）两级财政拨款，保障农村专职干部的薪酬和福利等待遇，以及培训、交流等费用。通过财政拨款的方式，最大限度地避免了过去由于村庄集体经济状况困难等原因而造成的拖欠村干部工资的问题，保障了农村专职干部的工资按时足额发放，也保障了农村专职干部充分享有四大保险的保障。此外，农村专职干部还配套制订了精细的村干部培训计划和交流机制，这些计划和机制的各项费用，也主要由财政拨款负担。

“双向监督”，就是指农村专职干部要接受本行政村和上级党委政府两方面的监督。农村专职干部是受上级党委政府领导，在行政村中负责农村公共服务工作的专职工作人员。因此，农村专职干部首先要接受党员村民代表和村三套班子等村级层面的监督，因为他们是农村公共服务的服务对象。同时，农村专职干部也要接受镇（街道）党（工）委和镇政府（街道办事处）的监督，因为他们是负责农村治理的最基层的党委政府，是农村治理各项事务的直接领导者。

在“巩固和发展农村基层民主，重视和提升农村治理绩效，实现民主与绩效的有机结合”这一制度探索目标的指引下，秉持“以党领政，以选建政，以聘施政，以民督政”这样的总体政治理念，慈溪农村专职干部制度采取了“选聘分离、定编定酬、财政保障、双向监督”四大设计原则。其中“选聘分离”是核心设计原则，凸显其以创新的制度设计解决农村治理中民主与绩效有机结合的核心理念。“定编定酬”“财政保障”“双向监督”，则在更为具体的层面上，呈现了慈溪农村专职干部制度的细节设计，从而为农村干部的职业化和农村治理结构的科学化设计了基本制度框架。

二、慈溪农村专职干部制度的探索历程

制度创新是一个循序渐进、试错和动态调整的过程，慈溪农村专职干部制度的建立，正是经历了这样一个探索历程。自 2001 年以来，慈溪开始逐步探索建立农村专职干部制度，这一过程又大体上可以分为三个阶段。第一个阶段是初步探索村干部岗位职业化、报酬工薪制；第二个

阶段是初步建立农村专职干部制度的财政保障机制等各项配套机制；第三个阶段是完善和全面推行农村专职干部制度的各项配套机制。

（一）第一阶段：初步探索

在这一阶段，“农村专职干部制度”的整体设计尚未完全成型，慈溪的探索成就，主要是提出要实现农村干部岗位职业化、报酬工薪制。岗位职业化，就是建立一支职业化的农村干部队伍，让村干部从农业生产中解脱出来，全身心从事村级事务工作。村干部队伍职业化，主要包含职业化素养、职业化行为规范和职业化技能三个方面内容，其目标是使村干部工作标准化、规范化、制度化和科学化。[①] 报酬工薪制，就是改变过去农村干部的报酬标准设定和报酬发放较为随意的现象，参照机关事业单位干部的管理方式，明确村干部的薪资标准及发放方式，确保农村干部报酬按时足额发放。

1. “三定一考核”新办法

中共慈溪市委办公室于2001年发出《关于村干部岗位职业化报酬工薪制的实施意见》，这是这一阶段探索农村专职干部制度的核心文件。该文件提出农村干部管理要实行“定人、定责、定酬、加强管理考核”即“三定一考核”的新办法，具体落实农村干部岗位职业化、报酬工薪制的制度探索目标。

随后慈溪各镇（街道）又推出了各自的具体执行文件，结合本镇（街道）的实际，对村干部岗位职业化报酬工薪制的实施方案进行了细化规定。比如，中共周巷镇委、周巷镇人民政府于2002年发出《关于进一步完善村级“四定”，实施村干部岗位职业化报酬工薪制的意见》，中共慈溪市坎墩街道工作委员会于2003年发出《关于进一步完善村干部实行报酬工薪制的若干意见》。

从这些文件中可以发现，确定村干部的岗位数量、工作职责、待遇标准和考核方式，是村干部职业化制度设计的核心要素，并在慈溪进一

---

① 中共慈溪市委组织部提供资料。

步发展农村专职干部队伍制度的过程中始终不变。然而当时尚未直接提出“农村专职干部”的概念。

2. 建立城市社区（居委会）专职干部制度

“三定一考核”的村干部管理新办法，只是在原有的村三套班子结构之上加入的新的元素，并未系统地提出新的村干部管理体系，“农村专职干部”的概念也尚未真正提出。城市社区居民委员会，是与农村村民委员会并列的两大基层群众自治组织。中共慈溪市委办公室、慈溪市人民政府办公室于2002年发出《关于进一步加强社区（居委会）专职干部队伍建设的意见》，要求首先在城市社区中实施专职社区干部制度，从而为后续的农村专职干部制度打下了基础。该意见提出：

一、合理配置社区（居委会）干部

社区（居委会）干部分为专职和非专职两类。专职干部的职数按照每300户配备1名的标准设置。按照社区（居委会）干部年轻化、知识化、职业化的要求，通过公开招聘、民主选举、竞争上岗的形式，选好配齐社区（居委会）干部……居民人口偏少的居委会，特别是少于300户的居委会，要结合明年上半年第五届居委会换届选举，采取居居合并的形式，对居委会的规模作适当调整；个别条件成熟的居委会，也可同步考虑组建社区居委会，或与邻近的村实行村居合一……

二、明确工作职责

根据社区（居委会）的职位设置和专职干部的职数，按照一人多岗、交叉兼职的要求，确定专职干部的分工职责。建立社区（居委会）专职干部工作目标责任制，把社区（居委会）组织、服务、卫生、文化、环境、治安等各项工作任务，按职责要求，用定性和定量相结合的形式落实到每个专职干部。严格执行社区（居委会）的各项工作制度，加强专职干部的教育和管理工作，强化专职干部的工作目标考核。

三、落实经济生活待遇

实行社区（居委会）专职干部工薪制，一般由基本工资和考核工资两部分组成。具体标准可参照当地城镇居民人均可支配性收入情况，并根据专职干部的工作实绩，由街道、镇自行确定。推行社区（居委会）专职干部养老保险制度，并纳入城镇职工社会养老保险体系，保险费用由市、街道（镇）、个人共同负担……

四、妥善处理退养干部

要妥善处理好社区（居委会）专职干部的解聘、落选、退岗后的离岗退养工作。继续执行按社区（居委会）专职干部的任职时间来确定享受退养办法的规定，即从事社区（居委会）工作10年以下的专职干部离岗时，给予一次性的经济补助；10年以上（含10年）的实行月定补的办法。享受一次性经济补助的标准按其任职的时间段分别计算……

五、完善财力保障机制

各镇、街道要加大对社区（居委会）建设的财力投入，不断拓宽资金渠道……由市财政负担的社区（居委会）干部津贴和工作经费纳入财政管理体制……社区（居委会）专职干部的退养费由所在镇、街道财政负担，也可在市、镇（街道）下拨的社区建设经费中列支。

城市社区（居委会）专职干部制度，也是从岗位数量、工作职责、待遇标准和考核方式等几个主要方面进行设计的，并且首次明确提出了“专职干部”的概念。更为重要的是，城市社区（居委会）专职干部制度，明确提出要建立社区专职干部养老保障机制，并且由财政负担社区专职干部的津贴和退养费等。作为与村委会并行的城市基层群众自治组织，城市社区（居委会）在专职干部制度方面的先行先试，对慈溪进一步探索农村专职干部制度，提供了重要的经验参考。

3. 周巷镇小安村“3+1”村务管理模式试点

在这一阶段的探索中，慈溪也允许镇（街道）根据自身实际因地制宜探索农村专职干部制度的选拔与培养机制。其中，周巷镇小安村的“3+1”村务管理模式是一项重要的地方自主创新，其突出成就是建立村务议事、执行和监督班子适度分离的机制，对村级工作队伍进行分类管理，并拓宽了村级治理民主参与的渠道。这成为慈溪农村专职干部制度探索中重要的参照案例。

周巷镇从2004年11月开始对全镇进行调研，在2005年3月提出“3+1”村务管理模式的改革设想，并于2005年10月在周巷镇小安村试点。“3+1”村务管理模式的基本目的是：一、确保村党组织书记的核心地位，发挥村党组织的领导核心作用，进一步增强镇党委对村级组织的调控力和服务功能；二、拓宽村务管理人才选用空间，进一步促使村干部工作岗位职业化；三、加强村级公共事务管理，进一步保障村民权益和发展农村基层民主自治。

“3+1”村务管理模式实际上直接体现了农村专职干部制度的“选聘分离”的核心原则。“3+1”中的“3”指的是慈溪农村治理结构中既有的、通过村级民主选举产生的村党组织、村委会和村经济合作社三套班子，在新的村务管理模式中则统合为一套议（监）事班子，负责村务议事和监督。“1”则指根据聘任制原则新建立一套村干事班子，负责具体的村务执行工作。这样，就实现了村务议事、执行和监督班子的适度分离。

“3+1”村务管理模式还独创性地提出把村级工作队伍分党组织负责人（A）、议（监）事班子成员（B）、村务工作者（C）、农村工作指导员（D类）四个层次来管理（见表4.2）。这四个层次的村务管理队伍，分别具有不同的职责、任职要求、待遇和产生办法，这就实现了村务管理人才的分类科学管理。把党组织负责人（A）单独列出进行管理，是为了巩固村党组织书记的核心地位，以利于村级工作在稳定中发展。其他议（监）事班子成员（B类）由具有较高议事能力的村内各界人士组成。干事班子成员（C类）的选拔范围则不限于本村，善于做群众工作、具备公共管理才能的村内外人才都可任用，这样既可以提高村务管理水平，又为村级组织培养了后备干部。同时，镇（街道）可从转变政府职能、加强基层组织建设的角度出发，选送机关工作人员去村里做农村工作指导员（D）。在绩效管理机制上，A、B两类对象向相应组织述职并接受评议，C类对象向村级议（监）事班子报告工作并接受评议，其中A、C两类人员同时由镇（街道）党（工）委组织部门进行综合考核。[①]

① 杨利登，《“3+1”村级公共管理基本设想——Y镇村级工作个案分析》，载《中共宁波市委党校学报》，2005年第5期，第36-38页。

表 4.2　四个层次的村级工作队伍

人员类型	职责	要求	待遇	产生办法
党组织负责人（A）	议大事管党务	专（兼）职	政治经济待遇	按相应组织章程选举产生
议（监）事班子成员（B）	参与相应组织议（监）事	非专职	政治待遇实误实补	按相应组织章程选举产生
村务工作者（C）	执行村务	专职	经济待遇	按《村务工作者管理办法》聘用
农村工作指导员（D）	协助 A	专职	原待遇不变	由行政机关下派

资料来源：杨利登，《“3 + 1”村级公共管理基本设想——Y 镇村级工作个案分析》，载《中共宁波市委党校学报》，2005 年第 5 期，第 38 页。

“3 + 1”村务管理模式还拓宽了村级治理民主参与的渠道。在小安村的试点中，原来的村党组织、村委会和村经济合作社三套班子的村干部及 5 名村民代表组成村务决策委员会，即“议事班子”。这样，除了既有的村委会选举、村民（代表）大会等常规村级民主机制之外，村民代表又拥有了参与村级民主管理的新机制。通过把村民代表吸纳进村务“议事班子”参与议事，加强了村务决策的科学性和民主性。

对于“3 + 1”村务管理模式改革，时任周巷镇党委副书记从村级治理分权化改革的角度进行了阐释：

“我是从村级治理分权化改革的角度去设想的。从理论背景上讲，首先，美国的古德诺和威尔逊曾讲过政治与行政的二分，村一级为什么不可以实行呢？其次，我们国家在深圳试点了行政三权分离，也就是决策和执行与监督的分离，这基本就是我选聘分离思路的基本理论来源。再次就是西方的分权制衡原则。美国州以下的地方政府设置很不一样，其中有一种叫作‘城市经理’制度，这个我们为什么不能借鉴？就让选举和日常管理分开，同时又相互渗透。我的想法是：民主管理、互动共赢。选举，就是产生议事干部，干活的就是干事干部。我们要聘用的，就是这些干活的，从事日常管理的干部。选聘分离实际上在城市社区已经开展，聘用的人专门从事公共服务的事务性工作。我们这里经济比较发达，农村已经基本达到社区化的公共服务的水平。这个时候，我们就可以把城市社区的思路引入到农村社区里来。当然，实行选聘分离后，村里从事公共事务的人会多一些，不过这个分工会不一样，我们要实现的是科学的管理……我当时的设想，就是让村里的决策权、执行权、监督权这三种权力适度分开，成为在村党组织领导下的村民委员会管理村级事务由直接管理向间接管理方式转变，权力形式从‘议行在形式分开、实际高度集权，当选即为干部’转变为‘议行在实质上分开，合理分权，选聘结合’。”（2013 年 7 月 3 日访谈）

周巷镇小安村“3 + 1”村务管理模式试点，建立了村务议事、执行和监督班子适度分离的机制，对村级工作队伍进行分类管理，并拓宽了村级治理民主参与的渠道。这是慈溪农村专职干部制度探索中重要的镇（街道）级试点，对后续的制度探索提供了重要的经验参考。

（二）第二阶段：初步建立农村专职干部制度

2007 年是农村专职干部制度初步建立的重要年份。在这一年，慈溪正式提出了“村专职干部”的概念，就是指核定职数内按规定程序聘用的村三套班子成员和农村职业化社会工作者，并正式提出了“选聘分离”的核心原则。同时，农村专职干部制度的财政保障和职业化农村干部队伍建设配套措施实施意见逐一出台，这标志着慈溪农村专职干部制度初步建立。

中共慈溪市委于 2007 年首先发出《中共慈溪市委关于进一步加强和改进村干部队伍建设的意见》，提纲挈领地提出了农村干部队伍建设的重要性和原则与方法，特别是制定了针对不同类型的村务管理人才的选拔、教育培训、考核、监督机制。该文件把“农村职业化社会工作者”定义为“在村党组织领导下专职从事农村公共管理服务的人员”，而把“村专职干部”定义为“核定职数内按规定程序聘用的村三套班子成员和农村职业化社会工作者”，并指出，村专职干部的聘用工作“一般由村党组织负责实施，镇（街道）党（工）委负责全程指导把关和审批”。

该文件是慈溪市决定正式着手建立农村专职干部制度的纲领性文件。它首次提出“村专职干部”和“农村职业化社会工作者”这两个概念，尤其是通过“农村职业化社会工作者”的概念创新，在农村三套班子成员之外创新设计选拔农村干部的渠道，并提出“选聘分离”的制度理念，从而实现了既有的“选”产生的村三套班子成员与“聘”产生的农村专职干部之间的有效协调。而对于村党组织书记直接聘为村专职干部的规定，则进一步加强了党在农村基层治理中的全面领导地位。此外，该文件提出要建立系统的农村干部教育培训体系并将其纳入既有的干部教育培训体系之中，通过财政保障村干部的薪酬、社会保险和教育培训费用，都将极大地提高村干部的职业化水平。关于进一步加强农村后备干部选拔与培养的制度设计，则保障了农村干部队伍建设的长效机制。

以《中共慈溪市委关于进一步加强和改进村干部队伍建设的意见》为指导，慈溪市在2007年先后出台一系列文件，具体落实农村专职干部制度的各项规定。首先，中共慈溪市委办公室发出《关于进一步建立完善村干部激励保障机制的通知》，提出了村干部激励保障机制的细化实施方案。中共慈溪市委组织部则发出《中共慈溪市委组织部关于印发〈慈溪市行政村专职干部管理办法〉的通知》，在全市全面推行农村专职干部聘用制。该通知提出，农村专职干部管理的基本内容包括村专职干部的职业化管理和制度化管理。职业化管理主要包括职业性质、职业道德和职业责任；制度化管理主要包括选拔任用、教育培训、考核奖惩、报酬待遇等工作的制度化；同时明确了村专职干部是指核定职数内按规定程序聘用的村三套班子成员和农村职业化社会工作者。这些细化措施，规范了农村专职干部制度的实施方法，明确了相关的财政和政策保障方式。

以2007年为节点，慈溪农村专职干部制度进入第二阶段，即初步建立阶段。在这一阶段，“村专职干部”的概念和“选聘分离”的核心原则正式提出，在慈溪全市全面推行农村专职干部聘用制，并且制定颁布《慈溪市行政村专职干部管理办法》，确立了农村专职干部的职业化管理和制度化管理的一整套详细制度设计。在第一阶段形成初步框架和进行地方试点的基础上，慈溪的农村专职干部制度在这一阶段初步建立起来。

（三）第三阶段：农村专职干部制度的成熟与完善

2012 年是中共中央组织部确定的党的基层组织建设年，这一年也是标志着慈溪农村专职干部制度进一步成熟与完善的重要节点。随着慈溪市一系列重要文件出台，农村专职干部制度逐渐成熟和完善，最突出的成就，是明确了农村专职干部薪酬标准的确定方式，并明确由市镇两级财政全面负担农村专职干部的薪酬。

在 2012 年，中共慈溪市委首先发出《关于进一步加强和改进新时期农村基层组织建设的意见》，提出要健全农村专职干部报酬财政统筹保障机制，并明确了农村专职干部的工资标准和浮动方式。随后，中共慈溪市委办公室、慈溪市人民政府办公室发出《关于实行村专职干部报酬财政统筹保障的通知》，对村专职干部的范围对象、报酬标准与构成及保障方式等进行了细化规定。该通知指出，村专职干部报酬纳入市、镇（街道）两级财政统筹保障，村专职干部报酬与上年度宁波市职工社会平均工资挂钩。这一文件的出台，标志着慈溪市农村专职干部的报酬体系建设已经落到了最实处。文件对农村专职干部报酬的标准设置方式、构成和保障方式进行了精细的制度设计，从而确保了农村专职干部的报酬标准有章可依、报酬支付按时足额。

农村党组织是农村基层治理的领导核心，而农村党组织的战斗力，又集中体现在农村党组织书记身上。在农村专职干部制度设计中，农村党组织书记直接聘为农村专职干部。为此，慈溪又专门发文以进一步加强农村党组织书记的选拔和培养工作，并与农村专职干部制度对接。中共慈溪市委办公室发出《关于进一步加强和改进村党组织书记队伍建设的意见》，着重提出了加强对村党组织书记的选拔培养、教育培训、激励保障、管理监督等措施。慈溪市委组织部则发出《关于印发〈慈溪市行政村（社区）党组织书记参照享受事业单位工作人员基本养老保险待遇办法〉的通知》，对村党组织书记享受事业单位退休养老待遇的办法进行了细化规定。

制度的落实，需要精细的制度设计。以2012年为节点，慈溪农村专职干部的报酬、社会保险等各项规定得到具体制定和实施，这标志着慈溪农村专职干部制度的探索已经初步达到了成熟和完善的阶段。

三、慈溪农村专职干部的选聘规则

（一）职数和岗位设定

农村专职干部的职业化特征，首先表现在其职数设定和岗位设定的科学性。干部职数是依据农村治理规模的大小和治理事务的复杂性，根据一定的测算标准而确定。干部岗位则根据现代农村治理所涵盖的主要事务类型，进行合理的岗位分工和组合而确定。干部职数反映的是干部队伍的总体规模，干部岗位反映的则是干部队伍的结构构成。确定农村干部合理的规模和结构，是农村专职干部制度科学化管理的第一步。

慈溪农村专职干部制度对农村专职干部的职数设定和岗位设定进行了明确的界定。2007年《中共慈溪市委组织部关于印发〈慈溪市行政村专职干部管理办法〉的通知》规定：

> 以上年末全村人口规模核定，包括上年末户籍在册人口和登记在册的外来人口（以公安部门核定数据为准），其中登记在册的外来人口按30%比例折算。人口数在1500人以下的村不超过3人，1501～3000人的村不超过5人，3001～5000人的村不超过7人，5001人以上的村不超过9人。村专职干部岗位一般可设党组织书记、党群工作、治保调解、社会事业、村庄建设、环境保护、安全生产等。

农村专职干部的职数设定和岗位设定标准充分体现了科学化管理的理念。通过把农村专职干部的职数与村庄人口规模挂钩，很好地反映了每个行政村治理事务的工作量。而通过对农村专职干部的岗位进行合理分工和组合，则确保了农村治理的各项事务能够在一个明晰的组织架构内得到有效执行。前者是对量的规定，后者是对结构的设计，二者结合起来，就确定了各行政村农村专职干部队伍的整体格局。

（二）聘用主体和选聘程序

农村专职干部的聘用主体，体现出农村专职干部的委托－代理关系和服务对象，也就是农村专职干部由谁聘用、为谁服务的问题，其中理顺镇（街道）与村级组织的关系尤其重要。而农村专职干部的选聘程序是否公正、公开、透明，也就是农村专职干部如何聘用的问题，也事关农村专职干部的社会认可度和开展工作的便利程度。

在聘用主体上，要处理好镇（街道）与村级组织之间的关系。在理论上讲，农村专职干部承担政府在农村的社会管理与服务工作，因此其聘用主体应当是镇（街道）。但根据当前农村实际，着眼于加强农村党组织的领导核心作用并充分发挥农村基层民主，对农村专职干部的具体聘用工作，一般由镇（街道）授权农村党组织负责实施，由村级组织与聘用人员签订聘用合同。镇（街道）党（工）委在总体上负责农村专职干部的培训、考核和报酬等，并在中共慈溪市委组织部备案；村党组织则负责农村专职干部在村工作期间的日常管理。村党组织书记不经过聘用程序，直接聘用为村专职干部，是为了进一步加强党组织在农村基层的领导。由镇（街道）授权村党组织负责实施，这一方面体现了农村专职干部承担镇（街道）为村民提供的公共服务功能的委托－代理关系，另一方面也体现了农村专职干部服务于农村群众、接受以村党组织为核心的村级组织管理和监督的工作关系。

农村专职干部的选聘程序则力求公正、公开、透明，不但遵循民主的精神，而且也采用充分体现绩效导向的考察方式。中共慈溪市委组织部2007年发出的《关于印发〈慈溪市行政村专职干部管理办法〉的通知》规定，村专职干部的聘用采取自我推荐与组织选聘相结合、民主测评与组织考察相结合、相对稳定与适度调整相结合的办法，实行公开选聘、竞争上岗。选聘程序主要有以下四个环节：

1. 制订方案。村党组织在广泛听取党员、村民（社员）代表意见基础上，提出配置职数、岗位设置、聘用条件和报酬情况，并形成具体方案，报镇（街道）党（工）委批准。

2. 考察和政审。由镇（街道）党（工）委负责对应聘对象进行考察和政审。对村三套班子成员，镇（街道）党（工）委可根据平时掌握情况决定具体的考察和政审办法，也可免于考察和政审。

3. 组织评审。召开由村三套班子成员和部分党员、村民（社员）代表参加的评审会议，对应聘对象进行集体评议（票决），确定聘用人选，报镇（街道）党（工）委审批。

4. 签订聘用合同。村党组织、村民委员会和村经济合作社与聘用人员签订聘用合同，并将聘用人员的姓名、聘用岗位职责等情况予以公示。聘用原则上实行三年一聘。新聘用上岗的村专职干部实行六个月的试用期。

可见，农村专职干部的选聘程序在发挥农村基层民主的同时，也在很大程度上借鉴了公务员招考的一些方式，从而使得整个选聘程序更为科学和规范。在制订方案和组织评审环节，充分确保了村级组织和党员、村民代表的参与权，从而推动了农村基层民主的继续发展。考察和政审则体现了上级党委政府的集中领导。在这些环节中，一方面注意广泛吸纳党员群众的意见，另一方面也与镇（街道）的规范化考察方法结合起来，最终以村三套班子成员和部分党员、村民（社员）代表参加的评审会议的形式进行集体评议（票决），这就极大地增加了整个选聘过程的公开性和可信度。签订聘用合同明确了农村专职干部与村级组织之间的聘用关系，用契约的方式规范农村专职干部的工作，使得农村专职干部的角色定位更为清楚。

（三）2013 年全市村专职干部聘用工作现场会

慈溪探索农村专职干部制度以来，虽然取得了很大成就，但是很多农村干部和党员群众对于农村专职干部制度的认识还不够到位，不少人认为农村专职干部只是把以往农村三套班子成员聘用下来，由市镇财政负担他们的工资福利，其他并无创新设计。为了体现农村专职干部制度的创新意义及精细设计的选聘程序，慈溪市于2013年10月24日专门组织了“全市村专职干部聘用工作现场会暨傅家路农村社区服务中心专职工作人员聘用会议”。这也就是本书开篇序言中所描绘的现场会（见图4.2、图4.3和图4.4）。

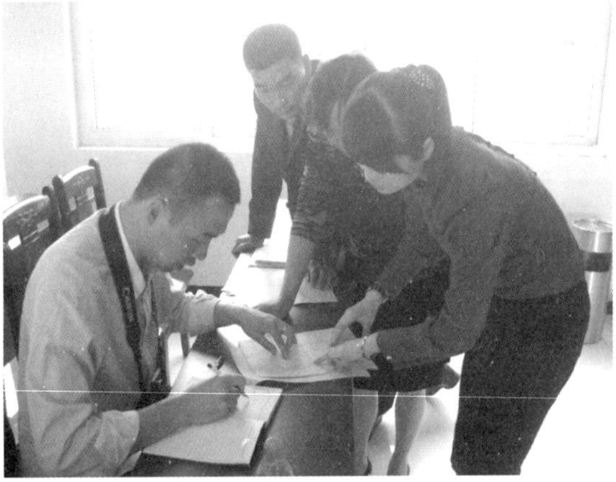

图4.2　傅家路村专职干部民主评议现场计票（课题组摄于2013年10月24日）

图4.3　被聘用的村专职干部获发聘书（课题组摄于2013年10月24日）

图 4.4　被聘用的村专职干部现场签订工作承诺书（课题组摄于 2013 年 10 月 24 日）

本次现场会的目的主要有三个：1. 初步总结和宣传慈溪农村专职干部制度的探索成就；2. 动员慈溪各镇（街道）领导干部和农村干部继续积极探索农村专职干部制度的进一步发展；3. 现场呈现选聘分离的制度创新及其对完善农村治理机制的重要意义。

本次现场会，既是一次选聘分离制度创新的现场呈现，同时也是对进一步推进农村专职干部制度的一次重要的动员和宣传，对于总结已有制度探索的成效、在全市范围内统一干部的思想、激励进一步的探索创新，都具有重要的意义。通过这次现场会，广大党政机关干部、村干部、村民接受了农村专职干部选聘这一生动形式的洗礼，对这一制度的创新意义有了更深入和直观的理解和体会，特别是理解了其与村委会选举等村级选举之间的区别和联系，以及其对于提升农村治理绩效的重要意义。同时，现场会本身就是对农村专职干部制度这一创新设计的一次重要宣传活动，具有显著的社会效应。

四、镇（街道）级农村干部选拔培养新机制试点

慈溪市对农村专职干部的探索也包含了地方试点的机制，允许镇（街道）根据自身实际因地制宜探索农村专职干部制度的选拔与培养机

制。慈溪市在整体上明确专职干部制度探索的总体方针和思路，并且制定具有操作性的管理办法，在全市推广。而同时，慈溪市也允许各镇（街道）在符合总体方针和思路的前提下，积极探索符合本镇（街道）实际情况的农村专职干部和后备干部的选拔培养新机制。这些地方的工作，目前已经取得了非常积极的效果，并有可能在全市范围内推广。

本节将介绍两个较为突出的镇（街道）级农村干部选拔培养新机制：坎墩街道“两公开”选拔农村专职（后备）干部制度，以及崇寿镇农村社区人才库制度。

（一）坎墩街道“两公开”选拔农村专职（后备）干部制度

慈溪市一直高度重视加强农村后备干部队伍建设。农村后备干部是农村干部队伍的预备队，建立一支数量稳定、素质优良的农村后备干部队伍，能够确保不断有新鲜血液根据现实需求补充进农村干部队伍中，保持农村干部的更新换代机制。慈溪市要求，按照 1：1 的比例，实行农村后备干部梯度培养，并定期公开选拔村级后备干部。特别注意从经济能人、退伍军人和到村大学生等农村优秀人才中选拔后备干部，并重点选育好村党组织书记的后备人选。尤其注意将到村大学生作为村级后备干部的重要来源。①

与以往的农村三套班子成员通过选举产生不同，慈溪探索的农村专职干部以聘用制的方式产生和管理，农村专职干部有相对独立的选拔与聘用机制。农村专职（后备）干部选拔突出了公开性和透明性，从而扩大了人才选拔范围，提高了整个选拔过程的科学性和规范性，并充分保障了村级组织和党员村民代表的民主权利。坎墩街道探索的“两公开”选拔村级专职（后备）干部制度，正是镇（街道）在这方面所做的进一步创新与探索。

坎墩街道位于慈溪主城的北区，区域总面积约 30 平方公里，下辖 11 个行政村，1 个社区。截至 2014 年底，坎墩街道常住人口为 46334 人，

① 中共慈溪市委组织部提供资料。

外来人口为32470人，区域生产总值32.6亿元，财政总收入5.65亿元，农民人均收入21150元。①

1. “两公开”选拔机制的缘起

2012年是中共中央确定的基层组织建设年。在中共慈溪市委组织部的工作计划中，加强以村党组织书记为核心的农村干部队伍建设，是基层组织建设年的核心任务。坎墩街道在探索“两公开”（公开推荐、公开票决）选拔村专职（后备）干部方面进行了积极的探索，对慈溪全市范围内推行的农村专职干部进行了进一步的创新，突出表现在农村专职（后备）干部的选拔方式更加公开、透明，选拔范围更加广泛，从而有助于提升农村专职（后备）干部的整体素质。

坎墩街道共有11个行政村，89个农村专职干部岗位。以往农村专职干部的产生方式主要有两种：一是村三套班子成员聘为村专职干部，二是村后备干部经过一定程序成为村专职干部。干部选拔过程中，普通党员村民代表的参与度较低，公开、透明程度不高。而且出于稳定村级组织班子的考虑，以往农村三套班子及后备干部以外的人才，难以进入农村专职干部队伍中，人才选拔的范围窄。

“两公开”选拔机制的探索，正是为了进一步提升农村干部选拔程序的规范性、透明度并扩大人才选择的范围。坎墩街道以前曾经组织过公开招聘农村后备干部的工作，有笔试和面试，只是没有公开票决的环节。当时采用笔试和面试累计分数的方式，到坎墩街道统一面试，所有村的村党组织书记都去担任评委。2012年，坎墩街道推出“两公开”（公开推荐、公开票决）的选拔机制，进一步设计了制度化渠道，允许普通党员村民代表参与到农村干部选拔过程中。（2013年5月14日访谈）

坎墩街道在2012年选择四塘南村进行“两公开”选拔试点工作。四塘南村由3个自然村组成，全村共有18个村民小组，总户数580户，总人口1500人，外来人口1200余人，现有耕地面积1112亩，人均收入为15000元左右。该村多年来一直以农业为主，村民观念比较保守，经济发

① 中共慈溪市委组织部提供资料。

展相对滞后。该村设村党支部1个，党小组3个，共有党员58人。该村班子比较稳定，村书记威望比较高，但是基层组织建设相对薄弱，主要是组织活动和措施还不够有力，而且村的位置在坎墩街道也相对偏远。坎墩街道提出把四塘南村作为试点进行公开选聘后备干部，这是全市第一家。整个工作于2012年8月启动。

2. “两公开”选拔机制的程序设计

2012年坎墩街道首先在四塘南村试点“两公开”选拔农村专职（后备）干部机制，其程序主要有六个部分。

（1）公开推荐

中共慈溪市坎墩街道工作委员会于2012年8月1日发出《坎墩街道四塘南村“两公开”选拔村专职干部工作公告（第一号）》，宣布四塘南村选拔村专职干部1名，村后备干部2名，号召符合条件的人报名竞聘。报名人应符合《慈溪市行政村专职干部管理办法》规定的基本条件，同时还应具备下列资格条件：一是户籍所在地为坎墩街道四塘南村或原户籍所在地为四塘南村因升学等迁移他处；二是35周岁以下（1977年8月1日后出生），大专及以上学历，具有2年及以上工作经历；其中对退伍军人，学历放宽至高中。

报名方式为党组织在调查摸底的基础上进行的组织推荐报名、以村2~3名党员群众联名推荐方式进行报名、借助人才网上报名信息发布后个人自主报名这三种。报名自荐时间为2012年8月13~14日，报名地点为坎墩街道办事处组织办。

公开报名推荐截止后，坎墩街道“两公开”工作领导小组按照公布的条件，对报名者进行资格审查。对组织推荐的和党员群众联荐的人员，街道“两公开”工作领导小组还要征求本人意见。资格审查结束后，中共慈溪市坎墩街道工作委员会于2012年8月14日发布《坎墩街道四塘南村“两公开”选拔村专职干部工作公告（第二号）》，公布公开报名情况及符合竞职条件的报名推荐人选名单共12人。

（2）农业农村知识笔试

根据《坎墩街道四塘南村“两公开”选拔村专职干部工作公告（第

二号）》，12 位竞聘人随后于 2012 年 8 月 17 日在坎墩街道办事处统一参加农业农村知识笔试。坎墩街道“两公开”领导小组于 2012 年 8 月 21 日发布的《坎墩街道四塘南村“两公开”选拔村专职干部工作公告（第三号）》规定，在笔试成绩的基础上进行优秀加分：一是中共党员的加 2 分；二是获得慈溪市级优秀的加 1 分，慈溪市级以上优秀的加 2 分。最高不超过 4 分。根据笔试及加分成绩排列名次，取前 5 名进入下一轮。

（3）组织考察

坎墩街道“两公开”工作领导小组对候选人初步人选进行考察。

（4）村级岗位实践

坎墩街道随后安排这 5 位候选人到四塘南村进行岗位实践锻炼。他们分两批到村便民服务窗口进行实践，直接接触村务，面对老百姓，接受群众的意见，也可以利用双休日主动走访村民群众，了解村容村貌。

（5）公开票决

在这个环节里，坎墩街道把所有竞聘人的笔试成绩清零，让他们集中进行现场竞职演讲和情景答题，接受评委代表的票决。票决会议评委由慈溪市委组织部干部 1 名、坎墩街道干部 10 名、四塘南村干部 6 名及村级代表 24 名构成，合计 41 人。

5 位候选人按照抽签号按序进行上台，进行 8 分钟的竞职演讲，谈谈自己对村务管理工作的设想。随后进入现场答题环节，共有 3 道情景题，每道题目 5 位候选人都有抢答权。每道题目给出 2 分钟的思考时间后抢答，率先抢到答题权的一位竞聘人答题后，如其他竞聘人对同一道题有不同见解或者补充答题的，可以继续答题。3 道情景题内容如下。

A 背景材料：四塘南村因其独特而优美的地理环境，将来集休闲、餐饮为一体的农家乐蓬勃发展，假如一家农家乐，因为生意好，营业到凌晨两三点，影响了周边村民的休息，村民就和农家乐闹矛盾了。如果你是村里的村干部，你刚好在现场，你应该如何解决这个问题？

B 背景材料：在今年的村民生工程中，四塘南村将对几条道路进行拓宽和硬化，大多数群众都积极支持，有几个企业老总也慷慨解囊，对村公益事业进行资金支持。假如在工程实施过程中，有个别几户群众认为赔偿过低，有抵触情绪，阻挡施工建设，其中一户还是你的亲戚，作为村干部，你将如何处理这一问题?

C 背景材料：村民如果因村周边企业的环境污染问题，扬言要到街道上访，而此时村主要干部不在场，只有你一人在场，你如何应对?

票决采用无记名投票方式进行，票决结果中票数最高一位直接选入村专职干部行列，后两位进入村后备干部行列。设监票人 1 人，为四塘南村老干部代表；设计票人 2 人，分别是驻四塘南村农村工作指导员、街道劳保所副所长、四塘南村到村大学生。他们负责清点现场评委代表人数，检查票箱，清点及宣布选票张数（见图 4.5）。①

图 4.5 坎墩街道四塘南村“两公开”选拔村专职（后备）干部票决会议现场（坎墩街道组织办摄于 2012 年 8 月 29 日）

（6）公示审批

票决结束后，票数最高者报慈溪市委组织部和坎墩街道党工委审批，作为四塘南村村专职干部。票数位列第二和第三的候选人作为四塘南村后备干部。名单确定后，2012 年 8 月 31 日，坎墩街道“两公开”领导小

① 中共慈溪市坎墩街道工作委员会组织办公室提供。

组发布《坎墩街道四塘南村“两公开”选拔村专职干部工作公告（第四号）》，对相关人选进行7天公示。公示结束后，预备人选报街道党工委批复。

坎墩街道党工委对四塘南村此次“两公开”试点的效果表示满意。一位党工委干部说：“（两公开）这就真正做到了公开和民主。选上来的人口碑还是很好的，工作开展也比较顺利。”（2013年5月7日访谈）另一位干部说：“选出来的人还是很优秀的，符合我们的预想。”（2013年5月8日访谈）但是坎墩街道也发现了干部选拔中性别比例失调的问题，一位干部说，“但是选出来的女干部多，男干部少，因为笔试的环节通过笔试的女的比较多。”（2013年5月8日访谈）

经过2012年在四塘南村的成功试点，坎墩街道决定于2013年在全街道范围内推行“两公开”选拔村级后备干部，各村选拔村级后备干部2～3名（已经试点过的四塘南村除外）。整个工作于2013年4月正式启动，报名53人，参加考试的49人，参加竞职演讲和票决的47人，录取25人。（见图4.6和图4.7）

图4.6　2013年坎墩街道“两公开”选拔村级后备干部报名现场

（中共坎墩街道党工委组织办摄于2013年5月21日）

基于2012年在四塘南村的成功试点，2013年的整个选拔过程基本延续了去年的程序。中共慈溪市坎墩街道工作委员会于2013年4月25日发布《坎墩街道“两公开”选拔村后备干部工作公告（第一号）》，规定在

图 4.7　2013 年坎墩街道“两公开”选拔村级后备干部笔试现场

（中共坎墩街道党工委组织办摄于 2013 年 5 月 29 日）

公开报名推荐过程中，特别注意从每年 20 人左右的退伍军人、40 人左右的返乡大学生党员以及街道 40 余人的城管队伍和 180 余人的社区保安队伍这四大群体中挖掘资源优势。本次“两公开”选拔共有 53 人参与报名，其中组织推荐 13 人、党员（群众）联荐 1 人、个人自荐 39 人，来自城管和保安两支队伍的有 11 人。同时加大宣传发动力度，在《慈溪日报》、慈溪人才网、坎墩有线电视台播发公告，并在各村显著位置进行张贴，引导符合条件的年轻人积极参与选拔。同时，通过召开由党员代表、村民代表等参加的系列座谈会，讲清讲透“两公开”选拔村级后备干部工作的目的意义及有关政策，提升村级后备干部队伍的影响面和知晓度。①

3. “两公开”选拔机制的意义

自从中国全面实施村委会制度以来，村委会成员都是由村民普选产生。而村党组织干部的产生方式，除了继续保留以往上级组织任命的方式之外，也越来越多地引入了民主机制，通过党内民主程序选拔干部。然而，现存的干部选拔制度并非完美，在农村社区建设的背景中已经暴露出一些问题。村委会选举确实使得村委会成员必须面对村民民意的选择和监督，必须对村民的利益诉求更具有回应性。然而民

① 中共慈溪市委组织部提供资料。

主机制选人的功能主要是实现民意对政治过程的输入，而候选人如果要在选举中获胜，也必须掌握政治沟通与动员技巧。然而农村社区建设时代的村务管理，对专业技术知识的要求越来越高，这就要求村干部有更为系统性的公共管理技能培训和长期的工作经验。因此，必须有一些村干部专职从事事务性工作，他们的工作更多地依靠科层制体制内的管理技术和经验，而非政治沟通与动员。选举过程无法对这些涉及技术治理的能力进行全面的考察，因此必然要求一种不同于选举的制度来筛选和评判村干部的技术治理能力，而不应该一刀切地采用选举的方式。

坎墩街道的“两公开”选拔机制，作为慈溪农村专职干部制度探索的重要创新试点，就是在回应农村技术治理中对村干部素质提升的要求，开辟出一条专门面向农村治理中事务性村干部的选拔机制。这一选拔机制的基本特点是，选拔范围不局限于现有的村三套班子，选拔过程中结合了上级组织、村级组织和党员村民代表三方的意见，着重考察候选人的村务管理能力，而不要求其必须具有较高的政治沟通与动员能力。

首先，通过组织推荐、党员群众联名推荐、个人自荐这三种形式，从而在选人过程中结合了组织考察、群众民意和自我荐举等多种机制，能够最大限度地发现农村中符合基本条件的可用之才。其次，设置农业农村知识笔试，从而保证进入下一步选拔过程的候选人能够掌握基本的农业农村管理技能。村级岗位实践，则让候选人有机会直接与村民接触、了解村务管理工作的实际情况，从而在今后更有针对性地开展工作。而公开票决与公示审批环节，使得选拔过程更为公开、透明，票决会议评委由慈溪市委组织部干部、街道干部、村干部及村级代表组成，从而在最后的选人定人过程中再次结合了上级党委政府、村级组织和党员村民代表这三方的意见，拓展了民主参与的渠道，使得整个评判机制更为合理可靠。

“两公开”选拔机制，突破了村委会以选举为基础的干部产生方式和村党组织以组织任命和党内民主为基础的干部产生方式，是慈溪市农村专职干部制度探索中的一项重要尝试。虽然目前“两公开”还主要在坎墩街道先行先试，而且仍是在村专职干部及后备干部岗位出现空缺时才启用，但是这一机制代表着农村专职干部选拔的发展方向。今后，应该进一步推广“两公开”机制的使用范围，更多地通过这一机制选拔村专职干部。

（二）崇寿镇农村社区人才库制度

农村专职干部培养应该形成长效机制，重视农村干部梯队建设，这样才能确保村级组织中不断补充进年轻的、高素质的干部。崇寿镇探索的农村社区人才库制度，把农村的可用之才都纳入到人才库之中进行长期的、系统性的储备和培养，从而为农村专职干部队伍持续地输送后备人才。

崇寿镇地处慈溪市北部、杭州湾南岸，距慈溪市中心 12 公里，下辖 8 个行政村和 1 个居委会。截至 2014 年底，崇寿镇常住人口 26866 人，外来人口 18626 人，区域生产总值 23.43 亿元，财政总收入 2.03 亿元，农民人均收入 19898 元。①

1. 农村社区人才库制度探索的缘起

从人口数量上看，崇寿属于人口小镇，但由于其连接杭州湾新区，全镇因此意图依托新区优势打造电子商务产业集群。在这种情形下，各村一方面面临着难得的发展机会，另一方面也面临着严重的外来人口治理压力。不过，由于崇寿镇距离慈溪城区较远，早先也不是经济发达镇，因此一直面临着人才流失的窘境，农村干部队伍素质也是参差不齐。在过去的农村后备干部管理机制中，绝大多数后备干部由村班子自己来定，具体到现实生活中往往是村书记或主要干部的一句话就能决定。这使得后备干部的选任存在任人唯亲的可能，一些人通过关系或者贿赂就可以成为后备干部，而一些真正有能力但是没有关系的人就可能没法进入后备梯队。这种情形非常类似于早期美国政治中的“分肥制”，即当政客通

---

① 中共慈溪市委组织部提供资料。

过选举上台之后，就有全权任命文官，这使得政客有机会在任命官员的过程中获得寻租空间，造成权力腐败。很显然，通过这样的方式确立的农村后备干部很难保证有足够的能力胜任村级管理工作。如果真的放任这种“任人唯亲”“任人唯关系”的后备干部培养体系长期存在，就会导致村庄权力分布出现小圈子化、亲族化的裙带现象，最终影响到村级民主的正常运转。

面对这种现象，崇寿镇认为只有使后备干部的选拔、培养也走向公开、公正，才能在未来形成一支素质优良的农村专职干部队伍，彻底打掉村级民主的“分肥”土壤。为此，崇寿镇根据全镇干部队伍现状，在镇机关干部、临聘人员、村干部、到村大学生、村后备干部、退伍军人、社区保安、企业能人以及致力于农村社会工作的其他人士中建立农村社区工作者人才库。制订出台《崇寿镇农村社区工作者人才库管理办法》，规定未来一切新聘用的农村专职干部一律要从农村社区工作者人才库中推选（除村党组织书记、村委会主任直接聘用外），而要进入农村社区工作者人才库，则必须取得农村社区工作者资格证书。

2. 农村社区人才库制度设计

所谓农村社区工作者，是指经考试考核，善于做群众工作，具有从事农村公共事务管理能力和素养的农村人才。而确定培养农村社区工作者的目的，则是为培养造就一支政治素质较高、业务能力较强、服务水平较高的专业化、职业化、社会化的村专职干部队伍做准备工作。总体而言，崇寿镇农村社区工作者的招录条件较为宽泛，从客观硬性条件上看，只要满足高中以上（现职村专职干部放宽到初中）文化程度，年龄一般男 55 周岁、女 50 周岁以下都可以参加报名。而主观要求则包括政治素质好，热爱农村工作和社会公益性事业，有较强的责任心和服务意识，有一定的政策水平，有较好的语言表达、文字写作及社会工作能力等。总体而言，这些招录条件门槛较低，报名手续也较简单（见表 4.3），能方便让更多的人参加公开招录。

表 4.3　崇寿镇农村社区工作者资格认证考试报名表

姓名		性别		出生年月	
文化程度		政治面貌		入党时间	
有否在村工作经历，时间及工作内容					
现工作单位及职务					
学习工作简历					
奖惩情况					
村党组织意见					
镇党委意见					

资料来源：慈溪市崇寿镇综合办公室提供。

整个招录工作由镇党委组织部门定期组织实施，招录考核采用笔试和面试相结合的方式进行，经考试合格后，由党委组织部门颁发农村社区工作者资格证书，并进入农村社区工作者人才库。其中，村党组织书记、村委会主任、村经济（股份）合作社社长（董事长）可以不经过招录考试而直接进入农村社区工作者人才库。以 2013 年的报名情况来看，共 29 人报名，所有村（居）委会均有人参与，平均年龄为 31.7 岁。从学历水平上看，本科学历 16 人（55.2%），大专 4 人（13.8%），高中及以下 9 人（31%）；从政治面貌上看，党员 20 人（69%），团员 6 人（20.7%），群众 3 人（10.3%）。最终，有 26 人通过了招录考核，淘汰率仅为 10.3%。加上原有被确立为专职干部的 55 人，整个崇寿镇人才库现有干部储备 81 人，以后通过继续招录，规模还会不断扩大。

根据中共崇寿镇委员会于 2013 年 5 月 2 日发出的《关于印发〈崇寿镇新型村级治理工作实施意见（试行）〉的通知》第九条，村专职干部一律在农村社区工作人才库中聘用，一经聘用享受村专职干部待遇。因此，农村社区工作者实际上相当于村专职干部的后备梯队，要成为村专职干部，除非直接被选举为村党组织书记，其他人都要先获得农村社区工作者资格证书才有资格受聘专职干部。为此，在协调“选举”“受聘专职干部”与“进入人才库”的关系时，崇寿镇试图以“进入人才库”作为“受聘专职干部”的优先标准。按照崇寿镇组织委员的说法是：

至于这三者的关系，我们有这样几条：首先，聘用专职干部，就必须从人才库中聘用，这是硬性标准，不是你选上就能够聘用的。如果你不是人才库的，但是选上了，那也只能先聘为非专职干部，拿误工补贴。当然，我们会让他来参加每年的人才库招录，等确定进入人才库了，再补充聘为专职干部。其次，进入人才库的人也不一定会聘为专职干部，毕竟你要面临选举，同时还要走聘用程序。今年新入库的社区工作者中，有两个已经实现聘为非专职干部，协助“农房两改”的土管工作，之所以没被聘为专职干部主要就是因为今年还没有进行换届选举。最后，没有通过选举的人，也是有可能被聘为专职干部的，但他前提是必须来自人才库，目前，我们有5个干部不是村三套班子，但被确立为专职干部。总之，我们的工作宗旨是这样的，吸纳入人才库的标准比较宽，只要符合一些基本的条件，通过考核都可以录入，但进入村工作队伍就比较严格了。同时，能否被聘为专职干部，我们的办法是把干部的能力标准（通过人才库）和选举合法性标准（通过选举）结合起来了。（2013年8月16日访谈）

通过考核进入农村社区人才库之后，所有农村社区工作者都由镇党委组织部门进行统一的培训和调配工作。同时，镇党委将指导、协调各行政村对农村社区工作者进行管理，并负责对农村社区工作者在岗情况和工作开展情况进行抽查和年度考核。为了能够严格把控农村社区工作者的资格认证标准，崇寿镇对农村社区工作者人才库实行动态管理，及时把一些善于做群众工作且懂公共管理的人才充实到人才库中，而把一些工作不到位、考核不合格的人员清退出去。另外，为了让农村社区工作者更快地掌握工作内容、熟悉农村业务，崇寿镇采用专家授课、远程教育等形式定期组织农村社区工作者参加政治理论、政策法规、村务管理实务等各类培训，不定期组织农村社区工作者外出学习考察。同时，会根据工作和培养需要，建立农村社区工作者挂职交流制度，抽调优秀农村社区工作者到镇政府相关职能部门挂职锻炼。

3. 农村社区人才库制度的创新意义

通过设立“农村社区人才库”，崇寿镇实际上为打造后备干部确立了基于“公开考试”的选拔标准，有效解决了过去后备干部梯队确立过程中的“任人唯亲”的现象，相反代之以“任人唯贤”。从村级治理绩效的角度出发，农村社区人才库制度符合农村专职干部制度的内在逻辑：即用基于能力、职业化的客观评价方式来弥补民主机制在“确立标准”环节上的不足。因此，“人才库”办法与农村专职干部制度实现了制度衔接。

随着现代社会职业分工的日益深化，在医生、会计、律师、建筑师等行业中，专业技术职业资格考试早已成为普遍的制度，对于确立行业法规、规范职业技术标准和职业道德等起到了基础性作用。崇寿镇探索的农村社区工作人才库制度，实际上就借鉴了专业技术职业资格考试制度的基本规则，对于规范农村专职干部和后备干部的选拔和培养机制具有重要意义。通过这一制度，符合农村专职干部基本从业资格的各类人才，在通过了资格考试之后，可以作为后备干部在人才库中得到及时的储备和系统的培养，在农村专职干部出现岗位空缺之后，则能随时补充，从而为农村专职干部队伍建设提供了持续不断的后备力量。

同时，崇寿镇的农村社区人才库制度，也可以与坎墩街道的“两公开”选拔机制进行对接与兼容，并在全市推广。比如，在“两公开”选拔农村后备干部和专职干部过程的前两个环节“公开推荐”和“农业农村知识笔试”中，就可以引入制度化的农村社区人才库制度，从而把前两个环节抽出来打造为一种长效机制，可以随时组织考试，并且长期进行培训活动。一旦出现农村后备干部甚至是专职干部的岗位空缺，则可以启动“组织考察”直到“公示审批”等各项后续环节，最终确定干部人选。

五、小结

在“巩固和发展农村基层民主，重视和提升农村治理绩效，实现民主与绩效的有机结合”这一制度探索目标的指引下，秉持“以党领政，以选建政，以聘施政，以民督政”这样的总体政治理念，慈溪农村专职干部制度采取了“选聘分离、定编定酬、财政保障、双向监督”四大设计原则。

慈溪农村专职干部制度的建立，经历了循序渐进、试错和动态调整的过程，经过十多年的探索，才达到了初步的成熟和完善。在农村专职干部的选聘规则中，表现出职数设定和岗位设定的科学性，明确的委托－代理关系和服务对象，以及公正、公开、透明的选聘程序。而镇（街道）级农村干部选拔培养新机制的试点工作，特别是坎墩街道“两公开”选拔农村专职（后备）干部制度和崇寿镇农村社区人才库制度，成为慈溪进一步完善和发展农村专职干部制度的重要参照。

综上所述，慈溪农村专职干部制度的探索，具有完整和系统的目标、政治理念和设计原则，以循序渐进、试错和动态调整的过程进行稳步的探索，已经取得了显著的成绩，达到了初步的成熟和完善的阶段。其选聘规则的设计，体现出其科学性和公正性，并纳入了地方试点创新的机制。而农村专职干部选拔出来之后，日常的履职和管理工作就更为重要。随后，我们将展开对慈溪农村专职干部制度的考核、培训与保障机制的探讨。

第五章　履职与管理：农村专职干部的考核、培训与保障机制

原有的农村三套班子成员是通过选举产生的，而农村专职干部制度创新了村干部选聘机制，为一些具备村务管理才能、愿意为村工作、但是在原有的选举机制中很难选上的人才提供了进村工作的制度渠道。选聘是农村专职干部的进入机制，具有一次性、短期性的特点。而农村专职干部大量的日常履职与管理工作，则是位于考核、培训和保障等环节，这些环节对于农村专职干部制度的长效建设意义重大。本章将就农村专职干部的考核、培训与保障机制进行详细介绍，并结合镇（街道）级个案进行分析和说明。

一、农村专职干部的考核机制

慈溪市在探索农村专职干部制度的过程中，设置了一套完整的农村专职干部考核机制，针对农村干部工作内容实施了绩效评估与考核手段，并最终落实为“村级目标管理责任制”的制度化形式。所谓“目标管理责任制”，就是将上级党委政府所确立的行政总目标逐次进行分解和细化，形成一套目标和指标体系，以此作为各级组织进行“管理”（如考评、奖惩等）的依据，并以书面形式的“责任状/书”在上下级党政部门之间进行层层签订。概言之，目标管理责任制是以指标体系为核心，以责任体系为基础，以考核体系为动力，辐射形成目标管理网络，以期获

得最佳行政效能的一套综合管理方法。目标管理责任制结合了现代管理学鼻祖泰罗和福特等人的科学管理观，它通过将目标最大限度地进行量化和分解，提高了管理的科学程度。[①] 村级目标管理责任制的建立，对于推动村级治理的科学化和村干部队伍的职业化都具有重要意义，也是慈溪探索农村专职干部制度的重要基础。

（一）农村专职干部考核机制在相关文件中的表述

自从1993年公布《国家公务员暂行条例》以来，我国逐渐推行公务员考核制度。国家行政机关对国家公务员的德、能、勤、绩、廉进行全面考核，实行领导与群众相结合，平时与定期相结合，年度考核结果分为优秀、称职、不称职三个等次，年度考核结果作为对国家公务员的奖惩、培训、辞退以及调整职务、级别和工资的依据。2006年起，我国正式施行《中华人民共和国国家公务员法》，在公务员考核方面基本延续了《国家公务员暂行条例》中的相关规定。国家公务员作为在党领导下服务于人民的国家公职人员，需要接受党委政府和人民群众两方面的监督和考核。这种考核机制，一方面体现了人民民主理论中关于人民是国家权力的最终来源的基本精神，保障了人民对国家权力行使民主监督权，另一方面，也是保障国家公务员工作绩效的重要机制和手段。

村级组织是我国农村治理中最基层的执行力量，直接承担着农村公共管理与服务的职能，村级组织干部的工作态度和工作绩效，直接关系到广大农村群众的生活质量。同时，农村群众对村干部的考核监督，也是农村基层民主的重要体现。而且从科学管理的角度而言，确立工作目标与奖惩机制是实现组织有效运行的必不可少的两个环节。因此，对村干部的考核制度，也应该成为农村治理中的重要内容。然而村干部并不属于国家公务员，我国目前对村干部的考核尚未有成文的统一规定。

慈溪市在探索农村专职干部制度的过程中，发展出一套农村专职干部的考核体系。在目前的农村专职干部制度的相关文件中，已经对村干部考核有

---

① 王汉生、王一鸽：《目标管理责任制：农村基层政权的实践逻辑》，载《社会学研究》，2009年第2期，第61－92页。

细化表述。中共慈溪市委组织部于2007年发出的《关于印发〈慈溪市行政村专职干部管理办法〉的通知》，对农村专职干部的考核作出如下规定。

第十六条　各镇（街道）党（工）委要采取平时考核与年度考核相结合，定性考核与定量考核相结合，组织考核与群众评议相结合的方法，加强对村专职干部的考核。

第十七条　考核的内容主要包括“德、能、勤、绩、廉”五个方面。“德”主要考核村专职干部的政治思想、行为规范和道德品质；“能”主要考核村专职干部的工作能力和水平；“勤”主要考核村专职干部的工作积极性、主动性和日常出勤；“绩”主要考核履行岗位职责、完成年度工作目标情况；“廉”主要考核村专职干部的廉洁自律情况。

第十八条　根据考核和民主测评情况，对村专职干部进行综合评定，评定分优秀、合格、不合格三个等次。优秀等次一般以镇（街道）为单位按20%的比例确定。

第十九条　在年度考核中，被评为优秀等次的村专职干部，应增发一定比例的奖励报酬；对被评为不合格等次的，除了按比例扣发一部分奖励报酬外，还要对其进行诫勉，诫勉期为3～6个月。诫勉期满，要对其进行考察和民主评议，如民主评议不合格票仍超过40%的村专职干部，要予以解聘。

对不能与上级党组织保持一致的，工作不负责任、有严重失误并造成重大损失的，有以权谋私行为、群众反映较大的，班子内闹无原则纠纷、本人应承担主要责任的，有违纪违法等方面问题的村专职干部应引咎辞职或责令辞职。

第二十条　积极鼓励和大力支持村专职干部依法充分行使职权，大胆开展工作。对打击报复村专职干部的行为，要坚决予以制止；构成违法犯罪的，要依法严惩。

第二十一条　建立健全村党组织书记（经济合作社社长）经济责任审计制度，任期届满或离任的，各地农经和审计部门要组织对他们进行经济责任审计，明确应负的经济责任。对群众关注的村级财务、主要建设工程或需要审计的其他重大事项要实行专项审计。对在审计中查出侵占集体资产、铺张浪费的，要责令其如数退赔；涉及违纪的，要移交纪检机关处理；构成犯罪的，要移交司法机关依法追究当事人的法律责任。

可以发现，慈溪市对农村专职干部的考核，在考核内容、等次方面，与国家公务员考核的方式基本一致。在把考核结果与奖惩、培训、辞退以及调整职务、级别和工资等安排挂钩方面，则进行了细化规定，比如设置奖励报酬、诫勉期、解聘等安排，从而更具有可操作性。此外，针对村级组织的村集体经济管理权限，以及村党组织书记一般兼任村经济合作社社长的情况，还特别规定了村党组织书记（村经济合作社社长）的经济责任审计制度，以强化对村级组织和村干部经济管理职能的监督。

宗汉街道则把对村专职干部的考核和民主测评的具体步骤进行了细化规定，主要分为撰写报告、述职述廉和民主评议三个步骤。宗汉街道党工委于2013年发出的《关于开展村干部述职述廉、民主评议和村级后备干部推荐工作的通知》中对此的细化规定如下：

1. 撰写报告。村干部要按照各自分工，对换届后特别是今年以来履行创业承诺职责方面的具体工作和措施，创业目标完成情况，以及执行廉洁自律各项规定情况进行总结。述职述廉报告应如实撰写，既要肯定已做的工作，又要找出存在的差距。报告字数一般控制在800字以内。

2. 述职述廉。村干部要向村党组织、村民委员会、经济合作社和村务监督委员会等班子成员以及全体党员进行述职述廉。条件许可的，也可请村民（社员）代表和群众代表参加。

3. 民主评议。参会人员以无记名投票方式，对述职述廉对象的德、能、勤、绩、廉等情况进行民主评议，填写《村干部民主评议测评表》。

此外，针对村（社区）党组织书记，慈溪市还专门设计了“双述双评”制度。村党组织书记是村级组织的领导核心，是决定村级组织工作能力的重要因素，因此对村书记的考核更显重要。“双述双评”要求村书记向镇（街道）党（工）委和本村党员群众两方面都进行述职，并接受两方面的评议。中共慈溪市委组织部于2010年发出的《关于推行村（社区）党组织书记“双述双评”制度的通知》规定，“双述双评”的主要内容是：1. 领导班子建设情况；2. 党员队伍建设情况；3. 工作机制建设情况；4. 工作实绩；5. 工作作风。“双述双评”的步骤包括：1. 述前准备；2. 开展述评；3. 综合评价；4. 结果运用。其中在“开展评述”阶段的具体安排如下。

评述分镇（街道）和村（社区）两个层面进行，村（社区）层面，召开由村（社区）班子成员、全体党员和村（社区）辖区内的“两代表一委员”、部分村（居）民代表等参加的述职评议会议，村（社区）党组织书记进行会议述职，参会对象对其进行民主评议。镇（街道）层面，召开由镇（街道）领导班子全体成员、机关中层以上干部和联村（社区）干部等参加的村（社区）党组织书记述职评议会议，各村（社区）党组织书记进行会议述职或书面述职，参会对象对会议述职对象进行民主评议。提倡镇（街道）党（工）委主要负责人对述职对象进行点评。

在农村专职干部制度中设计详细完整的干部考核体系，这就对村干部产生了直接的规范和引导作用，要求农村专职干部更好地履行上级党委政府安排的工作任务、更好地服务村民。考核体制在程序和标准上也日趋科学化，使考核有章可循，减少了考核的主观性和盲目性，减少了个别领导对考核的过大影响。而“双述双评”机制则在更大程度上把普通党员群众引入村干部考核过程中，从而保障了普通党员群众的民主监督权。

（二）“三定一考核”与村级目标管理责任制的引入

当前，慈溪市已经广泛在各镇（街道）铺开村（社区）的目标管理责任制。实际上，有关该制度的尝试始于2001年，当时中共慈溪市委在

《关于村干部岗位职业化报酬工薪制的实施意见》（慈党办〔2001〕79号）中，首次提出“三定一考核”：即定人、定责、定酬，加强管理考核，形成了最早的有关目标管理责任制的雏形。

1. 定人——合理配置村干部。坚持德才兼备标准，配强配好村干部，尤其是村党组织书记。村干部的综合素质应当具有与其担负的职责相适应的能力，有一定的政策水平，善于做群众工作，思想开拓，年富力强，公正廉洁。按照“精简、高效”的要求，合理确定村专职干部。人口1000人以下的村一般不超过3人，1000~3000人的村一般不超过5人，3000~5000人的村一般不超过7人，5000人以上的村一般不超过9人（不含镇下派干部）。对专职干部的配备要引入竞争机制，并且应实行一人多岗、交叉兼职，具体由镇（街道）党（工）委因村制宜确定。要从紧控制非专职干部。

2. 定责——明确工作职责。根据职位设置和村专职干部的职数，确定村专职干部的分工，并把村内的物质文明建设、精神文明建设和党的建设等各项任务，按职责要求，用定量、定性的形式分解落实到每个村专职干部，做到责、权、利相一致，切实履行各自职责。强化村党组织的核心地位，按照村级工作议事规则，妥善处理村党组织、村民委员会、村经济合作社三套班子的关系，充分发挥其他村级组织的作用。

3. 定酬——保障经济待遇。专职干部的工薪实行最低保障制，一般由固定工资和浮动工资两部分组成。固定工资应根据当地农民人均收入和村规模大小确定。浮动工资应与村级集体资产保值增值、可用资金增长和村干部工作实绩挂钩。同时根据专职干部的职位确定报酬系数，其他专职干部一般为村书记的60%~95%。具体标准由镇（街道）党（工）委根据实际情况确定。市委〔2000〕16号文件明确的市级集体经济相对薄弱村，市、镇（街道）两级补助村党组织书记报酬的政策，已经并村的由新村继续享受。从2002年起，对村专职干部实行新的养老保险制度，纳入城镇职工社会养老保险体系，保险缴费由市、镇（街道）、村和个人共同负担，具体按《慈溪市行政村专职干部社会基本养老保险暂行办法》（附后）执行。个别在此以前已到达法定退休年龄而不能参加社会基本养老保险的村专职干部，市、镇（街道）、村按社会基本养老保险的负担标准予以补助。

4. 考核——建立目标考评制度。制定融经济、党建和精神文明建设工作于一体的年度目标考评体系。建立村专职干部日常管理制度，积极探索并村后新的工作运行机制，确保新村工作有序运转。建立村专职干部述职评议制度。结合年度工作总结和考评，村专职干部向党员、村民代表、社员代表述职，并接受民主评议，评议结果作为考核的重要依据。建立村干部奖惩制度，对实绩明显群众公认度高的优秀村干部，在政治上和经济上给予一定奖励；对年度考评靠后的，要及时采取帮教措施；若连续两年工作成绩处于末位的，作就地免职或辞职处理。

之所以要提出“三定一考核”的举措，是为了应对在过去的村务管理过程中存在的“无人管事”的现象。而造成这一现象的原因有如下三点：

首先，村干部人数的确定存在着很大的随意性。一般而言，过去的村干部人数由各村自己确定并经由选举产生，但是，在实际工作中却会出现许多临时性工作岗位，这些岗位则视具体情况设置，具有很强的随意性。有的人口不多但富裕的小村却出现了十多个村干部，有的较穷的大村则可能只有不到五个干部。为此，没有确定的干部职数，这使得正式村干部与临时干部在本质上没有区别，难以遏制一些村由于村干部个人私利等因素的考虑而随意扩充村干部职数的现象。而在一些缺少村干部的村，一些工作开展显得捉襟见肘，影响了正常的村务。由于这些现象的存在，导致产生了“定人”的客观需求。

其次，村干部的分工缺乏明确性。由于村三套班子对于具体职能没有明确分工，导致许多事务“胡子头发一把抓”：要么是村书记一人大权统揽，要么是由村书记根据需要临时指派人员处理。由于责任落实不到人头，在出现工作难点和矛盾的时候，村干部就会像“踢皮球”一样相互推诿。而等到有好处的时候，又会出现“抢破头”的现象。这种责任不明晰的现象，不仅使得许多正常工作无法展开，甚至间接造成了村班子的不团结。正是这些现象，使得村级治理产生了“定责”的需要。

最后，村干部的工资激励缺乏稳定性。由于过去村干部工资由村集体负担，因此，干部工资的随意性比较大，一些富裕村滥发工资奖金，而一些穷村则长期拖欠村干部工资，甚至出现过一年发一次工资的现象。这些现象使得经济状况不好的村的村干部缺乏工作积极性，再加上没有强制性坐班制度，村班子成员缺岗、迟到、早退的现象较为普遍，村民想办事时常找不到村干部。这种工资激励不到位的现象，带来了“定酬”的需要。

这些现象的存在无疑使得政府在向村级下派具体工作时，面临着工作无法得到有效的贯彻执行的风险。同时，村干部“无所事事”，或“胡乱管事”也容易引起村民的不满。在这种局面下，推行村级目标管理责任制成为解决村级治理中“无人管事”“乱管事”的有效途径。实际上，目标管理责任制在本质上是一种与官僚制相嫁接的“激励监督”机制。韦伯在定义官僚制时强调的第一要素就是“合理的分工”，即在组织中明确划分每个组织成员的职责权限并以规章的形式将这种分工固定下来，而它所体现的正是“定人”“定责”这两个维度。而定酬则是将每一岗位上职责的奖励形式明确下来，给人以明确的激励预期。

2001年慈溪推出“三定一考核”，时值慈溪市完成村级行政区划调整，村干部队伍也被重新洗牌，因此，在这一大规模村务改革背景下，慈溪市顺利地将目标管理责任制嫁接到新的农村干部制度中来，为新时期的农村治理工作的规范化打下了制度性基础。

（三）村级目标管理责任制的细化考察——以周巷镇为例

在科学管理的视野下，任务指标体系与考核奖励机制二位一体，缺一不可。没有明确的任务指标体系，就意味着没有明确的分工与责任对应，造成责任真空。而在制定了详细的考核内容评定指标之后，如果缺少相应的奖励或惩罚机制，则意味着这些指标将丧失对于行为主体的激励效力。为此，在目标管理责任制的总体设计中，包含任务指标体系与考核奖励机制两大块。

从目标管理考核的任务指标体系类别来看，全市不同街道与镇均分为公共考核和专项考核两类。但从具体的考核内容来看，不仅不同的镇（街道）在设置大类项目时内容不一、分数不一，而且同一个镇（街道）在不同时期的内容、分数设置也会发生较大变化。而考核奖励机制也因为不同镇（街道）的财政状况不一，也有一定的上下浮动，但各镇（街道）在总体上与全市水平保持大概的一致。为此，我们仅以周巷镇2013年的村目标管理考核办法为例进行说明。

1. 任务指标体系设置之公共考核

公共考核内容一般为各村普遍开展的常规性工作，也即每年都要重复性进行评估的考察项目。从公共考核的目录构成来看，它由“项目”“考核内容”“分值”“考核标准”与“考核责任部门”等几部分组成。其中，考核标准明确规定了工作要求与具体对应的细项分值，考核责任部门则为考核这一项目门类所对应的镇（街道）职能部门，明确了具体责任的执行方与监督方。从公共考核的内容来看，其详细列举的考核事项几乎涵盖了村级日常治理工作的各个方面，提供了完整的村务工作集合，为村干部的责任分工明确了工作门类。

从周巷镇公共考核内容的分类来看，公共考核分为五大块，满分100分：其中，（1）新农村建设38分（其中一产占12%，二产占8%，商贸服务业占8%，村镇建设工作占36%，环境整治工作占36%），（2）村级集体经济发展和管理12分，（3）平安建设20分，（4）社会事业15分（其中计划生育占30%，公共卫生占22%，教育、体育、民政占10%，劳动和社会保障占38%），（5）党建和精神文明建设15分。为了更明确强调鼓励与惩罚机制，公共考核还添加了加减分考核指标。加减分考核指标分值实行实分制，加分项目由各村向镇考核工作领导小组提出申报，并提供相应台账和记录，经镇考核领导小组审核后，在总分成绩中予以加分、减分。

表 5.1　周巷镇村集体经济发展管理目标责任考核目录

分类	项目	工作内容及分值	考核标准	考核责任部门
村级集体经济发展和管理	村级集体经济发展和管理（100分）	完善“三资”管理，实行村务财务公开（10分）	各村（社区）按规定要求建立和完善“三资”管理工作的得10分，不完善的酌情扣分。	农业农村办
		建立财务预决算制度（10分）	各村（社区）建立财务预决算制度，做到年初有预算、年终有结算，并经社员代表大会讨论通过的得10分。	
		清理拖欠款工作（10分）	及时清理历年拖欠款和呆账，收回45%的得5分，每升（降）15%，加（减）1分。无拖欠款的得10分。	
		完善和规范村级内部资金融通和管理办法（10分）	完善和规范村级内部资金融通和管理办法，建立制度，按制度运行的得10分。不按制度办理（如有偿借款无归还日期、无有偿使用费协定和无担保单位或个人等无规范合同的借款）的每发现一笔扣5分，借款逾期不收（包括有偿使用费逾期不收取），发现一笔扣2分。每月库存现金超限额发现一次扣1分，本项扣完为止。	
		巩固壮大村级集体经济（40分）	巩固壮大村级集体经济，因村（社区）制宜，制订切实可行的创收计划，得5分； 拓展创收渠道，有新的收入增长点，得5分； 根据村级财力积极发展公益事业，建立“一事一议”制度，按规定制定筹集办法，得5分； 村级集体可用收入，以前三年平均可用收入为基数，增幅达到［100万元（含）以下的为10%，100万～300万元的为5%，300万元以上的为3%］得10分，少增长1个百分点扣0.2分，最多扣减10分； 村级稳固收入按市考核指标在40万元以上的得15分，不到的按比例减分； 不合实际搞建设，造成村级负债较高，运转困难，造成严重农民负担的，倒扣15分； 制订村级相关政策时，违反上级有关政策规定，对周边村（社区）正常工作开展造成严重压力的，倒扣5分。	

续表

分类	项目	工作内容及分值	考核标准	考核责任部门
村级集体经济发展和管理	村级集体经济发展和管理（100分）	基础工作（5分）	各类村级档案、报表合同资料齐全，上报及时，完整移交，得5分，否则酌情扣分。	农业农村办
		健全村级公共事业项目管理机制（15分）	村级工程项目按镇政府规定的程序，通过报批程序进入市、镇公共资源交易中心招投标的得10分。工程项目完工后，按正常程序进行资料整理、立卷、归档、按统一税务发票做账的得5分。	

资料来源：《周巷镇2013年度村（社区）目标管理考核办法》。

表5.2 周巷镇村（社区）加减分项目考核细则

一、加分类项目

序号	内容和加分分值	考核责任部门
1	获评慈溪市级一星级、二星级、三星级文明村的分别加0.2分、0.3分和0.5分，创建成宁波市级、省级文明村（社区）分别加1分、2分，全国文明村镇创建先进和全国文明村（社区）的，分别加4分、5分。	综合办
2	被评为慈溪市级、宁波市级、省级先进党组织的，分别加0.5分、1分、2分。党组织活动有特色，被列为镇试点的，每项加0.2分，典型经验得到全镇推广的，每项加0.2分；在市级以上推广的，每项加0.5分。	
3	实施新一轮“评星晋级”、农村基层党风廉政建设示范村、村务监督委员会规范化建设示范村、廉政文化六进示范点、社区廉政工作室“积分评星”、群众满意基层站所（窗口）创建活动，对创建成慈溪市、宁波市、省示范点的村（社区），分别加0.2分、0.5分、1分。	
4	被评为慈溪市级、宁波市级、省级基层示范党校的，分别加0.2分、0.5分、1分。	
5	被评为慈溪市级、宁波市级春泥计划示范村（社区）的，分别加0.2分、0.5分。	
6	代表镇参加慈溪市级、宁波市级、省级文化比赛获奖的分别加0.2分、0.5分、1分；创建成市十佳文化宫的加1分。	
7	获评统战工作规范化建设示范点等市级称号的加0.2分。	

续表

序号	内容和加分分值	考核责任部门
8	慈溪市级生态河道示范村0.2分，宁波市级生态河道示范村0.5分。	农业农村办
9	创建成省级、全国级减灾示范社区的分别加1分、2分。	社会事务管理办
10	代表镇参加慈溪市级、宁波市级、省级体育比赛获奖的分别加0.2分、0.5分、1分；创建成省村级体育俱乐部或体育特色村的加1分。	
11	创建成慈溪市级、宁波市级、省级卫生村（卫生先进单位）或亿万农民健康促进示范村的分别加0.2分、0.5分、1分。	
12	完成中心村创建，加2分。	镇村办
13	开展各种平安（综治）示范点创建，并达标的（如和谐促进工程典型培育点、和谐促进工程示范村（社区）、民主法治村（社区）、无邪教村等），慈溪市级、宁波市级、省级分别加0.2分、0.5分、1分。	综治办
14	综治工作亮点突出，在镇以上层面推开并召开现场会进行经验介绍或被评为典型培育点的加0.2分（最高加1分）。	

二、减分类项目

序号	内容及减分分值	考核责任部门
1	对上级下达的工作任务，因工作不力或失职失误，进展迟缓，影响全局工作的，被镇党委政府督察或通报批评的，每起扣1分。	综合办
2	现职村（社区）三套班子成员和村（社区）专职干部因违法违纪被查处的，每起扣0.5分。	
3	辖区内每新增一处非法宗教场所扣1.5分；辖区内宗教活动安全防范工作不到位、突发事件应对不得力的每起扣1分。	
4	被新闻媒体或网络舆论曝光且处理不当造成严重社会影响的，每起扣1分。	
5	出现思想退兵的，每起扣0.5分。	
6	发生职工死亡事故或发生直接经济损失在5万元以上的火灾的，每起扣1分。	经发办

续表

序号	内容及减分分值	考核责任部门
7	当年辖区内农贸市场星级市场被摘牌的扣0.5分。	三产办
8	当年辖区内农贸市场发生重大食品安全事件的，每起扣1分。	
9	出现计划外出生的，每例扣0.3分。	社会事务管理办
10	辖区内发生重大食品药品安全事件的，每起扣1分。	
11	由于村（社区）工作失误或不到位出现严重群体性事件的，每起扣1分。	综治办
12	凡发生去甬、赴省、进京集体访的分别扣1分、1.5分、2分，个访的分别扣0.5分、1分、1.5分。	
13	平安村（社区）建设考核不达标（包括被一票否决的）扣1.5分。	

资料来源：《周巷镇2013年度村（社区）目标管理考核办法》。

2. 任务指标体系设置之专项考核

专项考核是镇（街道）对于布置到村的年度重点工作、重点工程项目和村自行申报的项目所进行的考核。这些年度重点工作、重点工程项目和自行申报项目并非常态的重复性工作，而是根据每一时期的不同工作进度而临时设定的具体工作任务。专项考核根据工作进度及要求进行考核，采取加分、扣分相结合的办法，涉及两个以上村的，由各考核责任部门按照工程量大小、工作难易程度在项目总分值内划定分值到村。通常而言，专项考核项目多为建设任务、拆迁任务等与经济建设发展相关的“硬任务”。

表 5.3　2013 年度村（社区）专项考核细则

序号	考核项目	考核标准	总分值	考核对象	考核责任部门	备注
1	房屋拆迁	完成 2013 年拆迁任务	按实	周部、万安庄、平王	镇村办	
2	余慈环北大道一期	做好土地征用、拆迁安置等工作	按实	城中、万寿寺、下吴家路		
3	双潭英生街直路	做好土地征用、拆迁安置等工作	按实	双潭		
4	周巷新城建设	完成土地征用拆迁安置等工作	按实	城中、万寿寺		
5	市场新村（二期）改造工程	配合完成建设	1	蔡家		
6	329 国道两侧改造工程	配合完成建设	4	平王、东河、周西、蔡家		
7	兴业路两侧立面改造	配合完成建设	4	花墙门、蔡家、平王、海莫		
8	环城北路两侧立面改造	配合完成建设	3	城中、平王、路桥		
9	农村生活污水处理	完成农村生活污水改造	4	云城、三江口、周部、双潭		
10	农民公寓建设	启动建设，按计划推进建设进度	3	平王、城中、海莫		
11	环城西路（路桥段）北延工程	配合完成拆迁及工程建设	1	路桥		

续表

序号	考核项目	考核标准	总分值	考核对象	考核责任部门	备注
12	森林村庄创建	成功创建慈溪市级以上森林村庄（社区）	3	有关村（社区）	农业农村办	
13	市级财政补助村建设项目	有序推进集体经济发展用房建设项目，根据完成进度情况，酌情给分	3	双潭、天灯舍、下吴家路、双乐、登州街、新潮		
14	土地合作制	按计划配合做好改革试点工作	1	三江口		
15	余慈连接线绿化工程	按计划做好土地流转工作	2	城中、万安庄		
16	数字电视整体转换工程	当年开展数字电视整体转换工程的村（社区）全部完成年度计划申报数	3	有关村（社区）	综合办	
17	计划生育行政执法工作	依法征收社会抚养费，配合完成本村（社区）年度计划外生育对象社会抚养费征收任务的，每完成一例得0.3分	按实	有关村（社区）	社会事务管理办	
18	省卫生镇复评	配合做好省卫生镇复评工作	4	有关村（社区）		
19	公厕改造提升	按照镇公厕改造提升规划要求，配合做好公厕改造提升相关工作	2	有关村（社区）		
20	日间照料机构建设	建立残疾人日间照料机构，并按要求开展相关服务	1	有关村（社区）		
21	钦寸水库移民安置工作	配合做好移民安置用地及生产用地的土地征用及政策处理工作，确保移民安置用房顺利开工，各项工作按市要求同步进行	4	建五		含土地征用

续表

序号	考核项目	考核标准	总分值	考核对象	考核责任部门	备注
22	已批工业用地项目进场工程	继续推进批而未用工业用地项目的进场工作，具体按进场面积折成分值测算到村	按实	周西、镇东、路桥	经发办	
23	镇北现代工业集聚区块的开发建设工程	配合做好镇北现代工业集聚区块工业用地及基础设施等相关土地的征用进场工作	按实	万安庄、万寿寺、二塘、小安		
24	农贸市场改造提升工程	当年列入市农贸市场改造提升计划，且验收合格的	2	周部、三江口	三产办	
25	余慈物流现代供应链仓储配送中心项目	做好土地征用等工作	按实	城中		
26	各村（社区）自行申报项目	根据镇委、镇政府工作导向，除本细则所涉及项目外，对其余各村（社区）年中增加的项目，在10月份再组织各线、各村（社区）进行申报，经镇考核领导小组审核，报镇书记专题会议商量后，确定为重点工程的，年末由相关责任部门检查验收		有关村（社区）	相关办（中心）	

3. 考核奖励机制

为进一步调动村（社区）专职干部的工作积极性，促进各项工作任务的落实和完成，中共周巷镇委、周巷镇人民政府于2012年发出《关于进一步完善村（社区）干部激励保障机制的通知》，决定由镇财政出资设立村干部年度目标管理考核奖（分为公共考核奖和专项考核奖），对村（社区）干部实行目标管理考核奖励。其中，考核奖励对象为各行政村（社区）专职干部，公共考核结果与村（社区）干部公共考核奖挂钩，专项考核结果与专项考核奖挂钩。最终，公共考核得分的70%、专项考核得分的25%和市管干部对村（社区）班子民主测评得分的5%之和为目标管理考核总得分，将作为村（社区）和村级干部评选综合先进的重要依据。

公共考核奖。公共考核奖以村（社区）公共考核得分和村（社区）干部个体综合素质考核得分为依据，来计算每个村（社区）干部个体考核得分，具体计算方法为：村（社区）年度公共考核得分的70%加上村（社区）干部个体综合素质考核得分的30%。其中村（社区）主要干部（书记、主任、社长、副书记）考核以镇中层以上干部评议、群众评议、各项工作贯彻落实情况为依据，由镇负责考核，并按规定确定考核等次；一般干部考核以分管工作成效、群众评议情况为依据，由村（社区）主要干部会同农村工作指导员负责考核。

公共考核奖的奖励分为“村（社区）主要干部的公共考核奖励”与“其他专职干部的公共考核奖励”两种：其中，村（社区）主要干部的公共考核奖励根据年度考核评议结果，达到平均分的村（社区）党组织书记，公共考核奖为16000元，村（社区）党组织副书记、社长、主任为13000元，超过或低于考核评议平均分的按比例增减。而其他专职干部的公共考核奖励则是根据村（社区）公共考核得分，达到考核平均分的，公共考核奖为10000元，超过或低于考核平均分的按比例增减。同时，镇根据专职干部职数确定各村（社区）公共考核奖总额，扣除纪律惩处部分后发放到村（社区），由村（社区）根据专职干部考核评议情况、报酬级数进行发放。

为了在一定程度上激励村干部更加努力工作，同时照顾干部间的收入的相对公平，避免干部之间收入差距过大，周巷镇根据相关村（社区）专职干部管理办法的规定，村（社区）年度考核评定为“称职”的，全额发放考核奖；评定为“优秀”的，在“称职”的基础上上浮5%奖励；评定为“不称职”的，按“称职”等次扣发10%，并对其进行3~6个月的诫勉。村（社区）专职干部在任职期间受到党内警告和严重警告处分的，则会扣发考核奖的50%；受撤销党内职务以上处分的，则全额扣发考核奖。

专项考核奖。专项考核奖由镇财政安排专项资金用于重点工作、工程的考核，按得分情况发放到村（社区），由村（社区）进行分配。目前，周巷镇按5000元/分计算专项考核奖，专项考核中有些项目已经发放专项工作奖金的，年终考核时只计算分值，不再发放专项考核奖。

不过，针对目前的公共考核奖与专项考核奖设置，部分村干部认为当前的奖励尺度仍然无法有效地激励干部多劳多得，认为在公平与效率之间，政府更倾向于公平，甚至存在变相的“鞭打快牛”的现象。

> 现在考核有压力，不过在奖惩方面拉不开距离，所以这种激励机制搞得村干部实际上也无所谓，反正最大差距不过5000元。说实话，奖励是必要的，但现在奖励的份额不一定能够起到激励村干部的作用。我们这里经济较发达，老百姓平均收入较多，奖励的那点钱真是没有多少感觉。例如专项考核，工作压力很大，但按现在的每分5000元的标准，每年辛苦到最后，分到每个干部头上也就几千元，真的是不多。有些考核和一些创建挂钩起来，资料难以整理，标准又多又高，但最后补助也就是2万元。你说干部有没有动力去做？（2013年7月12日访谈）

4. 任务指标体系的变化

根据国内国际形势的变化，国家的农业与农村工作政策相应地进行调整，而各地具体的农村发展目标和工作内容也随之不断变化，能够反映这些变化最明显的制度性痕迹正是历年的目标管理考核任务指标体系。周巷镇较早地实施了村级目标管理考核办法，经过十多年的发展，整个考核的任务指标体系已经发生了较大的调整，体现了“与时俱进”的变化：其中，既有考核内容的增添或删除，又有考核内容对应分值的上下浮动。不过，尽管发生了这样那样的调整，但从分类上来看，几个主要的工作门类还是保持着相对的稳定，且总分一直保持在100分。这样就使得我们可以从横向上比较这几个不同门类所占的比重水平的变化，找出不同指标的变化趋势。

在此，笔者将全部指标划分为如下几个相对稳定的分类：（1）政治稳定与社会治安；（2）与征地、占补平衡有关的土地问题；（3）村集体经济收入水平；（4）村集体经济管理制度化发展水平；（5）计划生育；（6）环境整治；（7）农业发展水平；（8）二、三产业健康发展水平；（9）社会保障；（10）党建；（11）村干部队伍建设。据此来比较这几大分类的历年比重变化：

表5.4　村级目标管理考核任务指标分类及内容

类别	内容
政治稳定与社会治安	包括维稳、信访、反邪教、非法宗教场所、矛盾排解、综治干部队伍建设
与征地、占补平衡有关的土地问题	征地、解决或拆除违章建筑、土地整理（含农房两改）、遏制抛荒
村集体经济收入水平	村集体经营性资产的收入、负债情况
村集体经济管理制度化发展水平	村三资管理、财务公开、规范化运作、融资规范化、预决算制度
计划生育	计划生育
环境整治	村容村貌、垃圾清理、企业污染
农业发展水平	农村生产指标、水利农田基础设施建设、农业社会化服务、土地规模经营（土地流转）
二、三产业健康发展水平	安全生产，二、三产业指标
社会保障	社会养老保险、合作医疗及卫生服务、五保户、劳动力培训
党建	党组织建设、纪检、宣传
村干部队伍建设	村干部队伍职业化、规范化

从指标分布来看，以上 11 项大类中的指标所占分值比重始终占据全部基本分值（即公共考核部分的 100 分）的 90% 以上，且呈现出逐年递增的趋势。其中，这 11 大类所占比重最低为 90.6%，最高为 97.82%。不过，除基本分以外，还包括专项分值。专项分值来自专项考核，从 2005 年开始，专项考核开始实施，且分值呈现逐年递增的趋势。为方便统计，笔者将专项分按一定比例折分，与基本分进行加总，形成各大类总分后再进行比较（见下表 2013 年的统计值）：

表 5.5　2013 年周巷镇各项大类指标的总分分值数据

类别	基本分	专项分	总分
政治稳定与社会治安	20	1.6	21.6
与建设、占补平衡有关的土地问题	10.81	3.2*3（专项）	20.41
村集体经济收入	6		6
村集体经济管理制度化发展	6		6
计划生育	5		5
环境整治	16.55		16.55
农业发展水平	4.56		4.56
二、三产业健康发展	6.08		6.08
社会保障	9.9		9.9
党建	10.05		10.05
村干部队伍职业化、规范化	2.4		2.4
合计	97.35		108.55

根据所统计的 2013 年各项总分分值数据，得出以下分值变化走势图（见图 5.1～5.12）：

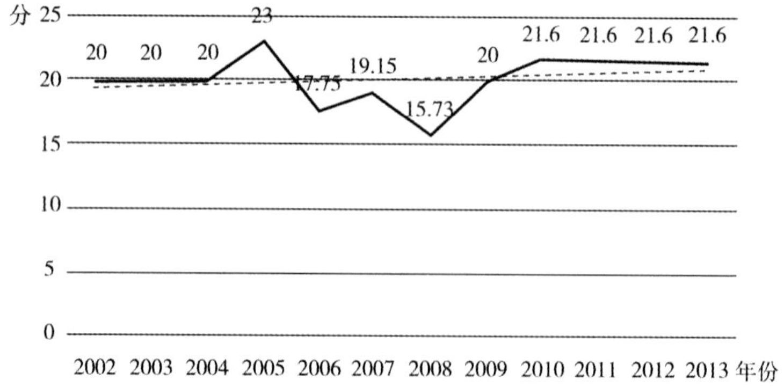

图 5.1 “政治稳定与社会治安”类指标考核分值的变化情况

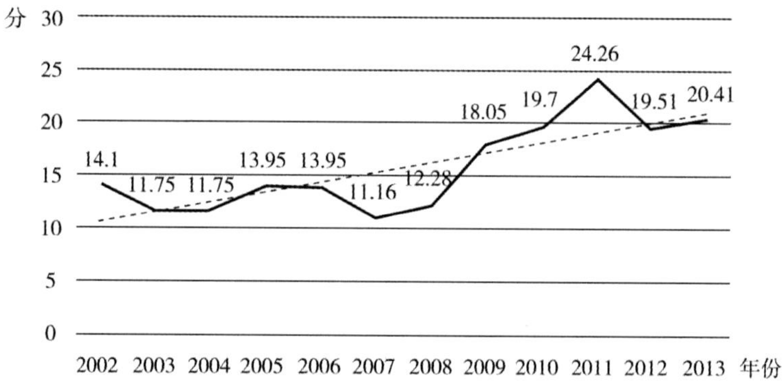

图 5.2 “与征地、占补平衡有关的土地问题”类指标考核分值的变化情况

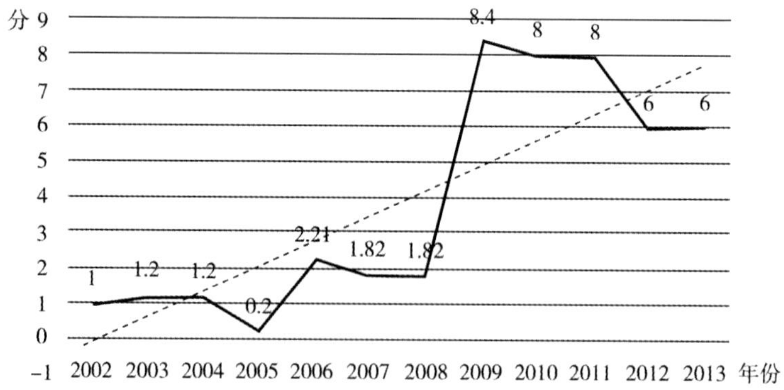

图 5.3 “村集体经济收入”类指标考核分值的变化情况

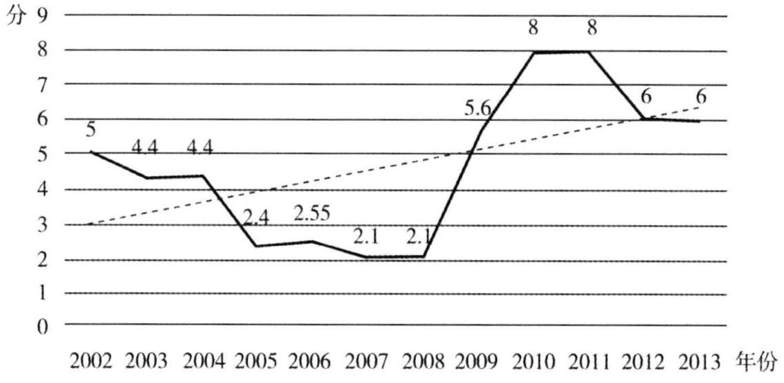

图 5.4　“村集体经济管理制度化发展”类指标考核分值的变化情况

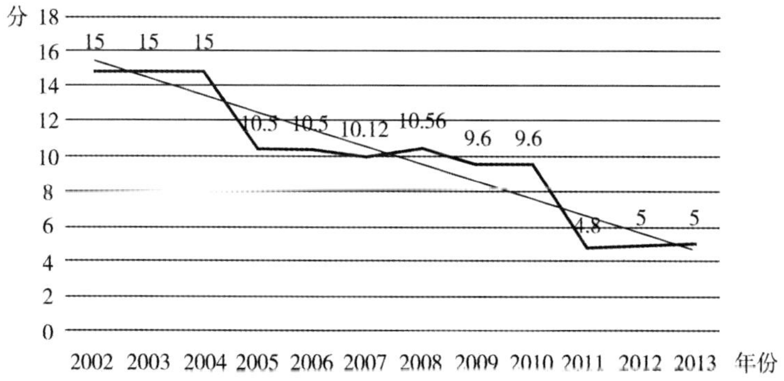

图 5.5　“计划生育”类指标考核分值的变化情况

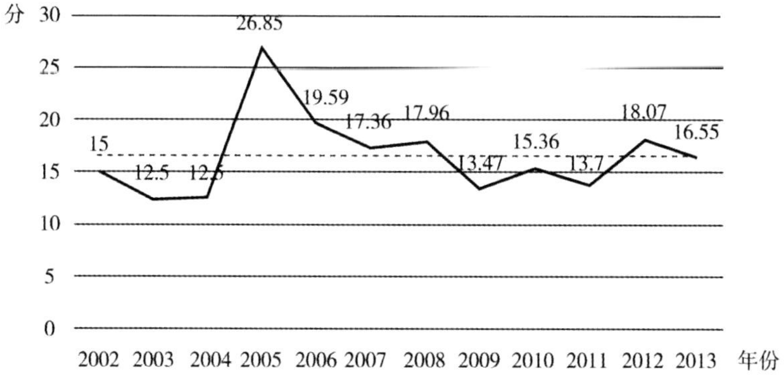

图 5.6　“环境整治”类指标考核分值的变化情况

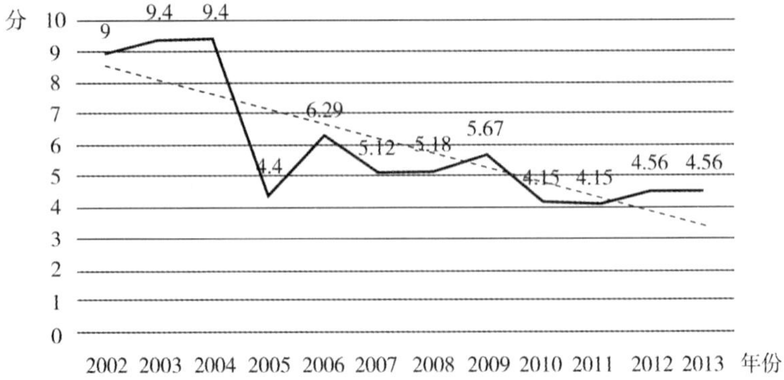

图 5.7 “农业发展水平”类指标考核分值的变化情况

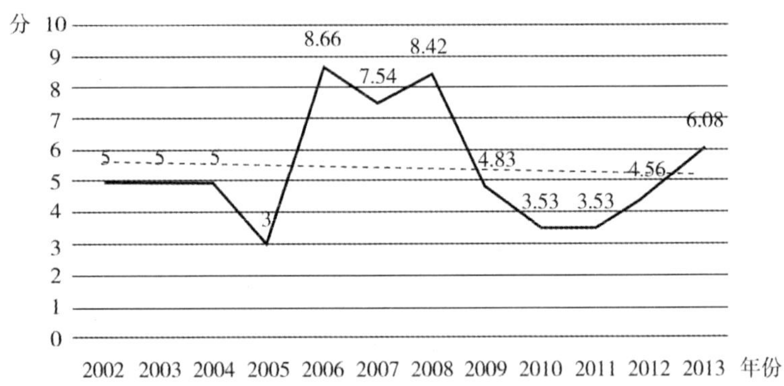

图 5.8 “二三产业健康发展”类指标考核分值的变化情况

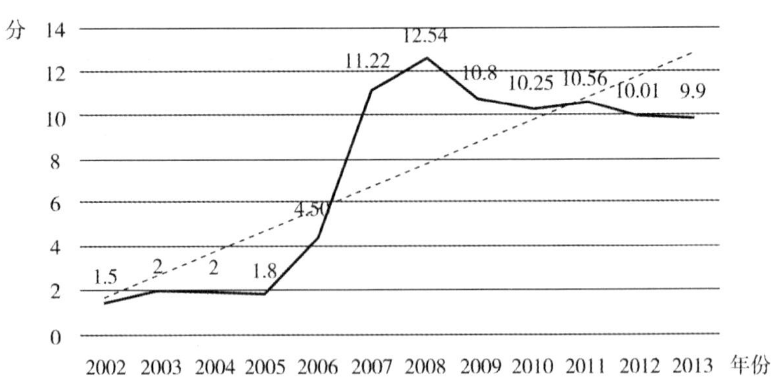

图 5.9 “社会保障”类指标考核分值的变化情况

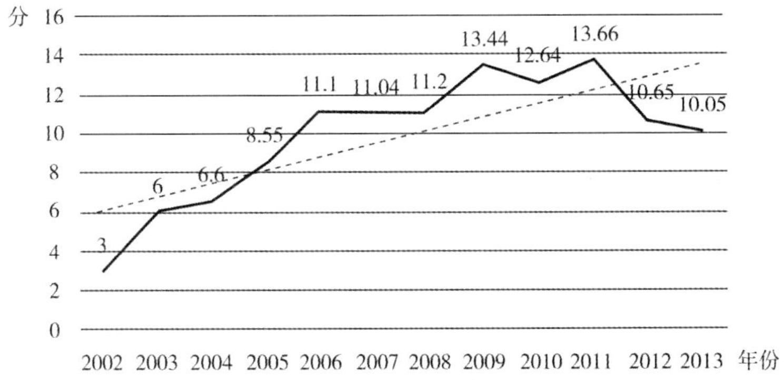

图 5.10　“党建”类指标考核分值的变化情况

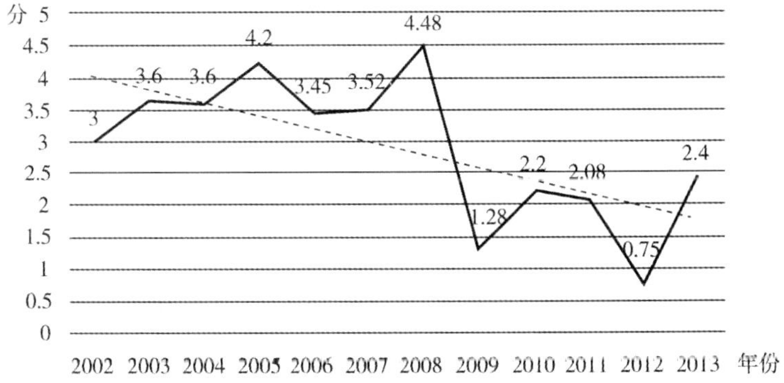

图 5.11　“村干部队伍建设”类指标考核分值的变化情况

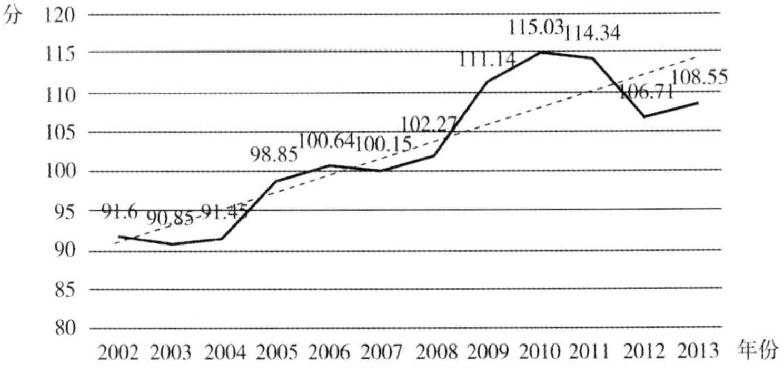

图 5.12　各项总分值（含附加分）的变化情况

从分值变化“趋势线”来看，由于专项分的介入，总分分值也呈现出上升趋势，由此导致各项门类分值水平也是涨多跌少。其中，分值水平趋势线上升的门类包括：（1）与征地、占补平衡有关的土地问题，（2）村集体经济收入水平，（3）村集体经济管理制度化发展水平，（4）社会保障，（5）党建；趋势线保持平稳的门类包括：（1）政治稳定与社会治安，（2）环境整治，（3）二、三产业健康发展；趋势线下降的门类则包含：（1）计划生育，（2）农业发展水平，（3）村干部队伍建设。

从以上图表趋势变化来看，土地、社保、村集体经济、党建等相关门类的分值比重趋势逐年上升，这充分表明地方政府进一步介入到农村事务的发展趋势，且集中于新农村建设、城镇化、公共服务均等化以及发展村集体经济等相关议题，与前文第三章所列举的农村发展背景要素基本一致。

然而需要注意的是，村干部队伍建设一项分值趋势略有下降，但这并不意味着农村专职化干部制度的倒退。相反，对比于党建工作的分值上升，也可以看作是农村干部管理的工作重心越发转到强调以村党组织为核心的村干部班子建设上来。而且，随着有关干部管理与激励方面的制度化工作在2007年前后定型，因此制度本身也就不需要进行日常化的再考核。为此，我们看到村干部队伍建设一项的分值在2008年达到顶点后，其后就呈现出下降的趋势，这反而说明村专职干部制度已逐步趋于成熟与稳定。

二、农村专职干部的培训机制

慈溪探索农村专职干部制度的核心内容之一，是实现农村干部队伍职业化，这主要包含职业化素养、职业化行为规范和职业化技能三个方面内容，其目标是使村干部工作标准化、规范化、制度化和科学化。而长期以来村级组织管理的制度化、规范化水平不高，干部队伍的业务素质不能满足农村日益发展的公共服务与管理工作对专业技术知识的要求。

然而从维护村级组织稳定性、将管理成本维持在合理水平等方面考虑，村干部依然要在现有的村级组织干部队伍中产生，通过其他方式选聘新的干部目前只是一种补充方式。因此，对现有干部队伍素质的提升，就成为实施农村专职干部制度必经的重要阶段。同样，通过其他方式选聘的新的农村专职干部，也需要通过各种形式熟悉农村工作。因此，两方面的需求，都催生了农村专职干部的培训机制的设计。

（一）基于存量资源改造的村干部教育培训体系

十多年来，慈溪市的农村治理格局发生了重大的变化。早在 2001 年，随着“岗位职业化、报酬工薪制”的提出，农村干部岗位的分工开始明晰。之后，随着城乡统筹战略的推进，农村公共服务事业在慈溪市全面铺开，镇政府将部分职能进一步下沉到村级组织由其代理，每个村干部的分工所涉及的管理项目也变得复杂、专业起来。农村干部已经不仅仅是面临“面”上的工作，还包括各种各样来自上级政府布置下来的各条“线”上的工作。因此，尽管村干部没有列入公务员序列，但其承载的职能实际上已经“准官僚化”。在这种情形下，如果村干部存在专业性知识空白，那将会对村级治理的实际绩效造成负面影响。应对这种变化，即便不进行农村干部制度的变革，村干部自身也会在大变革的潮流中改变自己的学习态度，对新生事物保持积极应对的姿态。不过，这种自我学习未必能够适应这种变化，而且每个村干部的学习意识也存在显著差别。因此，如何在制度上保证农村干部在应对新情况、新问题时，能够较快提升自己的业务素质和管理能力，是基层政府和村级组织必须要回答的问题。

实际上，“大学生村官”制度就是应对这一问题的一次制度尝试。国家试图通过鼓励接受过高等教育的青年人进入农村工作，来帮助农村接受与适应新事物的介入。当然，这种强行嫁接进来的制度也很有可能造成水土不服的问题。到村大学生作为外来人，时常被隔绝在农村共同体打造的熟人圈层之外，导致其面临着被架空、成为主要负责电子文档处理的计算机操作员的风险，他们也很难进入到具体的治理情境之中。

因此，主动改造“存量”资源——即有效打造当地村干部的学习体系，就是一种最为直接且节约的适应方式。在外部环境剧烈变动的同时，通过对农村干部进行知识训练与理论灌输，一方面可以提升组织的治理绩效，另一方面也增强了对外部治理压力的回应能力。[①] 事实上，中国共产党在学习动员机制上有很深厚的历史传统，从早期的意识形态学习到改革开放后的治理技术学习，中国共产党始终能够通过不断加强对新事物、新问题的学习来保证党的先进性和提高执政水平。目前，通过党管干部原则，公务员的学习、培训和交流机制从中央一直贯彻到乡镇一级，形成了较为制度化的学习体系。然而村干部的培训并没有被纳入到整个学习机制中来。造成这一局面的原因，一方面是由于村委会在法律上被确立为基层群众自治组织，村干部不属于公务员序列；另一方面则是在地方财力不够发达的时候，考虑到过大的组织成本和行政成本，地方政府也没有足够的能力组织村干部进行系统的培训。然而，随着农村专职干部聘用制的实施，再加上慈溪市地方政府的财力不断增长，村干部教育培训机制的建立被提上了议程。

2007 年 9 月，中共慈溪市委在《关于进一步加强和改进村干部队伍建设的意见》的文件中提出加强村干部的教育培训工作，同时给出了教育培训体系的指导意见，形成了较为系统的村干部教育培训体系。

村干部培训实行分级负责制。村干部培训一般每年不少于 7 天。积极探索和完善村干部培训的途径和方法，通过定期集训、主题教育、开设村书记论坛等办法，搭建村干部学习交流平台，提高教育培训的针对性和实效性。进一步强化村干部岗位培训，定期组织村干部参加多种形式的专题讲座和培训。逐步建立村党组织书记列席镇（街道）党（工）委中心组学习制度。大力实施村干部学历教育工程，依托有关高等院校，以党员干部现代远程教育网为手段，有计划地组织村干部参加大专及以上学历培训，鼓励和支持村干部参加自学考试和函授学习。到 2010 年实

① 李春峰，《治理压力中的组织调适：中国共产党党内学习机制的转换与再造》，中国人民大学国际关系学院博士论文，2012 年。

现全市40周岁以下村专职干部基本达到大专以上文化学历。积极拓展村干部实践锻炼渠道，有计划、有选择地组织村干部到镇（街道）机关和先进村进行挂职锻炼，提高村干部把握全局、处理复杂问题的能力。加强村干部培训基础建设，选择一批各具特色的先进村建立市级农村干部实践培训基地，大力推进市、镇（街道）两级党校和师资队伍建设。村干部的教育培训经费列入市、镇（街道）两级财政预算。

目前，慈溪市每年在村干部培训上的市级财政投入达60余万元，镇级财政180余万元。整个农村专职干部教育培训工作可以总结为以下五种类型：一是部门协调的集中培训；二是搭建村干部交流学习平台；三是现代远程教育网络培训；四是干部学历培训；五是借调机关挂职锻炼。

（二）市级集中培训

分级负责制的培训方式，是指农村专职干部中不同职务的干部由不同的行政层级以及不同的行政部门来专门负责培训。其中，行政层级上划分市级培训和镇（街道）级培训，市一级负责村党组织书记与村委会主任的培训，而镇（街道）一级负责其他农村专职干部。具体到部门，则是市委组织部负责村党组织书记的培训，市民政局负责村委会主任的培训。

1. 村党组织书记培训

在所有的部门协调培训中，村党组织书记的集中培训是最重要且投入最多的。中共慈溪市委办公室于2012年发出《关于进一步加强和改进村党组织书记队伍建设的意见》，规定村党组织书记教育培训工作纳入全市干部教育培训计划，所制订的年度培训计划要确保每人每年至少参加一次全市性的集中培训，全年累计参加培训时间不少于7天。重点突出加强思想政治素质和农村工作实务等方面知识的教育培训，提高村党组织书记履行岗位职责的素质和能力。村书记集中培训一般由中共慈溪市委组织部安排在市委党校或其他指定地点进行（包括赴外地），培训期长短不定，往往是村党组织换届选举完成后所进行的第一次集中培训时间最长、规模最大，而其他年度的培训规模较小。

以2011年村书记集中培训为例，由于2010年是换届选举年，此次培训属于新当选书记的第一次培训。整个培训日程为3天，每天上午、下午都有培训课程安排，且集中在慈溪市委党校报告厅进行。整个培训总共分为9个专题（见表5.6），内容上分为政策性学习、专项性学习以及心理培训等几个部分。首先，政策性学习包括政策解读、党建工作、廉政反腐等。其次，专项性学习则更多是应对实际管理工作的各项常识性专题，例如合作社三资管理、土地管理、外来人口管理等。从笔者所访谈的村书记的普遍回馈来看，专项性学习相对而言更具有针对性，对实际工作帮助最大。例如，针对村书记普遍关心的村级综合区块改造、工程开发建设、农房两改等工作，慈溪市委组织部专门组织了一场名为“当前土地管理中存在的问题与对策”的讲座，就土地管理法、征地拆迁条例和慈溪市的相关配套政策进行详细的解读。一位参加过此次培训的村书记说道：“如果没有相关土地政策学习，就难以了解如何利用好当前的政策，同时小心回避政策红线。”（2013年7月12日访谈）最后，心理培训是近几年才刚刚开始列入培训项目的，所请教员也不是主管部门领导或党校老师，而是专业培训学校的心理咨询师。由于村干部尤其是村书记面临越来越重的工作压力，干部心理问题也逐渐浮现。因此，这项培训课程主要是帮助学员学会积极地自我心理调适，进行有关情绪管理和压力纾解的训练。

表5.6　2011年慈溪市村党组织书记培训班日程安排表

时间：5月25－27日　地点：市委党校报告厅

<table>
<tr><th colspan="2">时间</th><th>培训内容</th><th>授课老师</th></tr>
<tr><td rowspan="4">5月25日</td><td rowspan="2">上午</td><td>动员讲话</td><td>陶尧土（市委常委、市委组织部部长）</td></tr>
<tr><td>新时期农村基层组织建设</td><td>胡承槐（省委党校党史党建教研部主任）</td></tr>
<tr><td rowspan="2">下午</td><td>村经济合作社与三资管理</td><td>徐桐琦（市农业局局长）</td></tr>
<tr><td>党风廉政建设</td><td>杨智峰（市纪委常委、党风室主任）</td></tr>
<tr><td rowspan="2">5月26日</td><td>上午</td><td>情绪管理与压力纾解</td><td>叶凯嘉（健峰培训学校资深顾问师）</td></tr>
<tr><td>下午</td><td>情绪管理与压力纾解</td><td>叶凯嘉（健峰培训学校资深顾问师）</td></tr>
</table>

续表

时间		培训内容	授课老师
5月27日	上午	基层和谐促进会工程建设	张建人（市委常委、市委政法委书记）
		创新社会管理　巩固执政基础	黄银桥（市委党校调研员）
		加强村级和谐促进会建设	励冠军（市暂口局副局长）
	下午	新农村建设的形势和任务	施永新（市农办主任）
		当前土地管理存在问题与对策	史建范（市国土资源局局长）

资料来源：中共慈溪市委组织部提供。

2. 村委会主任培训

村委会主任的培训形式与培训内容和结构都与村书记大致相当，同样是每年举办相应的集中学习。以慈溪市2011年第九届村委会主任培训班为例，此次培训在村书记培训结束后进行，二者时间相距不远，日程周期为三天，地点同样是在慈溪市委党校。培训内容结构与村书记培训大体相同，也是政策性学习、专项性学习以及心理培训等，但在具体内容的侧重面上有所不同，体现了村书记与村主任不同的分工（见表5.7）。

表5.7　2011年慈溪市村委会主任培训班日程安排表

时间：5月31日－6月2日；地点：市委党校3号楼报告厅

时间	培训时间及内容		任课教师
5月31日	上午	培训动员	陈志浩（市民政局）
		怎样做好村委会工作	易小春（宁波市民政局）
	下午	新农村建设	吴建锋（市委农办）
		农村环境保护	胡伟（市环保局）
6月1日	上午	压力与情绪管理	健峰培训学校老师
	下午	压力与情绪管理	健峰培训学校老师
		加强村级和谐促进会建设，促进新老村民融合	励冠军（市暂口局）
6月2日	上午	党风廉政建设	杨智峰（市纪委）
		农村社区建设	陈亚敏（市民政局）

资料来源：慈溪市民政局提供。

（三）镇级专职干部培训

相对于市级集中培训而言，镇（街道）一级的培训并没有严格的部门划分，总的原则是不同部门分别负责对口的村干部的线上培训，同时也包含一些集体培训或者轮训。

根据中共慈溪市委的文件要求，其他专职干部由镇（街道）政府提供培训，培训时间也跟村书记与村主任一样不得少于七天。不过，就笔者的调研情况来看，目前绝大多数镇和街道尚未形成类似于市一级制度化的培训机制，基本都是一些临时性的安排。其中一种方式就是结合宣传工作给各村发放各种政策性、业务性宣传学习手册，或者临时召集起来就一项重要政策与活动进行宣传学习。但在实际中运用最多的是一种"准培训方式"，即通过线上的业务指导会议而展开，在开会布置任务之余，对具体工作的知识、方法、要求进行临时性普及。在某镇组织委员看来，这种形式"既照顾到了实际工作的展开，同时也能够顺带培训村干部，节约成本不说，还可以让村干部马上体会到现实的工作场景，在实践中加强了学习的效果。"（2013 年 6 月 27 日访谈）造成这种现象的原因与目前镇与村在"线"上的对口制度有很大关系。由于专职干部都有明确的分工，镇（街道）的各办公室基本上与村专职干部建立了线上的对口关系，每一项业务在镇（街道）与村之间都有专门的人员对接渠道。在处理日常工作时，镇（街道）干部通常将对口的村干部从心理上认同为自己的"派出人员"，从而，召集村干部过来举行专项会议也就成为镇（街道）在处理具体工作中的一个"理所当然"的选择。总之，目前的镇一级的培训还未全面走向制度化的集中培训模式，一些零散的培训也属于各镇自行制定的土政策，政策能否延续也有待观察。目前针对镇一级培训的市级统筹规划也还未成型，还有很大的规范化和制度化的发展空间。不过，当前也有个别镇（街道）已经初步形成了制度化的农村专职干部培训机制，在此，本报告以周巷镇与崇寿镇为例进行介绍。

1. 周巷镇

周巷镇的组织部门确立了学分制，要求农村专职干部每年完成 12 个学分的学习，包括网上学习和轮训学习。其中，网上学习是6个小时计一个学分，以慈溪市党员干部现代远程教育网为依托。而轮训学习则是由周巷镇综合办公室专门请市委办、市政府、市委党校等职能部门的教师和领导来讲课，包括党性教育、十八大精神学习、党风廉政学习以及专项工作学习等。按照中共周巷镇委员会组织委员的说法，专项工作学习与镇党委政府实际推进工作紧密结合，受到当地村干部的重视。

“去年征地拆迁工作推进力度比较大，所以周巷镇专门组织了一次围绕征地手册的学习。还有农村社保（城乡居民保险）扩面了，这个具体的政策怎么变的，是需要给村干部上课的。还有比如对每年1号文件的学习，我们周巷镇的1号文件也是关于农业的，我们会先发下去让他们自己看。然后，我们就会找市里农办的过来，结合我们自己的农办，把中央、市里的文件精神先学习一下，然后，再具体地根据镇里1号文件，讲有哪些具体性的补助。比如，农技、美丽乡村建设、森林村、道路等等，都是有详细的补助的。中央的精神比较泛，我们的就很细了，有具体的资金落实配套的。农民要知道这些利好政策，就需要村干部过来学习。因此，这种学习有着很好的政策传播效果。”（2013年7月10日访谈）

总的而言，周巷镇的村干部培训比较有针对性，这些“线上”的业务培训都是由镇综合办负责组织，区别于其他镇由线上各部门单独组织培训的模式。不过，这样的集中培训花费也并不像想象中那样多，2012年周巷镇一共支出3万元就培训了200个村干部。但即便如此，周巷镇线上的会议式培训仍然在进行，这种培训形式能依靠各条线内部关系的动员机制来节省经费。

2. 崇寿镇

崇寿镇在干部培训上的财政预算较高，达到了20万元（含镇干部），培训学习体系较为全面，且形式比较丰富，大体上分为四种类型：集中学习、外出考察学习、村务管理论坛与现场会学习。

第一，集中学习是由镇党委提议，由综合办组织镇干部和村干部参加，并就一个专题进行讲解与宣传的一种学习形式，内容包括政治理论学习和业务学习。通常，镇党委会主动总结各条线上的重点问题，然后组织相关的镇、村的各条线上的干部或全体干部集中到镇政府学习。例如，电子商务及物流是近些年崇寿镇依托杭州湾开发区的区位优势而重点拓展的新发展领域，考虑到该发展议题的重要性，2013 年 7 月崇寿镇党委专门就发展电子商务的议题召集了一次集中学习，主讲人就是崇寿镇的党委书记。而就在 2013 年上半年，像这样的集中学习已经举办了 8 次，主讲人基本都是镇领导和各办公室负责人。

第二，就某一主题组织村书记、村主任和镇干部参加外出考察学习，地点主要是一些先进试点单位和上级单位。例如，2013 年上半年，崇寿镇就专门组织镇村干部去慈溪市检察院参观党风廉政建设警示展，并选择了附近县（市、区）的一个先进村进行观摩学习。

第三，村务管理论坛是崇寿镇的一项特色，从 2013 年开始筹备，至今已经完成了第一期。整个论坛由村专职干部与后备干部共同参加，其中，部分专职干部或后备干部将在论坛做陈述，讲述自己对于村务管理的理解，即自己在实际的农村管理工作中所遇到的困难并给出自己的解决方式。在陈述完成后，由所有村书记在一起打分，并给出相应评价。由于每位陈述者都需要对自己的业务领域给出问题展示和经验展示，因此，所有到场的村干部都能够借此了解不同的业务。通过开放式论坛的形式，所有人都可以自由地参与进来充分互动，并给出自己的理解。这种自由的对话空间形成了类似于“审议民主”的交流场域，不仅能够帮助村干部达成基于协商的共识，同时还相当于提供了一个互相学习的平台。

第四，现场会学习是指在外出考察学习的同时现场组织学习。例如，在参观示范村、试点村的过程中，可以由所在村的书记或其他参观的村干部进行现场讲演与交流。这种学习与参观相结合的形式，节省了再次组织集中学习的经费。

（四）村干部学历培训

为进一步提高农村与城市社区干部的整体素质，培养适应新时期农村建设需要的新型农村（社区）干部，加之2007年中共慈溪市委在《关于进一步加强和改进村干部队伍建设的意见》中提出，2010年实现全市40周岁以下村专职干部基本达到大专以上文化学历的目标，因此慈溪市于2008年开始举办首批中央广播电视大学村干部大专学历培训班，旨在培养一批有大专学历的村（社区）干部和工作人员。其中，选送对象为全市具有高中（中专、技校、职高）文化程度的农村（社区）现职村（社区）干部（工作者），包括村（社区）后备干部，年龄一般应在40周岁以下，选送程序则包括自我推荐和村（社区）班子举荐两种形式。

整个学历培训类似于成人教育，委托宁波电大慈溪学院负责具体的学历培训工作。学历培训班包括农村行政管理、农村经济管理、社会工作三个专业，每个专业有近20门课程，共76个学分，学习最短年限为两年半。学历培训方式主要依托农村党员干部现代远程教育网，以现代远程教育多媒体技术为手段，采用自主学习与集中辅导相结合的方式进行。其中，一般每月集中辅导4天，在其他的时间中，学员可以根据自身学习特点及工作和生活环境自主学习，通过互联网和中央电大及宁波电大、慈溪学院远程教学平台随时点播和下载网上教学资源，利用网上BBS论坛、网上语音答疑系统、双向视频系统等网络交互手段，与同学、教师进行学习交流。学员修满规定学分即可准予毕业，由中央广播电视大学颁发国家承认的高等教育专科毕业证书，并由教育部给予电子注册。整个学历培训过程产生的费用均无须个人负担，其中，学历培训的学费由市财政承担，教材资料费由村（社区）承担。但是，为保证相关学员充分投入精力学习和顺利毕业，培训费、教材费都事先由学员支付，等取得毕业证书后再统一到镇（街道）、村报销。

在2008年首批培训班成功举办的基础上，慈溪市于2011年再次成立中央广播电视大学村干部学历教育培训班。不过与第一批学历培训班不同的是，此次村干部学历培训所颁发的学历有两类，分别是专科农村行政管理专业和本科行政管理专业，最短学习年限均为两年半，学籍 8 年有效。其中，专科学习需要前置高中（中专、技校、职高）文化程度为基础，而本科学习则需要前置大专文化程度为基础，且具备一定的英语水平。

2008 年以来，慈溪电大学历培训班一共负责培训了慈溪市 649 名村（社区）干部与工作人员，目前已毕业 487 名。在 2014 年学历培训班中，全市共有 59 名村（社区）干部报名专科农村行政管理专业，66 人报名本科行政管理专业。①

（五）其他学习平台与体系

1. 村干部网上学院

村干部网上学院是利用互联网络互通互联特性，为村干部打造的一个提供学习、交流、考核和管理的平台，是隶属在慈溪市党员干部现代远程教育网（www. cxyj. gov. cn）（下文简称慈溪远教网）下的一个专门板块，由中共慈溪市委组织部党员干部现代远程教育办公室统一进行后台管理。目前，慈溪市规定村（社区）干部网上学习情况要纳入到专职干部的个人年度考核当中。为了更有效地管理、监督村干部的网上学习进度，每位村（社区）干部都要根据分配的个人账号和密码登录慈溪远教网，进入“村（社区）干部网上学院”的板块进行学时化的学习。慈溪市党员干部现代远程教育工作办公室于 2013 年发出《关于依托远程教育开设“村（社区）干部网上学院”的通知》，规定每位村（社区）干部每年度网上学习应不少于 24 学分。每次网上学习通过学时学分系统自动记入每位干部的个人电子档案，学时学分系统在年底进行年度统计，以此考核干部远程学习是否达标。

学习内容分为必修课、选修课两类。必修课为每位村（社区）干部

① 中共慈溪市委组织部提供资料。

必须学习的培训课程，主要是上级组织部门布置的课件和慈溪市自行组织制作的“村干部论坛”系列课件。选修课由村（社区）干部根据工作岗位特点和自身发展需要自主选择，主要包括中共宁波市委组织部制作的“富村36计”“兴村36策”“和村36法”和慈溪市自行制作的“民情政策面对面”等系列课件。每次观看视频的时间会自动计入学分系统，并显示视频观看完成率，只有完全看完整段视频才能够获得相应的学时学分积累。

2. 村干部论坛

“村干部论坛”是一档专门围绕“村务治理”主题，邀请相关干部、群众就具体问题参与互动讨论的电视直播节目，由中共慈溪市委组织部于2012年5月开始牵头筹划。整个节目的互动主体主要是来自全市各村的村书记和其他村专职干部，同时还包括相关职能部门领导，大家在主持人的组织协调下共同针对某一村务治理中的热点问题、工作难题进行交流探讨。该论坛每年计划6～8期，每一期的论题由中共慈溪市委组织部向有关职能部门征集。根据村干部职责分工和工作特点，中共慈溪市委组织部将村干部划分为书记、主任、政工、妇女、治保和到村大学生六大类主体，并按照“归口管理”的原则，分别明确由市委组织部、市民政局、市政法委、市妇联、市人力社保局等部门牵头负责选题，而具体选择什么题目，则可以通过召开座谈会、发放调查表等多种形式，广泛征求农村基层干部的意见而获得。

为了更进一步发挥“村干部论坛”作为教育平台的机制，同时也让更广大的村干部群体得以分享、学习论坛的内容，慈溪市直接将村干部论坛的视频内容上传村干部网上学院，并将其列为村专职干部的必修内容，所有未到现场的村干部都必须通过观看视频而获得相应的学时与学分。总之，通过电视直播、现场互动、远程平台考核这种三位一体的现代网络方式，慈溪的村干部可以足不出户就能了解最新的政策动态，了解其他村的先进经验，增强了村干部学习机制的即时性和实效性。

表 5.8 村干部论坛各期选题

	内容
第一期	为民、勤奋、廉洁
第二期	城乡环境综合整治
第三期	发展壮大村级集体经济
第四期	村务怎么议，村民才满意
第五期	协同治理促和谐
第六期	品质幸福，美丽有约
第七期	党员积分制
第八期	下得去、待得住、干得好
第九期	阳光选举，和谐换届
第十期	计生国策完善中的基层执行
第十一期	五水共治，再现江南水乡
第十二期	老人家，您过得快乐吗?
第十三期	村里的账目如何更明白、更放心?
第十四期	如何做到“小事儿不出村”?

资料来源：中共慈溪市委组织部提供。

3. 村干部借调挂职锻炼

为积极拓展村干部实践锻炼渠道，慈溪市近几年开始有计划、有选择地组织村干部到镇（街道）机关和先进村进行挂职锻炼，帮助村干部提升自我把握全局、处理复杂问题的能力。其实，早在村级行政区划调整的2000 年前后，慈溪市已经有了镇村两级干部的相互交流挂职的探索。不过当时更多的是镇、街道干部单方面向村级组织下派，而由村借调到镇、街道机关挂职的情况非常少。为了提高村干部队伍的职业素质，近些年在继续下派镇（街道）干部到村的同时，也积极鼓励优秀的村干部到镇（街道）机关学习党政工作经验，提升业务管理水平。当前，慈溪市总共有 60 名村干部被借调到镇（街道）机关进行挂职锻炼，已初步形成一定规模的挂职干部队伍。

三、农村专职干部的保障机制

农村专职干部为上级党委政府承担着大量的农村公共服务与管理工作，同时与广大农村群众直接接触，工作在农村的第一线。为了保障村干部的工作积极性，解决村干部在生活上的后顾之忧，慈溪在农村专职干部制度中设计了工资报酬、社会保险、政治待遇、人文关怀四种形式的激励与保障措施。工资报酬和社会保险属于基本保障机制，政治待遇和人文关怀属于提升型保障机制。

（一）市级文件中所体现的发展历程

农村专职干部的保障机制，从慈溪于 2001 年初步探索农村专职干部制度开始，就在若干年的市级重要文件中得到多次强调。中共慈溪市委办公室、慈溪市人民政府办公室于 2001 年发出《关于村干部岗位职业化报酬工薪制的实施意见》，最先提出“三定一考核”的意见，在“定酬”这一部分中规定了农村专职干部的工资和养老保险保障办法，并附以《慈溪市行政村专职干部社会基本养老保险暂行办法》，详细规定了农村专职干部的参保办法。

中共慈溪市委办公室、慈溪市人民政府办公室又于 2007 年发出《关于进一步建立完善村干部激励保障机制的通知》，首次提出农村专职干部工资水平与行政村人口和宁波市职工社会平均工资挂钩的具体办法，也首次提出建立在农村专职干部中定向招录机关事业干部制度、农村专职干部定期体检制度、农村党组织书记树优评先活动、农村干部人身安全和个人名誉保障制度、镇（街道）下派到村任职干部的待遇保障制度等一系列保障机制，同时附以新的《慈溪市行政村专职干部参加社会保险暂行办法》。

中共慈溪市委组织部、慈溪市人事局、慈溪市劳动和社会保障局于 2008 年联合发出《关于印发〈慈溪市行政村党组织书记参照享受事业单位工作人员基本养老保险待遇暂行办法〉的通知》，由此，优秀农村党组织书记可以享受接近于事业单位工作人员的社会保险待遇。

2012 年是慈溪农村专职干部制度达到初步成熟和完善的重要年份，在这一年，慈溪也发出了多个有关农村专职干部保障机制的文件。首先，中共慈溪市委办公室、慈溪市人民政府办公室发出《关于实行村专职干部报酬财政统筹保障的通知》，明确了市镇两级财政保障农村专职干部工资报酬的详细办法。随后，中共慈溪市委办公室又发出《关于进一步加强和改进村党组织书记队伍建设的意见》，其中“强化激励保障，激发村党组织书记的干事创业动力”是重要内容。之后，中共慈溪市委组织部、慈溪市民政局、慈溪市人力资源和社会保障局又联合发出《关于印发〈慈溪市行政村（社区）党组织书记参照享受事业单位工作人员基本养老保险待遇办法〉的通知》，对农村党组织书记参照享受事业单位工作人员基本养老保险待遇的具体办法进行了最新规定。

可以发现，农村专职干部制度中有关保障机制的探索，也呈现一个逐步发展和完善的过程。最初只有工资和养老保险的保障，随后则提出了工资浮动和财政保障的具体办法，在社会保险方面也扩展为养老、医疗、失业、工伤四大社会保险机制，并建立了定向招录机关事业干部制度、农村专职干部定期体检制度、农村党组织书记评优评先制度、农村干部人身安全和个人名誉保障制度、镇（街道）下派到村任职干部的待遇保障制度等一系列保障机制，而且对农村党组织书记的保障机制进行了特别的规定。由此，一个完整的农村专职干部保障机制初步成熟。

（二）保障内容与保障方式

1. 工资报酬

报酬工薪制是农村专职干部制度探索的一项基本要素。早在 2001 年慈溪最初开始探索农村专职干部制度的时候，就在《关于村干部岗位职业化报酬工薪制的实施意见》中的“定酬”这一部分中提出，农村专职干部的工薪实行最低保障制，一般由固定工资和浮动工资两部分组成，并明确了固定工资根据当地农民人均收入和村规模大小确定，浮动工资与村级集体资产保值增值、可用资金增长和村干部工作实绩挂钩。

2007 年的《关于进一步建立完善村干部激励保障机制的通知》，提出了农村专职干部工资水平与行政村人口和宁波市职工社会平均工资挂钩的具体办法。该办法首先把农村专职干部的报酬划分为基本报酬和奖励报酬，并提出了农村专职干部的基本报酬根据行政村人口规模确定并与宁波市职工社会平均工资挂钩的具体标准，以及市镇两级财政补助的标准。《关于进一步建立完善村干部激励保障机制的通知》的详细规定如下：

落实村干部报酬。村专职干部报酬一般由基本报酬和奖励报酬构成。实行村党组织书记最低基本报酬保障制，最低基本报酬与上年度宁波市职工社会平均工资挂钩，依据行政村人口规模核定（人口规模包括上年度末户籍人口和公安部门核定登记在册的外来人口，其中外来人口按 30% 的比例折算），人口规模 3000 人（含）以下的，为宁波市职工社会平均工资的 70%；3000 人以上的，为宁波市职工社会平均工资的 80%。村党组织书记基本报酬由市、镇（街道）两级财政补助解决，其中，市财政补助村党组织书记最低基本报酬。其他村专职干部的基本报酬，根据岗位分类，按所在村党组织书记基本报酬 60% ~90% 的比例确定，并逐步由市、镇（街道）两级财政为主补助解决，2008 年市财政以村干部所在村党组织书记最低基本报酬为标准，按照人均 25% 比例给予补助，其中，市级财政补助村其他专职干部基本报酬，由市、镇（街道）两级财政补助解决，市财政以村干部所在村党组织书记最低基本报酬为标准，按照人均 80% 比例给予补助。奖励报酬与村干部的工作考核实绩相挂钩，具体标准由各地根据实际情况确定。村专职干部基本报酬按月发放，确保村干部及时足额取得报酬。

2012 年发布的《关于实行村专职干部报酬财政统筹保障的通知》和《关于进一步加强和改进村党组织书记队伍建设的意见》，则进一步明确了农村专职干部的年平均报酬水平与宁波市职工社会平均工资挂钩的办法，以及农村专职干部奖励报酬与宁波市职工社会平均工资挂钩的办法。《关于实行村专职干部报酬财政统筹保障的通知》规定如下：

报酬标准与构成。村专职干部报酬与上年度宁波市职工社会平均工资挂钩，确保全市村党组织书记年平均报酬在上年宁波市职工社会平均工资的1.5倍左右，其他村专职干部年平均报酬不低于上年宁波市职工社会平均工资。村专职干部报酬一般由基本报酬和奖励报酬构成。村党组织书记基本报酬为上年宁波市职工社会平均工资的80%左右，其他村专职干部的基本报酬根据岗位按所在村党组织书记基本报酬60%～90%的比例确定。奖励报酬与工作实绩考核挂钩，村党组织书记年平均奖励报酬在上年宁波市职工社会平均工资的70%左右，具体由各地根据实际情况确定。

对农村专职干部的工资标准及其浮动规则进行的细化规定，特别是村庄规模与村干部工资标准挂钩，村书记与一般村干部工资标准的比例关系，以及市镇财政对村干部工资的负担比例等规定，使得村干部工资体系更为明晰。

2. 社会保险

社会保险是现代国家社会保障体系中最重要的组成部分，主要功能是预防和分担年老、失业、疾病以及死亡等社会风险。社会保险的主要项目包括养老保险、医疗保险、失业保险、工伤保险、生育保险等。农村专职干部社会保险体系，是慈溪农村专职干部制度的重要内容，它与农村专职干部报酬工薪制紧密结合起来，构成农村专职干部的基本保障。

在2001年的《关于村干部岗位职业化报酬工薪制的实施意见》中的“定酬”这一部分中，慈溪市提出，从2002年起，农村专职干部的养老保险纳入城镇职工社会养老保险体系，保险缴费由市、镇（街道）、村和个人共同负担。同时还附了《慈溪市行政村专职干部社会基本养老保险暂行办法》，对参保对象、缴费办法、参保办法、保险费管理、享受待遇等诸多方面进行了细化规定。

2007年的《关于进一步建立完善村干部激励保障机制的通知》，进一步提出对农村党组织书记提供特别的社会保险机制：“对连续担任村党组织书记10年以上、在村党组织书记岗位上达到退职年龄（男55周岁、女50周岁）、个人或所在村获得宁波市级以上综合先进荣誉称号的，在达到法定退休年龄后可享受与事业单位工作人员相应的社会养老保险待遇，相关费用由市财政承担。”这对激励农村党组织书记的干事热情起到了极大的推动作用。同时该文件也附了《慈溪市行政村专职干部参加社会保险暂行办法》，对农村专职干部社会保险安排作了新的细化规定。

在随后几年中，慈溪市建立农村专职干部社会保险体系的工作力度不断加大，突出地反映在其多次专门就此问题发出文件作出最新规定，包括2008年的《关于印发〈慈溪市行政村党组织书记参照享受事业单位工作人员基本养老保险待遇暂行办法〉的通知》、2012年的《关于印发〈慈溪市行政村（社区）党组织书记参照享受事业单位工作人员基本养老保险待遇办法〉的通知》。

全面实施农村专职干部享受城镇职工基本养老保险、基本医疗保险、失业保险、工伤保险这四大保险，解除了村干部在生活上和退职后的后顾之忧，大大推动了农村专职干部的职业化进程。

3. 政治待遇

工资报酬和社会保险，是物质层面的保障，属于农村专职干部的基本保障。而政治待遇和人文关怀，则属于提升型保障，有助于农村专职干部的职业发展和提升。其中，政治待遇主要表现为职业发展机会和政治身份。

2007年的《关于进一步建立完善村干部激励保障机制的通知》，首次提出了对农村专职干部、特别是农村党组织书记的政治待遇问题。该文件提出，要为农村专职干部提供定向招录事业编制人员，在优秀村党组织书记中选拔镇（街道）领导干部并原则上让其继续在村工作，对镇（街道）下派担任村党组织书记的干部，原则上享受机关中层待遇，任职实绩突出的优秀干部可优先提拔进入镇（街道）、市级部门领导班子或安排重要岗位。

2012年的《关于进一步加强和改进村党组织书记队伍建设的意见》，除了重新强调上述政治待遇，还进一步明确了对招录为事业单位工作人员的村党组织书记，原则上作为下派干部继续从事村党组织书记岗位工作的办法，还提出要积极推荐优秀村党组织书记作为各级党代会代表、人大代表和政协委员人选。

在农村专职干部中定向招录机关事业干部的制度，为农村专职干部打开了一条新的职业上升通道。对于党组织书记来说，他们则有更多的机会被选拔为镇（街道）领导干部以及各级党代会代表、人大代表和政协委员，这些对他们来说都是非常宝贵的职业发展机会和政治荣誉。对镇（街道）下派到村任职干部的政治待遇，则可以促进更多优秀的镇（街道）干部在必要的时间和地点下村工作，促进农村工作的发展。

2014年开始，慈溪市开展了镇（街道）工作骨干（中层干部）定向竞标选拔，重点选拔当前镇（街道）发展亟须的综治、社会事业管理、文化、经济、城建规划、社会管理、水利等岗位工作骨干，探索破解镇（街道）干部队伍来源结构等问题。其中，社会管理职位面向村（社区）主职干部选拔。2014年度共计招录5名村（社区）主职干部担任镇（街道）中层骨干。①

4. 人文关怀

相比于政治待遇，人文关怀是更为柔性的提升型保障，主要形式是给予农村专职干部各种生活上的关怀，开展评选表彰活动，保障他们的人身安全和个人名誉。这些保障措施，大多是以非物质的手段对农村专职干部的鼓励和保护，体现出党和政府的温暖。

2007年的《关于进一步建立完善村干部激励保障机制的通知》，首次提出对农村专职干部的人文关怀。该文件提出，要建立农村专职干部定期体检制度，定期开展“创业富民好书记”评选表彰活动，建立健全村干部人身安全和个人名誉保障制度，切实维护村干部合法权益。

① 中共慈溪市委组织部提供资料。

四、小结

农村专职干部大量的日常履职与管理工作，是位于考核、培训和保障等环节，在这些环节中，慈溪农村专职干部制度均有精细的设计。农村专职干部的考核机制落实为“村级目标管理责任制”的制度化形式，通过详细的农村专职干部任务指标体系设置和相应的考核奖励机制，督促和激励农村专职干部认真、负责、高效地履行工作职责，完成上级党委政府的工作安排和满足本村村民的公共服务需求。慈溪也逐步建立起基于存量资源改造的村干部教育培训体系，发展出部门协调的集中培训、村干部交流学习、现代远程教育、农村干部学历培训、借调机关挂职锻炼五种教育培训形式。在农村专职干部保障机制方面，则设计了工资报酬、社会保险、政治待遇和人文关怀四种形式的保障措施。

农村专职干部管理，绝非一次性选聘进来就可以一劳永逸地解决所有问题。在考核、培训和保障等环节的精细制度设计，确保了农村专职干部选聘进来之后，在工作中有足够的激励、提升和保障措施，从而成为提升农村治理绩效的长效机制。

在第四章、第五章介绍了慈溪农村专职干部制度的详细制度设计之后，在第六章将介绍慈溪的村级和谐促进会。作为一项源自农村基层的草根试验，村级和谐促进会为慈溪农村的外来人员提供了新的民主参与村级治理的平台，发展为一个成功的吸纳式村级民主新平台，是农村基层民主发展的新增长点。因此，从某种意义上说，村级和谐促进会成为慈溪农村专职干部制度的一个重要的配套与支持机制，促进了农村基层民主的进一步发展和农村治理绩效的有效提升。

第六章　配套与支持：村级和谐促进会的新型吸纳式村级民主

村民委员会是我国法定的两大基层群众自治组织之一，肩负着推动农村基层民主自治的重任，是广大农村人民群众参与农村基层民主建设的最主要的制度渠道。然而如前所述，现有的以村委会为组织依托的农村基层民主自治制度，也暴露出一些问题和局限性。其中一个重要的局限性是，村委会选举中对选举人和被选举人资格的确定。最主要的还是根据是否具有本村常住农业户口这一标准，在城乡人口流动和经济文化交流日益频繁的背景下，这一组织机制无法满足在农村地区长期生活和工作、但因为各种原因不具有本村户口的群众的民主参与需求。

应对这一新问题，慈溪市探索出了通过建立村级和谐促进会以推动农村基层参与式民主管理的创新模式。生活和工作在慈溪农村地区的广大外来人员，通过村级和谐促进会这一新型吸纳式村级民主平台，可以参与到村级治理的过程中，表达自己的利益诉求，也可以以平等的身份与本村村民进行沟通与协调，达到相互的理解与尊重。村级和谐促进会是慈溪面对农村社区建设特别是农村外来人口急剧增加的局面而探索出的新型吸纳式村级民主模式，这对于提升农村治理的民主和绩效水平也都具有重要意义。通过村级和谐促进会这一制度化平台，村级组织可以吸纳外来人口参与本村的村务管理工作，确保外来人口的民主权益，给予外来人口与本村三套班子成员和村专职干部制度化的沟通与协商平台，因此成为农村专职干部制度重要的配套性制度设计。本章将对慈溪村级和谐促进会的探索历程进行回顾并分析其运行现状。

一、村级和谐促进会的创新尝试：一项草根试验

慈溪村级和谐促进会的发展，最初源自一项村级层面的草根试验。这项试验原本是村级组织应对村级治理中的突发事件及其背后的深层矛盾而做出的应急之举，然而由于其成效显著，遂逐渐得到慈溪市和宁波市的高度肯定与全面推广，成为一项正式的村级治理新机制。这一历程又再次充分体现了地方试点在我国经济社会体制转型中的重要价值，而在地方创新备受鼓励的新时期，地方政府对草根试验性质的地方试点的及时关注、认可和推广，也呈现了我国近年来地方创新的大致图景。

（一）村级和谐促进会的出现

村级和谐促进会的发源地是坎墩街道的五塘新村，它位于坎墩街道的北部，位置相对偏远。截至2014年底，五塘新村的户籍人口为786人。然而由于五塘新村紧邻发展迅速的崇寿镇工业园区，大量外来务工人员到五塘新村租房居住，因此五塘新村的外来人口达到2600多人，全村有190多户的1700多间房屋出租，全村年房租收入接近300万元，成为村级组织和村民的主要收入来源。[①] 由于新老村民生活习惯差异等原因，五塘新村也出现了纠纷增多、治安案件增多等问题。同时，本村的各种配套设施都是根据本村户籍人口的规模建设的，大量涌入的外来人口，给本村的公建配套造成极大压力，而且外来人口也会有不同于本村人的需求。

2006年年初，一个租住在五塘新村的湖南小伙同本地村民发生纠纷。五塘新村党组织书记胡某某前去调解，但被湖南小伙拒绝，理由是认为胡书记肯定会偏向本村人。当时同样租住在村里的吴某某出面调解，很快解决了问题。由此，胡书记认为，如果成立一个民间组织，让新老村民

---

① 中共慈溪市委组织部提供资料。

共同处理纠纷，同时多组织一些活动，让新老村民加强了解以增进感情，这样村子的社会秩序就好了，村子就和谐了。在召开村班子会议讨论这一提议的时候，大家都赞同，当时的慈溪市委副书记提出，这个民间组织就起名叫和谐促进会。①

由慈溪市政法委牵头，五塘新村于 2006 年 4 月建立了和谐促进会，由外来流动党员、本村三套班子成员、村民代表、党员代表组成。会长由村书记胡某某担任，而吴某某被选为副秘书长。从 2008 年 4 月，吴某某开始担任和谐促进会常务副会长兼秘书长至今，村集体负担他的工资，一年工资有 4 万元，因此让他可以安心专职主持日常工作。

（二）村级和谐促进会中的外来精英

五塘新村和谐促进会的案例，充分显示了吴某某这种有工作能力和工作热情的外来精英对于和谐促进会发展的重要意义。吴某某原本在江西弋阳老家一个人口几千人的大村担任村书记，具备从事农村工作的经验，也愿意为五塘新村的新老村民服务，具有从事村务管理工作的热情。像他这样的外来精英，对于村级和谐促进会的有效运作具有重要的意义。没有这样一个具有领导力的外来精英，和谐促进会首先就难以建立起来，即使建立了，也往往由本村人负责主要的管理工作，因而对于外来人员的管理，无法发挥其应有的优势。吴某某详细介绍了自己来到五塘新村并担任和谐促进会常务副会长的经过。

“我是 2004 年 3 月来慈溪的，然后在现在公园南边的一个家具厂工作。来慈溪也是很偶然的。当时我在老家江西弋阳做村书记。我的表弟在慈溪工作，跟人家打架，被砍伤了。我过来开导他，因为他还比较听我的，别人的话他都不听。正好有我一个战友在这里工作，我就住在他那里，待了一个星期。他是一个厂里的车间主任，一个月工资有 4000 多，我在老家当村书记一年工资才 7000 多。当时我两个小孩都在上高

① 江宜航，《和谐促进会促和谐》，载《中国经济时报》，2008 年 4 月 21 日，第 007 版。

中，马上要考大学，经济压力很大。我就跟他说你帮我留意一下，有工作介绍给我。我回到老家没几天，就接到他的消息，说这边有个工作，在一个儿童用品厂做老板的助理。我就辞掉了老家的村书记的工作，来慈溪工作了。我以前也好几次提出辞职不干了，上面都没同意，这次终于同意了。

我来到这里，租的就是现在村书记家对面的房子，所以跟村书记就很熟悉。而且我们也都当过兵，我以前也是村书记，所以有很多共同语言。当时村里有很多外地人和本村人之间的纠纷。如果让本村人出面解决，外地人多少都会觉得他们是向着本村人的。但是让我出面，我作为外地人，就比较好处理。所以就在2006年成立了和谐促进会，我先是担任理事，然后是副理事长。因为促进会的工作，工厂那边我请假很多，而且后来名气大了之后，要经常接待上级领导、媒体，过来寻求帮助的人也越来越多。我当时拿着厂里仓库的钥匙，离开厂子就可能耽误事。所以到2008年我就辞掉了工厂的工作，在促进会做了专职的副会长。我现在还是保安编制，算是街道里聘用的。本来是一个月工资1860元，这是保安的标准。村里按照村干部的标准又补了一块，现在是2600块钱一个月。最早2008年的时候只有1500块钱，养老保险什么的都没有。而且我从厂子里的宿舍搬出来，要租房子，待遇等于一下子下降了一大截。因为我在老家就干了十多年的村书记，对农村工作得心应手，而且在这里的农民工其实也还是农民。我在企业里做管理工作，不能完全发挥我的所长。”（2013年5月20日访谈）

同时，村集体也需要出资聘用外来精英，专职担任村级和谐促进会副会长，这样才能保证他们可以安心和集中精力从事和谐促进会的工作。目前由村集体经济负担工资聘用村和谐促进会常务副会长的情况，在慈溪还没有普遍推行。一些村与五塘新村类似，由本村的保安兼任和谐促进会常务副会长，也有一些村则由村主任兼任村和谐促进会常务副会长。由本村保安兼任常务副会长（或者是本村人或者是外来人员），则该常务副会长可以像吴某某一样，拿到作为保安应得的工资和村集体给的常务副会长职务补贴，就接近了村一般专职干部的收入水平。比如某村的村书记介绍了本村的情况：“有一个当地村民专门负责促进会，专职的，每年有工资3万多元，他是街道里的保安编制。”（2013年5月21日访谈）另一个村的村主任说：“和谐促进会的专职副会长，是由村里外来人口管理站的一个保安兼任的。”（2013年5月21日访谈）但是相对来说，像五塘新村那样由外地人担任常务副会长更容易开展工作。

也有一些村苦于找不到合适的外地人负责和谐促进会的工作，因而促进会的工作陷入了停滞。这种情况从反面更说明了外来精英之于村级和谐促进会的重要意义，以及村集体出资聘用外来精英全职工作的重要性。某村书记说：

“以前有个专职人员负责促进会的管理，干了两年就回老家去了。他是江西人。这个人在外地人当中比较有威信，自己开一个小店。我们当时给他一个月1500块钱的工资。现在我还想找一个专职人员，最好是党员。但是找不到，因为给他们的工资低。一般人打打工肯定比这赚得多。来我们这里的外来人口，有些以前在他们老家就是村书记。如果干得好，在一些厂子里一年能赚20万元。”（2013年5月22日访谈）

（三）村级和谐促进会的工作机制

吴某某总结五塘新村的和谐促进会的工作理念是：“以活动促交流，以参与促管理，以服务促融合。”通过组织新老村民之间的联谊活动，发动新老村民担任和谐促进会的副会长、理事、片组长等职务以参与村务管理，为新老村民提供就业指导、扶贫帮困等服务①，和谐促进会建立起一种新型的吸纳式村级民主管理模式，推动了新老村民之间的融合与理解，化解了社会矛盾。

五塘新村党组织书记胡某某介绍了和谐促进会的组织结构以及促进会成立以来五塘新村村务管理工作中的变化。

---

① 慈溪市坎墩街道五塘新村提供资料。

“村里的外地人主要来自五个省：四川、贵州、河南、江西和安徽。一般都是到我们这里企业打工的。我们成立和谐促进会之后，所有的事情都一视同仁了。以前不是这样。比如收卫生费，本地人是一个月 2 块钱，外地人要 5 块钱。现在都统一了。我们也帮助外地人找工作。我们给和谐促进会专门安排了一个办公室，由一个籍贯江西弋阳的人担任常务副会长。这个人以前在他们那里也是一个好几千人的村的村书记。但是他们那边工资低，所以来慈溪打工。（和谐促进会）一共有 31 个理事，还有常务理事。组成人员包括了外来流动党员、本村三套班子成员，还有村民代表、党员代表。常务副会长是专职的，一年工资有 4 万元。其他的都是兼职的，没有工资。”（2013 年 5 月 9 日访谈）

吴某某也介绍了和谐促进会的功能和经费来源：

“村里的外来人口很需要各类文体活动，通过活动大家就能熟悉起来。我们村北边是崇寿镇的工业园区，西边是崇寿镇的一个绿色农产品基地，这些厂子都雇佣了大量的人。很多人觉得我们村氛围好，都慕名而来到附近工作，到我们村里住。促进会日常处理的纠纷，主要是车辆碰撞、狗咬人这种事情，还有打工人员拿不到工资的，我们帮着到企业做维权。再就是组织各类文艺宣传活动，上面也有一些奖金拨下来，以奖代补。市里每年都有固定的 5 万块钱的补助，街道里有 5 万块，“市暂口局”有一两万，另外还有企业的赞助。”（2013 年 5 月 20 日访谈）

二、村级和谐促进会的全面推广及其反响：草根试验的制度化

村级和谐促进会在五塘新村的成功试点，引起了慈溪市和宁波市的高度关注和肯定，从而顺利推动了这项草根试验的制度化。和谐促进会的最大作用，在于突破了传统村级民主制度中对村民资格的要求，通过

图 6.1　五塘新村和谐促进会办公室

建立一种制度化的机制，把到村工作和居住的外来人员也吸纳进新型村级民主协商机制中，促进了新老村民的相互理解和融合。在我国快速城镇化和农村社区建设的大背景下，城乡人口流动加快，城乡社会经济交流频繁，因而村级和谐促进会的发展，对于在新形势下进一步发展农村基层民主，具有特别重要的意义。同时，这种新型吸纳式村级民主机制，也为新老村民表达利益诉求提供了新的制度化平台，便于村级组织和基层政权更好地了解新老村民对农村公共服务的要求，从而提升农村治理绩效水平。

（一）村级和谐促进会在慈溪和宁波的全面推广

鉴于村级和谐促进会在坎墩街道五塘新村的成功试点，慈溪市于2006年决定在全市推广村级和谐促进会的做法。慈溪市委、市政府认为，对外来人口的管理，必须改变单纯的防控式管理模式，吸纳和引导外来人口共同参与社会治理。村级和谐促进会被界定为村党组织领导下的群众性组织，它以构建和谐友爱的邻里关系、承租关系、劳资关系和人际关系为目标。为了加强对村级和谐促进会的建设与管理工作，慈溪市专门成立由市委分管领导任主任、市委政法委（市暂口局）、市委组织部、市委宣传部、市委统战部（市民族宗教局）、市民政局、市公安局、市司法局、市劳动保障局、市人口计生局、市总工会等部门为成员单位的慈溪市村级和谐促进会建设工作指导委员会，并由市暂口局和市民政局有关人员组成委员会办公室负责具体指导工作。同时慈溪各镇（街道）也成立了村级和谐促进会指导工作组织。慈溪市还把村级和谐促进会建设工作列入市镇两级干部目标管理考核指标中，慈溪市根据考核评估情况，对各村和谐促进会实行以奖代补，以补贴村级和谐促进会的一部分经费。①

慈溪的成功实践，也引起了宁波市的关注和肯定。2007 年 6 月，宁波市决定在全市范围内推广五塘新村和谐促进会的经验。2008 年 9 月，宁波市委、市政府出台《关于全面推进基层和谐促进工程的实施意见》，在全市城镇、农村、企业和外来人口居住集中地区四个层面全面创建基层和谐促进会、和谐促进小组、和谐促进员三级网络。

村级和谐促进会的运作模式是“政府引导、村级组织、企业参与，新老市民共建共享的民间组织”，以人际和谐为目的，以村（社区）为单位组建、由村（社区）党组织领导、村民委员会管理协调的民间团体，在基层发挥着重要的民间调解功能。和谐促进会的会员主要由村干部、优秀外来务工人员、保安、村民代表、出租私房房东、私营企业主等组成，要求村民和外来务工人员人数各占一半，一般由外来务工人员担任副会长、片组长等职务。村党组织书记担任会长，并根据外来人口居住分布情况设立片、组。要求各村（社区）配备专职副会长，其待调纳入社区保安编制，享受保安队员的工资待遇。村和谐促进会遵循“以会养会”的原则，活动经费由镇（街道）出一部分、有条件的村补一部分、辖区企业按团体会员资助一部分的形式筹集。和谐促进会搭建了交流沟通的五大平台：志愿者活动平台、村企共建平台、信息沟通平台、文体活动平台和思想政治工作平台。②

---

① 《中共慈溪市委、慈溪市人民政府关于加强村级和谐促进会管理指导工作的若干意见》，载慈溪市档案局（馆）编，《改革开放以来慈溪市（县）委农村政策选编》，2010 年，第 349－353 页。

② 徐长军，《构建基层社会管理新模式公共管理创新——慈溪建立村级和谐促进会服务外来务工者的经验做法》，载《今日浙江》，2010 年第 8 期，第 37－38 页；蔡旭昶、严国萍、任泽涛，《社会组织在流动人口管理服务中的作用——基于浙江省慈溪市和谐促进会的研究》，载《经济社会体制比较》，2011 年第 5 期，第 199－205 页。

2010年，以和谐促进会为核心内容的宁波“新老市民共建共享融合模式”，在中共中央编译局比较政治与经济研究中心和北京大学中国政府创新研究中心等机构共同发起的首届“中国社会创新奖”评选中入选十强，荣获优胜奖。2012年，在由北京大学中国政府创新研究中心、中共中央编译局比较政治与经济研究中心、中共中央党校世界政党比较中心发起的第六届“中国地方政府创新奖”评选中，宁波的“基层组织和社会组织协同治理模式”项目同样获得优胜奖。该模式的内涵，是进一步深化发展和谐促进会，使其功能由融合为主向参与基层社会协同治理拓展，形成以村（社区）党组织为核心，村（居）民委员会为主体，村（社区）经济合作社为支撑，村级和谐促进会为依托，企事业单位和社会各界群众广泛参与，基层组织和社会组织协同治理的基层社会治理新机制。

（二）来自基层的评价

目前村级和谐促进会已经在慈溪全面推广，取得了显著的成绩，对维护村庄社会秩序的稳定、促进新老村民的融合起到了不可忽视的作用。一个村主任说：

“去年，有村里的外地人，他们小孩掉到河里淹死了，但是出事的地点不是在我们村。他们是四川人。后来通过和谐促进会的人去解决，很好地把事情处理了。负责处理这件事的，是和谐促进会里的一个理事，也是四川人，也是党员，以前在她老家还是村里的妇女主任。所以有和谐促进会，矛盾就不会激化。”（2013年5月21日访谈）

但是关于和谐促进会在全市范围内的推广及其实际运行效果，不少干部也有保留意见。一个镇（街道）的干部认为，和谐促进会的推广应该秉持因地制宜的原则，根据每个村的具体情况而定，而不应该一哄而上全面铺开推广。

“五塘新村的和谐促进会做得最好。他们主要是在后面有一个企业，做打火机的，地方算是崇寿的，跟村就隔了一条河。这个厂做得比较规范的，厂里年轻雇员也多。和谐促进会也就是他们搞得好，其他村都一般。其实什么事情都应该因地制宜，不一定所有的事情都要推广。”（2013 年 5 月 16 日访谈）

一个村书记也持类似的观点：“（和谐促进会）只有五塘新村搞得好，因为他们村的外地人都在固定的几个厂子工作。我们村的厂子多，人员流动性大，所以搞不起来。”（2013 年 5 月 16 日访谈）

在对慈溪村书记和村一般专职干部的问卷调查中，我们设计了有关村级和谐促进会的问题，以了解慈溪全市村级和谐促进会的总体情况，以及村干部对和谐促进会的评价。

调查结果显示，全市各行政村的和谐促进会，其理事中外来务工人员的平均数为 5. 64 个，片组长中的外来务工人员平均数为 7. 37 个。在关于和谐促进会的功能方面，54. 5% 的村书记认为其首要功能是治安调解，随后是调解劳资关系、组织联谊活动、协助解决外来人员子女就学问题、规范房屋租赁秩序和扶贫帮困。和谐促进会是应对农村外来人口增多所产生的治安恶化、纠纷增多、租房秩序混乱及新老村民相互不理解等问题，因此村书记也希望和谐促进会发挥这些作用。

关于和谐促进会的功能，42. 6% 的村一般专职干部认为其首要功能是治安调解，其次是调解劳资关系、组织联谊活动、扶贫帮困、规范房屋租赁秩序、教育培训、组织志愿者活动、协助解决外来人员子女就学问题。可见，相比于村书记，村一般专职干部认为组织联谊活动、扶贫帮困、教育培训、组织志愿者活动这些不具有短期显著收效的“软性管理”更为重要。

三、村级和谐促进会的创新意义：新型吸纳式村级民主

慈溪地处经济发达地区，农村中常年有大量的外来人口工作和生活。

他们的到来，打破了传统农村社会封闭的社会结构，大大增加了农村人口的流动性和异质性，也给农村地区治安、教育、医疗、养老、住房等各类公共服务造成了巨大压力。然而，这些都是农村城镇化、社区化发展的必然趋势。然而目前的村级组织的设置和农村治理机制还具有一定的封闭性，有资格以村级组织选举等形式参与村庄治理的，绝大多数都是拥有本村经济合作社社员身份和集体土地承包权的本村村民，而长期在村居住和工作的外来人员，一般无法参与村级组织选举及公共事务的管理。同时，村庄的传统社会秩序和生活方式，也受到外来人口的冲击，不可避免地会出现新老村民之间的摩擦。

村级和谐促进会是慈溪首创的农村基层参与式管理新模式，实现了对农村外来人口的制度化吸纳。通过这种制度化的平台，慈溪农村的外来人口可以有序地参与到村庄管理过程中，与村级组织和普通村民进行更为有效的沟通与合作，实现双方的了解和谅解，以共同维护村庄生活共同体的秩序。在快速工业化、城镇化地区的农村，传统的小型熟人社会已经被打破，外来人口与本村人口共同居住已经是常态，因此，慈溪通过村级和谐促进会吸纳外来人口参与本村管理事务，代表着农村治理机制的一个发展方向，对于打破传统的封闭式的农村治理格局，推动农村治理的民主化进程和农村治理绩效的提升，都具有重要意义。

四、小结

作为一项源自村级层面的草根试验，慈溪的村级和谐促进会突破了传统村级民主制度中对村民资格的要求，通过建立一种制度化的机制，把到村工作和居住的外来人员也吸纳进新型村级民主协商机制中，促进了新老村民的相互理解和融合。在我国快速城镇化和农村社区建设的大背景下，村级和谐促进会对吸纳农村外来人员参与村级民主自治具有其显著的创新意义，也便于村级组织和基层政权更好地了解新老村民对农村公共服务的要求，从而提升农村治理绩效水平。因此，村级和谐促进会获得了慈溪市和宁波市的高度肯定并进行广泛的推广。正由于此，在慈溪探索农村治理中民主与绩效有机结合的历程中，村级和谐促进会成为农村专职干部制度的一项重要的配套与支持机制。

在详细介绍了慈溪农村专职干部制度的设计之后，在第七章将根据问卷调查数据和访谈记录，对农村专职干部制度的运行现状进行详细的评估。

第七章　制度运行状况的整体评估：问卷调查及访谈的发现

自 2001 年慈溪市启动农村专职干部制度的探索以来，经过十多年的努力，已经设计出一套较为完整的制度，并取得了丰富的实践经验。2007 年，慈溪市全面推行农村专职干部制度，以更大的力度加强村级组织建设和村干部队伍建设。2012 年，慈溪农村专职干部制度得到进一步完善和提升。为了了解慈溪市农村专职干部制度目前的运行状况，了解村干部对农村专职干部制度的评价和建议，并发现潜在的问题和进一步改革的方向，本课题组开展了问卷调查和访谈。对慈溪全市村党组织书记进行了普查，对村书记以外的村其他专职干部（以下称为“村一般专职干部”）进行了概率抽样调查，对慈溪 4 个典型镇（街道）的党（工）委、政府（办事处）干部和村专职干部进行了访谈。本章将分析这些调查工作的发现。

农村党组织书记是农村党组织的核心，也是农村基层工作的核心。因此，在农村专职干部的制度设计中，村书记全部直接被聘为村专职干部。村书记队伍建设，对于加强农村基层党组织、改善农村公共服务与管理工作意义重大。本课题对慈溪全市所有行政村的党组织书记进行了普查，以了解他们的个人基本情况、对农村党组织的管理工作及村务管理工作等信息。共发放问卷 274 份，回收有效问卷 266 份，回收率 97% 。

为了全面掌握慈溪全市村专职干部的整体情况，本课题也对全市除了村书记之外的村一般专职干部进行了概率抽样调查。根据全市专职干部名单，采取等距抽样的办法，以整村为抽样单位，每 5 个村抽取一个村，共抽取55个村。然后，在所抽取的每个村中，抽取该村所有的一般专职干部，共抽取328个村一般专职干部。发放问卷328份，回收有效问卷259份，回收率79%。由于农村的情况日新月异，本章的相关数据分析也结合了中共慈溪市委组织部所提供的2013年慈溪全市农村基层组织换届选举以来的最新数据。

目前慈溪全市共有行政村274个（不包括杭州湾新区）。2014年初换届后，慈溪全市农村专职干部额定编制1746人，实有1622人。慈溪全市农村专职干部中，不属于三套班子成员的有84人。在全市的所有村书记中，由市、镇（街道）下派村担任书记的有14人。村书记中被确立为市管干部（即镇党委委员或街道党工委委员）的共有5人，有资格享受事业编制退休养老待遇的共有53人。全市村干部中被选到镇（街道）机关进行挂职锻炼的共有60人。近三年中，考入公务员队伍、事业编制（机关、事业）的村干部有25人，因违法违纪被除名的村干部有13人。①

一、农村专职干部的构成

本节首先从个人基本情况、家庭背景、个人及家庭经济状况三个方面，描述和分析慈溪全市农村专职干部的基本特征，以获得整体上的直观认识。

（一）个人基本情况

1. 年龄

根据中共慈溪市委组织部提供的资料，截至2014年底，全市村书记的平均年龄为47.1岁，最小的31岁，最大的66岁。总体来看，村书记队伍年富力强。而全市村一般专职干部的平均年龄为43.3岁，最小的25岁，最大的62岁，比村书记队伍更为年轻。

---

① 中共慈溪市委组织部提供资料。

表 7.1 村专职干部年龄

	最小值（岁）	最大值（岁）	均值（岁）
村书记	31	66	47.1
村一般专职干部	25	62	43.3

资料来源：中共慈溪市委组织部提供资料。

一些镇村干部表示，担任村干部需要有一定的威信，能明白人情世故，因此年纪不能太小。一个镇（街道）书记说："在农村做事尤其要做到情和法的合一，很多事情年轻干部做不来，这方面能力有欠缺。"（2013 年 5 月 20 日访谈）

2. 性别

根据中共慈溪市委组织部提供的资料，截至 2014 年底，慈溪全市村书记中男性为绝大多数，共有 270 名男性村书记，占全市所有村书记的 98.5%。村一般专职干部仍以男性为绝大多数，所占比例为 75.7%，比村书记中男性所占比例略低。

表 7.2 村专职干部性别

	男性		女性	
	数量（人）	比例（%）	数量（人）	比例（%）
村书记	270	98.5%	4	1.5%
村一般专职干部	1020	75.7%	328	24.3%

资料来源：中共慈溪市委组织部提供资料。

3. 教育程度

根据中共慈溪市委组织部提供的资料，截至 2014 年底，村书记中高中及中专毕业生最多，占 43.4%，大学（含专科、本科）毕业生也占到 32.1%，显示出村书记队伍的知识化发展趋势。村一般专职干部仍以高中及中专毕业为绝大多数，所占比例为 45.0%，略高于村书记中的这一比例。其次为大学（含专科、本科），所占比例为 31.6%，略低于村书记中的这一比例。

表 7.3　村专职干部教育程度

	小学及以下		初中		高中及中专		大学（含专科、本科）	
	数量（人）	比例（%）	数量（人）	比例（%）	数量（人）	比例（%）	数量（人）	比例（%）
村书记	6	2.2%	61	22.3%	119	43.4%	88	32.1%
村一般专职干部	20	1.2%	360	22.2%	730	45.0%	512	31.6%

资料来源：中共慈溪市委组织部提供资料。

（二）家庭背景与家族关系

农村专职干部的家庭背景与家族关系，反映了他们嵌入农村基层社会的方式，也就是农村专职干部的社会来源以及他们对农村基层社会的互动方式。这对于他们在农村基层这样一个乡土色彩仍然比较明显的小型社区内开展工作具有重要的影响。

1. 父辈政治身份

在父辈政治身份方面，14%的村书记，其父亲曾经担任过村书记（本村或慈溪其他村）；7.4%的村书记，其父亲曾经担任过村主任（本村或慈溪其他村）。可见，一部分村书记可以算得上"村干部后代"，但是其比例不是很高。相比之下，父辈的党员比例更高，有29.0%的村书记其父亲是党员，有5.2%的村书记其母亲是党员。可见父辈的党员身份，对于现任村书记的政治成长经历有较为显著的影响。

9.9%的村一般专职干部，其父亲是村党组织干部。7.7%的村一般专职干部，其父亲是村委会干部。母亲是村党组织干部或村委会干部的比例就更低。可见村干部身份的代际传递现象并不普遍。相比之下，20.0%的村一般专职干部，其父亲是党员，这一比例相对较高，但低于村书记的这一比例。

表 7.4 村专职干部中的父辈政治身份

<table>
<tr><td rowspan="4">村书记</td><td colspan="6">父亲</td><td colspan="6">母亲</td></tr>
<tr><td colspan="2">曾任村书记</td><td colspan="2">曾任村主任</td><td colspan="2">党员</td><td colspan="2">曾任村书记</td><td colspan="2">曾任村主任</td><td colspan="2">党员</td></tr>
<tr><td>数量（人）</td><td>比例（%）</td><td>数量（人）</td><td>比例（%）</td><td>数量（人）</td><td>比例（%）</td><td>数量（人）</td><td>比例（%）</td><td>数量（人）</td><td>比例（%）</td><td>数量（人）</td><td>比例（%）</td></tr>
<tr><td>35</td><td>14.0</td><td>17</td><td>7.4</td><td>73</td><td>29.0</td><td>2</td><td>0.9</td><td>1</td><td>0.5</td><td>12</td><td>5.2</td></tr>
<tr><td rowspan="3">村一般专职干部</td><td colspan="2">曾任村党组织干部</td><td colspan="2">曾任村委会干部</td><td colspan="2">党员</td><td colspan="2">曾任村党组织干部</td><td colspan="2">曾任村委会干部</td><td colspan="2">党员</td></tr>
<tr><td>数量（人）</td><td>比例（%）</td><td>数量（人）</td><td>比例（%）</td><td>数量（人）</td><td>比例（%）</td><td>数量（人）</td><td>比例（%）</td><td>数量（人）</td><td>比例（%）</td><td>数量（人）</td><td>比例（%）</td></tr>
<tr><td>24</td><td>9.9</td><td>18</td><td>7.7</td><td>51</td><td>20.0</td><td>3</td><td>1.4</td><td>5</td><td>2.3</td><td>8</td><td>3.4</td></tr>
</table>

2. 家族关系

有 26.8% 的村书记来自本村的最大姓氏家族，22.8% 的村一般专职干部来自本村的最大姓氏家族。在村书记和村主任分别由两个不同的人担任的村里，有 16.5% 的村的村书记和村主任来自同一姓氏家族。可见在村书记和村主任的职务安排方面，并不存在显著的“大姓治村”的现象。

表 7.5 村专职干部是否来自本村最大姓氏家族

	数量（人）	比例（%）
村书记	70	26.8
村一般专职干部	56	22.8

对此，一个镇（街道）的副书记说：

“慈溪农村的宗族势力不太严重，因为（慈溪）本身是个移民城市，人们的意识比较开放，村里各姓之间比较平衡，出现一个大姓主导的情况不多。慈溪 2000 年实现并村之后，把原来的好几个村合并为一个村。原来的片区也就是自然村和生产队，以前在生产队的时候，大家同工同劳，都很熟悉，并村之后这种片区意识还是很强，特别是老一辈人，都是说自己是哪个生产队的。所以我们在选举的时候也要搞平衡，提名的时候一个片区提名一个人，然后经过选举的程序确认。”（2013 年 5 月 7 日访谈）

一位村书记说："这边历史上都是移民，以前这一块都是滩涂地，所以大姓家族的情况并不明显。可能整个街道是吴姓和孙姓多一些，但是也没有大姓家族的概念。"（2013 年 5 月 14 日访谈）

在村一般专职干部与本村现任村书记的关系方面，仅有 12.6% 的村一般专职干部与现任村党组织书记属于同一姓氏大家族，进一步印证了"大姓治村"不是主流情况。村一般专职干部与现任村党组织书记认识（指村一般专职干部与书记双方都认识对方的状态）时间平均为 17.2 年。在最初认识现任村党组织书记的方式上，"从事村干部工作而认识"是首要的方式，"通过村党组织关系而认识"也占一定比例，而个人化的关系类型比如家人或亲戚关系、个人好友关系及找村书记办事所占比例较低。这说明慈溪行政村的小规模熟人社会的格局已经在很大程度上被打破，村一般专职干部在被聘任之前就与本村党组织书记之间存在相互认识的情况并不普遍。

表 7.6　村专职干部与村书记认识的时间长度

有效回答（人）	最小值（年）	最大值（年）	均值（年）	标准差（岁）
243	1	55	17.20	12.08

表 7.7　村一般专职干部最初认识村书记的方式

认识途径	数量（人）	比例（%）
从事村干部工作而认识	146	56.8
通过党组织关系而认识	25	9.7
找书记办事而认识	7	2.7
书记是其家人或亲戚	2	0.8
您和书记是好友或者拜把兄弟	14	5.4
其他	63	24.5
合计	257	100

（三）经济与职业状况

在现代社会中，职业是决定一个人的社会地位的最重要因素，也直接体现出一个人对社会资源的掌握和运用能力。在农村基层，由于市场化的深入发展和社会职业分工的逐步细化，不同职业之间的收入差距成为决定农村社会阶层分化的重要机制。而对于农村干部来说，其他社会群体的收入与农村干部的收入的对比，直接影响着农村干部的工作热情和职业去留。此外，农村干部并非国家公职人员，他们比较普遍地兼业工商业活动，因而其兼业状况的差别也造成了农村干部内部显著的经济状况和社会地位的分化。

1. 经济收入

2012 年开始，慈溪市农村专职干部的工资福利由市镇两级财政全面承担。这不但有效保障了农村专职干部的待遇水平，而且大大减轻了村集体的经济负担。这一举措，受到农村基层的极大欢迎。

一位镇（街道）干部谈到了财政负担村干部工资的必要性：

“（村干部工资由财政负担）对稳定农村干部队伍，让农村干部安心于本职工作还是起到了很大的作用。在由财政统筹村干部工资之前，好多村的工资都发不出来。改革初期，浙江农村这边的许多集体资产都卖掉了，包括撤并后的学校、村办企业。总体而言，集体资产尤其是固定资产并不多……所以，工资早就应该统筹由财政来养。在过去，没有财政统筹的时候，村干部的工资有几项来源：一是三项提留，比如用电的管理费、公积金、公益金之类的，村干部多少还能创收；二是镇和街道的一线专项拨款，比如各种创建活动；三是还有一些补助之类的；至少让这些干部还能领到工资。但今天不一样了，三项提留是没有了，其他方面的收费也没有了。财政不统筹的话，他们也实在是过不下去……村干部工资统筹了，他们也不至于去打各种补助的主意。”（2013 年 6 月 28 日访谈）

一个村书记则从反面证实了以前村干部工资难以保障的问题：

“这次市镇两级统筹工资绝对是件好事。过去没有统筹的时候，街道也没有拨款，因此，我们的工资都是依靠创建的钱，或者是集体租金收入来发工资。而像过去的村提留，20 多年都没有收了。虽然集体发包土地的合同里还写着提留这一项，好像是 3% 的比例，但是从来都不收的，这种钱你也收不上来，干脆就不去想这笔钱。另外，如果实在发不出工资的话，就去找街道里借，街道总不至于让我们这批干部没饭吃过春节吧。”（2013 年 7 月 1 日访谈）

另一位镇（街道）干部则谈到了财政负担村干部工资后，上级党委政府可以强化对村干部的监督与管理。

“至于选聘分离和村专职干部设置，我觉得这个制度是好的，这样村干部基本解决了后顾之忧。……选聘分离后，我们开展工作相对来说是要顺利些了。……考核指标也是要与工资奖金相挂钩的。这样一来，我们对于绩效的管理就更加科学化，有激励惩罚机制了。如果说，你今年有指标没有完成，或者某些工作开展不到位，指标分数没有拿到，我们到年底就会扣发一部分奖励报酬。因此，如果一个村干部不是很配合镇上的工作，那么他的行为在绩效考核表中是写得明明白白的。虽然不会动议罢免程序，也不会轻易采取解聘程序，但是可以扣你工资。这在《慈溪市村专职干部管理办法》第十九条是写得很清楚的。这样，我们利用工资奖金手段就可以把绩效落实到村干部头上。”（2013 年 6 月 27 日访谈）

然而农村干部兼业从事工商业经营活动情况十分普遍，因此，农村专职干部之间在家庭经济收入状况方面仍然存在显著差异。在客观的经济收入方面，48.9% 的村书记家庭年总收入 10 万元以上，40.2% 为 5 万 ~10 万元。58.3% 的村书记，其最主要收入来源是经商（含各类工商业企业和个体经营活动）；40.2% 的村书记，其最主要收入来源是农村专职干部工资薪金。而 41.5% 的村一般专职干部家庭年总收入为 5 万 ~10 万元，30.2% 为 3 万 ~5 万元，总体来看低于村书记的整体收入水平。59.9% 的村一般专职干部，其最主要收入来源是农村专职干部工资薪金。31.2% 的村一般专职干部，其最主要的收入来源是经商（含各类工商业企业和个体经营活动）。

可见相比于村书记，村一般专职干部的家庭年总收入相对较低，担任村专职干部的同时从事经商活动的“企业能人”比例也相对较低。

2. 经济地位自我评价

在主观的经济地位自我评价方面，50.8%的村书记认为，自己的家庭经济状况在慈溪农村地区属于中等水平；22.3%的村书记认为，自己的家庭经济状况在慈溪农村地区属于中等偏上水平。总体来看，全市村书记的家庭经济状况在慈溪农村地区处于中等或中等偏上的水平，这也符合他们自己的感受。与慈溪浓厚的经商氛围相符合，村书记也广泛从事工商业活动，成为第一位的收入来源。而村专职干部的工资薪金位列第二，也反映了专职干部制度全面实施对村书记家庭经济状况的改善和提高也起到了明显的作用。

50.0%的村一般专职干部认为，自己的家庭经济状况在慈溪农村地区属于中等水平，与村书记的这一比例基本持平；有39.3%的村一般专职干部认为，自己的家庭经济状况在慈溪农村地区属于中等偏下水平，远高于村书记的这一比例。总体来看，全市村一般专职干部的家庭收入低于村书记的收入，其家庭经济状况在慈溪农村地区处于中等或中等偏下的水平，这也符合他们自己的感受。其主要原因是，村一般专职干部从事工商业活动的比例低于村书记的这一比例，主要依靠村专职干部的工资薪金作为最主要收入来源。

表7.8 村专职干部家庭经济地位自我评价

家庭经济地位自我评价	村书记		村一般专职干部	
	数量（人）	比例（%）	数量（人）	比例（%）
下层	7	2.7	9	3.7
中等偏下	42	16.2	96	39.3
中等	132	50.8	122	50.0
中等偏上	58	22.3	11	4.5
上层	21	8.1	6	2.5
合计	260	100	244	100

对村专职干部家庭的客观经济状况与主观的家庭经济地位自我评价之间的关系，也可以进行分析。分析结果显示，村书记家庭首要收入来源的差别对村书记的自评经济地位有显著影响。自认为是下层的村书记的家庭首要收入来源依次是务农（28.6%）、经商（28.6%）和专职干部工资（28.6%），然后是打工（14.3%）；中等偏下水平认知的村书记的家庭首要收入来源则依次是专职干部工资（57.1%）、经商（31.0%）、打工（9.52%）；自认为是中等水平的村书记的家庭首要收入来源依次为经商（54.7%）、专职干部工资（41.4%），而打工和务农的比例都很低；经济水平自评为中等偏上的村书记的家庭首要收入来源依次是经商（80.7%）、专职干部工资（12.3%）、房屋及土地出租（5.3%）；自认为是上层的村书记家庭首要收入来源依次是经商（85.7%）、专职干部工资（9.5%）和房屋及土地出租（4.8%）。

表 7.9　村书记家庭的客观经济状况与主观的家庭经济地位自我评价之间的关系

家庭经济地位自我评价	家庭首要收入来源									
	务农		打工		经商		房屋及土地出租		专职干部工资	
	数量（人）	比例（%）	数量（人）	比例（%）	数量（人）	比例（%）	数量（人）	比例（%）	数量（人）	比例（%）
下层	2	28.6	1	14.3	2	28.6	0	0	2	28.6
中等偏下	1	2.4	4	9.52	13	31.0	0	0	24	57.1
中等	1	0.8	3	2.3	70	54.7	1	0.8	53	41.4
中等偏上	0	0	1	1.8	46	80.7	3	5.3	7	12.3
上层	0	0	0	0	18	85.7	1	4.8	2	9.5
合计	4	1.6	9	3.5	149	58.4	5	2.0	88	34.5

而在村一般专职干部方面，根据下表，其家庭首要收入来源对专职干部的自评经济地位有显著影响。自评下层的村一般专职干部，家庭首要收入来源主要是专职干部工资（77.8%），然后是打工（22.2%）；对于自评中等偏下的村一般专职干部，家庭首要收入来源则依次是专职干

部工资（71.6%）、经商（10.2%）和打工（9.1%）等；自评中等水平的村一般专职干部，家庭首要收入来源主要是专职干部工资（44.9%）和经商（42.4%）；对于自评中等偏上的村一般专职干部，家庭首要收入来源主要是经商（90%）和房屋及土地出租（10%）；自评上层的村一般专职干部，家庭首要收入来源都是经商。

表 7.10 村一般专职干部家庭的客观经济状况与主观的家庭经济地位自我评价之间的关系

家庭经济地位自我评价	家庭首要收入来源									
	务农		打工		经商		房屋及土地出租		专职干部工资	
	数量（人）	比例（%）	数量（人）	比例（%）	数量（人）	比例（%）	数量（人）	比例（%）	数量（人）	比例（%）
下层	0	0	2	22.2	0	0	0	0	7	77.8
中等偏下	5	5.7	8	9.1	9	10.2	3	3.4	63	71.6
中等	2	1.7	11	9.3	50	42.4	2	1.7	53	44.9
中等偏上	0	0	0	0	9	90.0	1	10.0	0	0
上层	0	0	0	0	6	100	0	0	0	0
合计	7	3.0	21	9.1	74	32.0	6	2.6	123	53.3

3. 担任村专职干部之前的最后工作状态

46.9%的村书记，在担任村书记之前从事经商活动。也有30.0%的村一般专职干部，在被聘为专职干部之前从事经商活动。这些都反映了“能人治村”的普遍性，以及组织选人中对地方经济能人的重视。同时，也有30%左右的村书记和村一般专职干部在任职之前已经从事村干部工作，这反映了村班子队伍的相对稳定性。而以务农和打工为担任村专职干部之前的最后工作状态的村一般专职干部的比例，都明显高于村书记，这反映了村一般专职干部相比村书记更多地来自普通工农业生产人员。他们在被聘为村专职干部之后，一般都会放弃原有的普通工农业生产工作，全职从事村务管理工作，这也与目前村一般专职干部的主要收入来源构成情况相符合。

表 7.11　担任村专职干部之前的最后工作状态

最后工作状态	村书记		村一般专职干部	
	数量（人）	比例（%）	数量（人）	比例（%）
务农	13	5.1	34	13.8
打工	7	2.7	40	16.2
经商	120	46.9	74	30.0
在校学习	0	0	1	0.4
当兵	12	4.7	7	2.8
村干部	78	30.5	68	27.5
城镇党政机关、企事业单位合同聘用制职工	12	4.7	11	4.5
城镇党政机关、企事业单位编制内正式职工	13	5.1	0	0
其他	1	0.4	12	4.9
合计	256	100	247	100

4. “能人治村”的逻辑

选拔企业主等地方经济能人担任村干部特别是村书记，已经成为慈溪等很多地方的普遍做法。在访谈中，不少上级党政干部和村级干部都阐述了“能人治村”的逻辑和村干部培养方式。他们普遍认为，农村里的企业能人是堪以大用的农村人才，从他们当中选拔产生村书记行得通。

慈溪市的一个干部谈到了组织选人的方式：

“我们现在希望那些有办工厂经验的老板来当书记，现在书记都是矮个里拔大个，高的人物多半都离村了，那么剩下的精英就是办厂的老板。他们经验丰富，可以用办工厂的方式来搞活集体经济，这是一条出路。所以，每个镇都会向村里的老党员干部、农民或者一些渠道了解登记这些有能力的村书记潜在人选，然后，我们会向村里的党员做工作，建议他们把谁列为候选人。一般的情况下，村书记的候选人是比较稳定的，就是那几个有能力的，我们也都比较放心。只是在有优秀人才出现、老书记退了、新的人选上来的时候，我们的主张是有倾向性的，最好是能人，政治素质好，也比较灵活。当然，我不是直接确定候选人，而是跟党员做工作，由他们确定候选人，基本的选举程序还是要保障的。”（2013 年 6 月 24 日访谈）

某街道党工委副书记也谈到了选择企业能人担任村书记的理由：

“现在村书记经营企业的比较普遍……企业规模都不大，有些不是经营企业，是类似包工头那种。人有一定的经济实力，也就有一定的威信。如果自己家里都搞不好，让他去管理村子，大家也不放心。”（2013 年 5 月 7 日访谈）

不同村书记的具体政治成长历程千差万别，但基本的共性就是，他们经营企业成功，各方面的社会表现也算优良，因而引起了基层党委政府的关注，假以时日进行培养，逐渐担任了村书记。其中不少村书记坦言，最初他们并没有在村里担任职务的设想，上级组织培养的作用更大一些。某村书记说：

“我是 1989 年入党，当年就当了小村（村庄合并之前）的村书记。当时 30 岁。之前在村办企业工作了五六年。2001 年小村合并后，我担任了一段时间的副书记，2002 年 5 月，又当了书记。这也都是街道推荐的，其实我本来对当干部都没有什么概念的，就是上面觉得我这个人还可以，工作态度和思想还不错。我自己十几年前有个小厂子，1983 年开始做的。现在有个厂子是 5 个人合股的，自己占 20% 的股份，每年有 10 万元的收入。”（2013 年 5 月 16 日访谈）

另一位村书记说：

“我是1972年退伍的，回来先是在知青农场工作，然后到浒山的一个厂子工作。后来自己经商了。我本来是不想回村工作的，但是村里人要求我回来。我1989年回到村里，先是做了一段别的。1992年进的村班子，1995年当上村书记……我自己以前有企业，现在就是在企业里有股份，跟别人合伙的，我自己不管的，有了利润就分一点，还可以吧。”（2013年5月21日访谈）

村书记经营的企业一般多为小型企业，在担任村书记之后，他们大多依靠自己在业余时间兼顾或者由家人打理。一位村书记说：“我担任村书记快15年了。以前是做木工的，自己经营一个小作坊，现在做塑料配件，雇了5个职工。一年收入20万元是有的。”（2013年5月9日访谈）另一位村书记说：“我是1999年开始担任村主任，2002年开始担任村书记。今年56岁。以前是做煤炭生意的，自己有汽车，从镇海运来煤炭，镇海的煤炭都是从秦皇岛运来的，然后拉到慈溪销售。我都是自己联系，打打电话，有固定的客户，也不用自己整天在那里。”（2013年5月15日访谈）

慈溪经商氛围浓厚，很多村书记认为必须经营企业才能获得体面的生活，单纯依靠村干部工资是不够的，所以他们在担任村书记之后，大多继续自己兼业的工商业经营活动。一位村书记说：“家里原来有个小企业，经销颜料的。现在改行了，因为经销要到处出去跑，当了书记没有时间。现在是做机器加工的……（村干部）工资待遇是比以前有提高，但是村干部要是光靠工资生活，家里不做点生意，就变成贫困户了。”（2013年5月17日访谈）一个村书记说：“我当过兵，1982年退伍，在部队里入党。退伍之后，自己做生意。1985年开了个小作坊，生产塑料的。我是1989年开始当村书记的，以前在村班子里工作了两年。我现在有个服装作坊，雇了不到20个人，一年能有40万元的收入。其实村书记家里都要有第三产业，不然家里开支都不够用。”（2013年5月22日访谈）

然而实际上，担任村书记职务的多为村里的中小企业主，因为大企业经营需要耗费更多的精力，因此一般大企业主没有精力和意愿在村里担任职务。一位村书记说：

“到村里工作，其实在经济上是吃亏的，比在好的企业做，或者自己做生意，肯定赚得少……村里经济条件很好的人也不来当村干部。大企业的老板肯定顾不过来，不可能到村里工作。以前我们也探索过让大企业主做村书记，但是效果不太好。小企业主还可以，但是大企业主都没这个精力。”（2013 年 5 月 21 日访谈）

而在包括村委会主任在内的村一般专职干部方面，如果他们完全放弃兼业的工商业经营而仅仅依靠农村专职干部的工资，则他们的经济状况自我评价都比较低。两位村主任谈及自己的农村专职干部工资收入，都感觉一般，但尚能维持家用。一个村主任说：“我自己以前是做丝绸生意的，到村里工作之后就不做了。工资一年能有 4 万元，一般了。财政负担我们的工资，老百姓也没有不满意，这就行。”（2013 年 5 月 17 日访谈）一个村主任说：“现在工资一年有 5 万元。我的工资是村书记的 9 折。宁波的社会平均工资是三万八。现在在村里工作比在企业里的一般工作要好。像我这样不懂技术的人，到企业里打工工资不高的。”（2013 年 5 月 20 日访谈）

某村的一位一般专职干部则更直接地表示了对村干部工资水平不满意，而且与上面的第一位村主任类似，也是曾经做小生意，但是担任村干部之后由于没时间兼顾就放弃了。他说：

“我最初是在企业里做，自己也做一点小生意，后来进了村班子就没时间了，现在不做了。最初是做村里后备干部，先让我在企业里锻炼。当时我高中毕业，街道里面下来考察，觉得我品质、工作各方面还不错的，就对我进行培养。我现在一年有 4 万块钱的收入，但是还有父母，有小孩。人家在企业里赚钱多的都发财了，我就是发呆了。在企业做，还是收入高。”（2013 年 5 月 16 日访谈）

但是也有一些村一般专职干部是成功的企业家，他们的客观经济收入和主观自我评价都明显较高。在某村，“村党总支委员、村经济合作社副社长有个厂子，雇了二三十人，租了个厂房。他是村班子里面赚钱最厉害的，做了5年了，一年收入100万元不成问题的。他以前也是小村的村干部，今年43岁。”（2013年5月15日访谈）

另有一个村主任说：

“我是1994年从部队转业回来，当时想回家创业。先是到外面企业工作了一段，汽车大修厂。我在部队是技术兵。后来村里需要年轻的干部，当时的村主任年纪也大了，而且我自己是党员。当时书记看到这个情况，就让我过来工作。我是1996年到村工作的，以前在村里是负责党群工作的支委。现在干了第一届村主任……我自己家里还有一个厂子，做服装的，一年几十万元是有的。”（2013年5月21日访谈）

二、农村专职干部的履职与管理

农村专职干部目前已经构成慈溪农村治理的基层核心力量，因此需要评估他们的整体履职情况和日常管理情况，以考察农村专职干部制度的建设成效与农村治理绩效。首先需要考察农村基层党组织建设情况，特别是村党组织书记的任职情况和村党组织的整体稳定状况，还要考察村书记和村主任这两个最重要的村级职务任职者之间的工作关系，同时村三套班子成员和农村专职干部之间的交叉关系，也是农村专职干部制度建设的一个需要重点协调的工作关系。

（一）党龄与村干部任职情况

首先考察农村基层党组织建设的情况。村书记是农村基层各项工作的领导核心，也直接被聘为农村专职干部，他们的工作情况，对于农村基层党组织建设和农村专职干部队伍建设意义重大。

1. 党龄

截至2014年底，慈溪全市村党组织书记党龄平均为21.5年（最短4年，最长44年），担任村书记的长度平均为10.8年（最短1年，最长34年）。在担任村书记之前，30.5%已经担任村干部。而在全市所有村一般专职干部中，79.7%是中共党员。其中，党龄平均为16.3年，短于村书记的平均党龄，党龄最长的39年，最短的不到1年。

表7.12 村一般专职干部中的党员

	数量（人）		比例	
		其中村主任（不含村书记、村主任一肩挑的情况）		其中村主任
党员	1074	199	79.7%	80.2%
非党员	274	49	20.3%	19.8%
合计	1348	248	100%	100%

资料来源：中共慈溪市委组织部提供资料。

表7.13 村书记与村一般专职干部中的党员的党龄

	党龄（年）		
	最长	最短	平均
书记	44	4	21.5
村一般专职干部中的党员	39	<1	16.3

村书记在任职之前一般已经长期在基层党组织中参与组织生活，并且相当一部分已经在村三套班子中担任其他职务。这些都是培养政治素养和积累农村基层工作经验的重要阶段。他们担任村书记的平均时间也比较长，因为村书记这一职位对于村级组织的稳定具有至关重要的作用，因此镇（街道）党（工）委和村党组织一般都不希望村书记频繁更换。

对于村书记队伍的稳定性及其重要意义，一个镇（街道）的副书记说："现在的村书记队伍非常稳定，一般可以干个十多年，都是因为年龄原因到点了才退。关于退休年龄，市里也有一个一般性的原则，但是有时候也根据具体情况而定。"（2013年5月7日访谈）

一些村书记则解释了为何村书记队伍一般能保持稳定，比如培养村书记所需时间较长，及担任村书记后的职业惯性。一位村书记说："现在培养村干部也很难，培养一个书记主任要十多年，培养一般的干部也要五六年。"（2013 年 5 月 14 日访谈）另一位村书记说："一个书记刚上来肯定要熟悉各方面工作，一届时间根本做不了什么事情……如果一个村书记干了一届就不干了，群众肯定会议论，说这个书记出了问题干不成了，自己的面子上也过不去。而且当书记只当一届也做不好村里的工作。"（2013 年 5 月 21 日访谈）

2. 村书记与村主任的职务交叉关系

从村党组织书记与村委会主任的职务交叉关系来看，目前 12.1% 的村书记同时担任本村村委会主任。目前不兼任村主任的村书记中，有 35.0% 曾经担任过村主任。从未担任过村主任的村书记中，15.1% 曾经参加过村主任竞选。可见全市村书记和村主任"一肩挑"的情况不是主流。而且从未担任过村主任的村书记中，绝大多数也从未参与竞选过村主任。可见村书记与村主任"一肩挑"的情况较少，并非是由于村书记主观上想一肩挑但由于竞选失败的客观原因所致。不过也有相当一部分村书记，曾经担任过村主任。在这个意义上讲，村主任的任职经历成为相当一部分村书记成长的重要阶段。目前村书记和村主任由两个人担任的村里，91.3% 的村主任是党员。因此，村书记也可以通过村党组织对村主任进行有效的政治领导。

表 7.14　村书记与村主任的职务交叉关系

职务交叉关系	数量（人）	比例（%）
村书记兼任村主任	25	12.1
村书记目前不兼任村主任但曾经担任村主任	72	35.0
村书记从未担任过村主任但曾经参加过本村村委会主任的竞选	25	15.1

一个村书记谈及自己的村干部任职历程："我 1986 年入党，当时 23 岁。组织上让我做村里的团支部书记。后来我又干了两届村委会主任，后来当了村书记。"（2013 年 5 月 13 日访谈）

一个兼任村主任的村书记则解释了为何本村实行了“一肩挑”：

“我们村 2005 年的时候因为历史问题村班子只剩 3 个人，村务工作基本陷入瘫痪状态。当时镇（街道）比较重视我们村的村班子重建问题。我是 2007 年经过选举，然后被任命为村书记。同时，由于队伍仍然不健全，镇（街道）让我也参加村委会的选举，因此当时我也选上了主任。我是镇（街道）里唯一一肩挑三任的（村书记、村主任、村经济合作社社长）。我其实觉得，当村务工作稳定下来的时候，（村书记和村主任）分开就没问题的。两个一起当任务太重，我早就打报告说要选个村主任出来了。我们村在选举环节一直搞得很规范，书记都是公推直选的，先推荐 5 个人，选 4 个，这 4 个当中再产生书记。这个对于我自己来说当然有风险，不过这样也很规范，至少在我们村行得通。”（2013 年 8 月 14 日访谈）

可见其原因主要是村班子瘫痪造成的，“一肩挑”只是权宜之计，待村班子重建之后，还是要另选人担任村主任。

不过也有不同情况，有些镇（街道）鼓励村书记竞选村主任。某镇党委书记说：

“村级民主弄了 20 多年，在民主上已经有所尝试，当然，民主没有解决权力高度集中的问题，这跟我们党的制度在农村的渗透是有关系的。不过，这个方面我倒觉得没有必要改，书记和村主任一肩挑甚至都可以。这样反而显得书记的合法性基础更大了，我就鼓励村书记竞选村主任。”（2013 年 7 月 3 日访谈）

3. 村一般专职干部在村三套班子中的任职情况

根据中共慈溪市委组织部提供的资料，截至 2014 年底，78.8% 的村一般专职干部是本村党组织成员，61.2% 的村一般专职干部是本村村委会成员，而仅有 52.0% 的村一般专职干部是本村经济合作社成员。村一般专职干部中的经济合作社社员的比例偏低，这与农村经济合作社社员身份确定的独特规则相关。

表 7.15　村一般专职干部在本村三套班子中的任职情况

任职情况	数量（人）	比例（%）
党组织成员	826	78.8
村委会成员	641	61.2
村经济合作社成员	545	52.0

资料来源：中共慈溪市委组织部提供资料。

一个镇（街道）的干部对慈溪的村经济合作社制度进行了介绍：

“浙江各地都有三套村班子：村党组织、村委会和村经济合作社。合作社社长由村书记兼。这里有两个身份，一个是社员、一个是村民，村民不一定都是社员的。生的小孩可以是社员身份，但是外来不会新增的，比如嫁过来的媳妇和外来打工的，都不能算社员。我们是以 1962 年的公社大队的状况来决定今天的社员身份的。总的来说，社员身份秉持一个只减不增的原则。因为现在孩子生得少了，改城里户口，出去念书走掉的。慢慢社员是会变少的，因此，有可能以后一个村的集体资产就只落在几十个人的头上，随着农村就业向城市里转移，这是有可能的……在（农村经济合作社）股份化改造之后，这种按股集体资产的权利是可以继承的，即使儿子以后不是村集体的农村户口，也是可以继承的。但是，基本上不会有新增股份，股权不会被稀释，本地本村人一般情况下是越来越少的，外来人口是不能入股的。”（2013 年 6 月 28 日访谈）

（二）农村专职干部的考核与提升

农村专职干部的考核，直接与相关的工资、福利、提升等激励机制挂钩，有助于激发农村专职干部的工作热情，对于提升农村治理绩效有着显著的意义。

在对农村专职干部的考核方面，日常的综合评定是常规考核方式。慈溪农村专职干部制度还特别设计了村专职干部向上级党委政府和党员村民代表两方面进行“双述双评”的制度，以凸显村民代表对专职干部的监督权。目前有97.3%的村书记在被聘为村专职干部之后，根据考核和民主测评情况接受过综合评定，其中98.4%的村书记所经历的综合评定是采取“双述双评”的方式；98.0%的村一般专职干部根据考核和民主测评情况接受过综合评定，其中97.5%的村一般专职干部在上一次综合评定中采取了“双述双评”的形式。可见目前对村专职干部的考核机制已经高度制度化，“双述双评”得到广泛施行。

慈溪的农村专职干部制度，特别重视对村干部的日常培养与提升工作。在村书记培训提升方面，66.3%的村书记参加过到外地考察学习的活动，是最为普遍的一种培训形式。51.4%的村书记接受过管理技能培训。但是到其他村及镇（街道）机关挂职锻炼的经历都很少。村一般专职干部的培训提升内容与村书记大体相似，“管理技能培训”“到外地考察学习”最为常见。“到镇机关挂职锻炼”和“到其他村挂职锻炼”的比例则非常低。可见，目前的培训机制主要是以短期的考察与课程培训为主要形式，跨村横向交流任职及向上到镇（街道）机关挂职锻炼的机会还是非常少。

表7.16　村专职干部的培训项目

培训项目	选答比例（%）	
	书记	村一般专职干部
大专学历教育	32.5	30.6
管理技能培训	51.4	68.5
到其他村进行挂职锻炼	3.1	0.9
到镇机关挂职锻炼	3.5	1.3
到外地考察学习	66.3	54.3

此外，慈溪的农村专职干部制度还为专职干部设计了一些职业上升通道，其中最重要的就是机关事业单位向农村专职干部定向招考岗位。有15.1%的村书记在被聘为村专职干部以来，参加过慈溪市组织的、面向村专职干部的定向招录机关事业干部考试。有10.7%的村一般专职干

部自从被聘为村专职干部以来，参加过定向招录机关事业干部考试，低于村书记的这一比例。这一考试与村专职干部的年龄、文化程度有很大关系，因此一般来说，比较年轻的、文化程度比较高的村专职干部，才有可能、有意愿报考机关事业干部。从实际情况来看，村书记参加考试的比例高于村一般专职干部。

表 7.17　村专职干部的提升

	村书记		村一般专职干部	
	数量（人）	比例（%）	数量（人）	比例（%）
参加过定向招录机关事业干部招录	39	15.1	26	10.7

（三）村专职干部与村三套班子成员的关系

在农村专职干部制度的设计中，以村三套班子成员为主体选聘村专职干部。两个群体主体一致略有差别，村三套班子成员不一定被聘为村专职干部，村专职干部的选聘也不局限于村三套班子成员。村三套班子成员与村专职干部的实际职务交叉情况如何呢？

1. 交叉任职情况

目前全市行政村专职干部平均为 6 人。全市所有村均实行了村专职干部服务大厅集中办公制度。另外，全市行政村非专职干部的平均数为 2 人。本村专职干部中不是村三套班子（村党组织、村委会、村合作社）成员的人数，其平均值仅为 0.73。村三套班子成员中没有被聘为村专职干部的人数平均也仅为 0.94。可见目前农村专职干部与村三套班子之间存在着高度的人员重叠，专职干部大部分都来自村班子成员，村班子成员也绝大部分被聘为村专职干部。

关于有人不是村三套班子成员而被聘为村专职干部的主要原因，村书记解释主要有几种情况：1. 村班子以外有工作能力出众的人才，但因为某种原因未能选入村班子；2. 村班子人手不够，需要新聘专职人员；3. 上轮村班子选举结束，有些村专职干部尚未有机会参选；4. 并村遗留的村班子人事安排问题；5. 到村大学生聘为村专职干部；6. 聘用后备干部作为村专职干部进行培养；7. 有些村干部年龄偏大不适合进村班子，但是工作经验丰富，可以聘为村专职干部；8. 村班子岗位数限制，有些村专职干部无法进入村班子；9. 平衡村内各片区的村干部数。

关于村三套班子成员中有人没有被聘为村专职干部的主要原因，村书记解释主要有几种情况：1. 村专职干部岗位数限制；2. 有些村干部进村班子时间短，需要进一步考察；3. 有些村干部经营企业，管理工作繁忙，村里工作实际上是“兼职”；4. 有些村干部年龄偏大，或者能力素质不足，因此工作评价一般；5. 到村大学生已经进入村班子，但是没有聘为村专职干部，因为有另外的财政渠道负责他们工资。

2. 如何实现选聘分离

关于为何及如何实现选聘分离，很多镇（街道）干部都有自己的认识。他们普遍认为，从改善农村工作和加强农村干部队伍建设的角度考虑，需要通过选聘分离的方式，需要在现有的村三套班子体系之外开拓新的渠道，让更多有能力的人担任村干部。然而选聘分离又不是绝对的，从稳定农村干部队伍和充分发挥现有的村三套班子队伍作用的角度考虑，村专职干部与村三套班子成员之间应该保持适度的分离，也就是主体一致，但存在部分的人员分离。而且一些镇（街道）干部还强调，相比于村干部人员的分离，更为重要的是实现村务决策和执行的分离。

对此，慈溪市的一位干部详细介绍了农村专职干部的身份定位及其与村务议事班子的关系。他说：

“可以明确的是，村专职干部的聘用主体是村三套班子（党组织、村委会、经济合作社），镇（街道）党（工）委是审核把关的。村专职干部的应聘对象不局限于村三套班子成员，需要由党员、村民代表和社员代表进行评审打分和票决，票决结果村里要上报镇（街道）党（工）委进行审核考察。所以，我们这一套程序与现行村级民主机制是不矛盾的。从职能分配上讲，村三套班子主要是以议事和日常决策为主，村专职干部以负责执行为主，执行村民委员会的决议、村三套班子的日常决策和上级党委政府交办的工作。”（2013 年 8 月 13 日访谈）

一个镇（街道）书记解释了为什么村三套班子成员不一定全部聘为村专职干部。

“我为什么说不能说选上的都要聘呢？因为要考虑到三种村干部：一种是选上了，但是没有能力，完全无法配合政府的工作，也没法完成村民交代的工作。这样的人当然不能聘用。第二种是选上了，但是工作没时间做，比如一些事务很忙的企业家。第三种是一些选不上，或得票不高，但能力出众，配合政府工作很得力，我们也会聘为专职干部。比如有的大学生村官，他是外村来的，如果选是不可能选他们的。聘用制度把这些优秀的外来大学生也聘为专职干部，也会在一定程度上提高他们的收入。目前，在我们镇就不是完全重合的，有的企业家我们就没有聘用。如果以后有机会，我们还会朝着之前说的分权的方向发展，彻底实现决策层和执行层的分离。”（2013 年 7 月 3 日访谈）

一个镇（街道）干部则阐释了自己关于如何协调两套人马的关系的理解：

“现在（村班子）选出来的都想做专职（干部），这个就有点麻烦。所以我们就设了条件，比如年龄、规模限制等等。实在是没法聘用为专职干部的，我们也是可以任命为其他干部的，比如农贸市场专员、治安监督领域的干部，但是这个干部的工资就是村里自筹加上镇的补贴……要在三个班子之外另搞一套执行的干事人员，我觉得，完全分开，是做不到的。而且，我认为这两者之间不应该太过分割。首要的是我们没有这个权力把民主选上来的干部抛在一边。真正说是决策和执行分离的话，这两边肯定是要打架的，到时候也运转不了。所以，这个专职的‘执行’方应该是不能完全脱离于三套班子的。但是我也不鼓励高度重合，那我们选聘分离就没意义了。所以，我觉得适度不重合是好的，相当于有‘差额’……就是议行应该有一定的分离，但主体要合一。”（2013 年 7 月 10 日访谈）

对此问题，不少村干部与上级党委政府有相似的理解。一个村书记说：

“（村班子成员和村专职干部）完全分开是不现实的，这个想法很好，但实际工作中，能不能按照这种分离的议事规则就不一定了。比如，我们只能通过各自然村选上来的干部去做小片（自然村）的工作才施展得开。因此，他既是选出来的干部，也是干事的干部。如果真能完全分得开，那上面的党政分离不也就可以了吗？但实际呢，我们不能说让聘用的干部忙得团团转，又让三套班子的人闲得很。最终，权力之间还可能打架。总之，运行中的成本太大。所以，我们后来的想法是主张选、聘主体结合，部分分离。对于那些没有工作精力的人，我们是不会干涉他的，也会让他参与到决策中来，绝对没有剥夺他的权利。我们村也有选上没聘的情况，这是我们这里聘用条件限制而导致的。比如，有一个班子成员年龄到了，但是选还是选上来了，后续的干部没出来，因此他还继续干，但由于年龄限制，上面也不会聘用。”（2013 年 7 月 12 日访谈）

上级党委政府特别是乡镇党委政府普遍认为，农村专职干部与村三套班子之间通过选聘分离机制实现适度分离，有助于加强和改善上级党委政府对农村干部的管理，因为相比于通过选举产生的村三套班子，上级党委政府对实行聘任制的村专职干部的选聘有更大的话语权。一位街道党工委副书记说：“农村专职干部制度建立以后，主动权掌握在街道了，好的干部可以进入村班子，这条通道打通了。对于不好的人也有一种制约，就像核威慑，不一定要用，但是要宣传这种制约措施。”（2013 年 5 月 7 日访谈）

面对村三套班子成员与村专职干部过度重叠的问题，慈溪市也在进一步探索完善村专职干部选聘程序和强化监督考核的措施。这些措施的目的，一个是使村专职干部的选聘过程更为科学、合理与公开，另一方面也更加突出了村专职干部制度的独特意义，帮助村干部和村民群众消除那种“村三套班子成员跟村专职干部是一回事”的错误认识。对此，慈溪市的一位干部说：

“选聘分离这个制度出来有很多年了，不过从具体落实来看，我们现在形式上已经搞上去了，但是对于聘用干部的把关还是不够严，有的镇、街道组织办在审核的时候也没有综合考虑干部的素质是否能够胜任专职干部的工作。有的考察工作、聘用程序还没有落到实处。在下一步的工作中，我们希望在这个方面把程序搞细，但也不会搞得太过麻烦。”(2013 年 8 月 13 日访谈)

3. 特定人员进入村三套班子的情况

目前，慈溪也有部分行政村出现了到村大学生、外来优秀党员、市镇机关下派干部和跨村任职干部等特定人员进入村三套班子的情况。根据中共慈溪市委组织部提供的资料，截至 2014 年底，到村大学生进入村班子的情况最为常见，其次是市镇下派干部，跨村任职干部和外来优秀党员进入村班子的情况较少。

表 7.18　几类特定人员进入村三套班子工作的村

	村的数量	占全市比例
到村大学生	106	38.7%
外来优秀党员	2	0.7%
市镇机关下派干部	74	27.0%
跨村任职干部	9	3.3%

资料来源：中共慈溪市委组织部提供资料。

一个镇（街道）的干部说：“镇（街道）下派的原因和条件无非三点：一是村里没有比较合适的人选。二是选派的人有意愿去为村民服务。三是能力也强，能够胜任综合性工作。”(2013 年 7 月 10 日访谈)

一个镇党委下派的村书记说：“镇党委书记让我下去兼村书记，其他镇也有这样的情况的。有时候村书记改选，没有合适的人选，就先去替一替……（村里）算我一共有 8 个专职干部。我的工资不跟他们一样，我自己还是事业编制的。”(2013 年 7 月 3 日访谈)

（四）农村专职干部自身对农村专职干部制度的认识与评价

农村专职干部自身对农村专职干部制度的认识与评价，能够比较直观地体现出该制度运行的实际效果。79.4%的村书记认为，自己被聘为专职干部这件事，给自己的工作带来了变化。在对农村专职干部制度的认识方面，83.2%的村一般专职干部认为，被聘为本村专职干部这件事给自己的工作带来了变化。这说明村专职干部已经对农村专职干部制度深刻的改革含义有了比较明确的认识。

表7.19 村专职干部认为被聘为本村专职干部的认识

	村书记		村一般专职干部	
	回答数量（人）	比例（%）	回答数量（人）	比例（%）
认为给自己的工作带来了变化	201	79.4	198	83.2

在认为自己被聘为专职干部这件事给自己的工作带来变化的村书记中，关于变化的内容，有如下发现。村书记认为有增加和改善的方面，主要是行政权力、社会声望、职业发展前景、工作任务、考核监督、行政经费、与上级组织的关系。这说明，村书记被聘为专职干部以来，他们感受到开展工作的软硬件环境得到改善，如个人的社会声望及行政权力和经费，但工作任务和相关的考核监督力度也在加大。在村务管理工作的人员配备上，有37.9%的村书记认为人员有所精减。所有村书记中有47.4%的人认为个人收入和福利有所减少，这与农村专职干部制度的设计和访谈中镇街领导及村干部的看法相左，因此还有待进一步考证。村一般专职干部的感受也大体相似，每项内容的正向选答率都高于村书记，而且与村书记相比，更多的村一般专职干部认为行政权力、个人收入和福利有所增加。

表7.20 村专职干部认为自己被聘为专职干部这件事给自己的工作带来的变化

	村书记		村一般专职干部	
	选答数量（人）	比例（%）	选答数量（人）	比例（%）
个人收入、福利增加	81	38.4	91	53.2
行政权力增加	144	68.6	115	95.8

续表

	村书记		村一般专职干部	
	选答数量（人）	比例（%）	选答数量（人）	比例（%）
社会声望提升	178	84.8	162	94.7
职业发展前景趋好	118	55.9	97	77.6
行政经费增加	82	38.9	51	56.0
工作任务增加	191	90.5	193	99.5
考核监督增加	180	85.3	174	100
人员配备增加	66	31.3	48	50.5
与上级组织的关系趋好	174	82.5	134	93.1

（五）农村后备干部培养

农村后备干部的培养，对于农村专职干部队伍的长效建设和村务管理的长期发展都有重大意义。53.2% 的村书记认为，本村年轻人参与村务管理工作的积极性高。总体比例刚刚过半，说明在这方面的情况实际上不太乐观。而 54.1% 的村一般专职干部认为，本村年轻人参与村务管理工作的积极性高，与村书记对此问题的认知水平大体相当。

一些村书记在访谈中也提及了本村后备干部培养中出现的问题，由于村干部收入相对较低、工作压力大、培养时间长，因此愿意来做后备干部的优秀年轻人才并不多。一位村书记说："现在村子里从来没有人主动跟我说要求参与村里工作的。"（2013 年 5 月 9 日访谈）一位村书记说："现在村里年轻人参与村务管理的积极性也不高，因为村干部收入低，工作压力大。"（2013 年 5 月 14 日访谈）另一位村书记说："现在没有多少人愿意来做后备干部，因为选上之后还要锻炼五六年才行。"（2013 年 5 月 16 日访谈）还有一位村书记则提及后备干部不积极参与村里工作的情况："村里的年轻人，如果有进后备干部的机会都很积极，但是村里开大会就经常不来。"（2013 年 5 月 17 日访谈）

表 7.21 本村年轻人参与村务管理工作的积极性

	书记		村一般专职干部	
	选答数量（人）	比例（%）	选答数量（人）	比例（%）
高	133	53.2	118	54.1
不高	117	46.8	100	45.9

关于农村后备干部应该选择哪类人群，50.8%的村书记首选本地企业能人；其次是在突发事件中表现出组织管理才能的人，是28.6%的村书记所首选；有19.9%的村书记首选到村大学生；仅有6.0%的村书记首选村干部后代。而43.6%的村一般专职干部首选本地企业能人；其次是到村大学生，有33.6%的村一般专职干部首选到村大学生；随后则是在突发事件中表现出组织管理才能的人，是27.4%的村一般专职干部所首选。

可见企业能人治村的理念，在村专职干部中有广泛的基础。而农村中的突发事件，也成为"时势造英雄"的重要契机。而村专职干部在主观上并不认为父辈的村干部经历，是选择村干部的重要标准。村一般专职干部比村书记更认可到村大学生，这应该与村一般专职干部平均年龄较低、拥有大学学历的比例较高有关，因此能够与到村大学生有更多的共性、交流和认可。

表 7.22 村后备干部的首选人群

	书记		村一般专职干部	
	首选数量（人）	比例（%）	首选数量（人）	比例（%）
村干部后代	16	6.0	3	1.2
本地企业能人	135	50.8	113	43.6
外出务工经商返乡人员	7	2.6	6	2.3
到村大学生	53	19.9	87	33.6
优秀外来人员	2	0.8	2	0.7
在突发事件中表现出组织管理才能的人	76	28.6	71	27.4
其他	9	3.4	3	1.2

三、小结

农村专职干部制度实施以来，已经取得了显著的成效，突出表现在进一步加强了基层党组织在农村治理中的领导地位，优化了农村干部的整体构成和素质，提升了农村干部的职业化水平和农村治理的制度化、科学化水平。

首先看农村专职干部的总体构成。平均年龄在50岁左右，总体上年富力强。在教育水平上，大多数已经具备高中/中专及以上学历。在村干部来源上，“村干部后代”的比例并不高，但是有父辈的党员身份对于现任村书记的政治发展有相当的影响。而“大姓治村”的现象并不显著，显示出农村熟人社会的格局已经在很大程度上被打破。村干部的经济收入已经有了很大改善，在总体满意的背景下，也还有进一步提升的可能和需要。村书记的经济状况一般好于村一般专职干部，这主要是由于村书记较多从事工商业经营活动。这也与选择农村企业家担任村书记的“能人治村”现象密切关联。

再看农村专职干部的履职与管理。村书记的党龄一般较长，有着较为丰富的农村基层工作经历。村书记与村主任“一肩挑”的情况并不普遍，这主要是由于村级治理中合理的班子分工所需要的。村主任绝大多数是党员，因此村党组织能够对村主任进行有效的政治领导。村干部大多经历过系统的在岗教育培训，尤其以管理技能培训最为普遍。比较而言，年轻的村干部更愿意参加定向机关事业干部招录考试。村三套班子成员与村专职干部之间的重叠率还比较高，有待进一步的改善。也有较多的到村大学生进入了村三套班子工作。镇、村干部对“选聘分离”的制度安排，已经有了比较清晰和统一的思想认识，但是仍然存在一定的疑问。这就需要进一步完善农村专职干部的选聘机制。村干部也普遍认为，实施农村专职干部制度，给他们的工作带来了显著的变化，既有待遇的提升和权力与资源的集中，也有工作责任和压力的增大。而在后备干部的选择上，大多数村干部认为，企业能人和到村大学生是最合适的人选。

综上所述，农村专职干部制度的实施，显著地改善了农村干部队伍的素质和能力，保障了农村干部的待遇和福利水平。农村治理结构在整体上得到了优化，农村基层呈现总体稳定的良好局面。农村专职干部对于“选聘分离”的制度安排已经有比较清晰的认识，呈现出总体上积极的评价。同时也应该看到，现有制度仍然有需要改进和完善的地方，比如农村专职干部的工资报酬水平还有提升的空间，农村专职干部的选聘机制还需要进一步完善；特别是在如何协调与村三套班子人员的关系，实现农村专职干部和村三套班子成员进一步人员分离等方面。

第八章　他山之石：国外城市经理制对我国农村专职干部制度的启示

应对当前我国城镇化发展进程中农村公共管理与服务功能强化而对村级组织建设和村干部管理制度提出的新要求，慈溪探索了农村专职干部制度。其核心理念是村干部选聘分离，岗位职业化、报酬工薪制，在已有的村三套班子队伍的基础上，建立起一支职业化的、高素质的承担农村公共管理与服务工作的专职村干部队伍。

在农村专职干部制度的探索过程中，慈溪一些镇（街道）的一些主要领导提出，可以借鉴美国城市经理制（city manager plan）。一位镇党委书记说："美国州以下的地方政府设置很不一样，其中有一种叫作'城市经理'制度，这个我们为什么不能借鉴？就让选举和日常管理分开，同时又相互渗透。我的想法是：民主管理、互动共赢。选举，就是产生议事干部，干活的就是干事干部。我们要聘用的，就是这些干活的，从事日常管理的干部。"（2012 年 12 月 24 日访谈，2013 年 7 月 3 日访谈）同时，国内也有研究提出，可以把美国的城市经理制度引入到中国的农村治理中，以加强农村干部队伍建设。①

虽然美国的城市经理制在产生的历史背景、具体的制度安排等方面，都与慈溪的农村专职干部制度有众多差异，但是前者还是给后者很多启发和借鉴，特别是如何在发展民主政治的同时建立起职业化的公共管理

---

① 宋虎、沈虹燕，《把美国城市经理请到中国农村来——对中国农村基层民主自治制度的探讨》，载《才智》，2010 年第 11 期，第 233 – 234 页；宋虎、施从美，《村庄经理制：村干部队伍建设的新思考》，载《学习与思考》，2013 年第 3 期，第 77 – 80 页。

者队伍与科学化的公共管理体系。因此，本章简要地介绍美国的城市经理制度，并与慈溪的农村专职干部制度进行比较。

一、城市经理制：公共管理中的职业化社区管理者制度

城市经理制是源自美国的一种城市管理制度，其基本特点是在民选产生的市长之外，再设置由市议会聘用和管理的城市经理这一职位，专职负责城市公共管理事务，因而代表着公共管理中职业化管理者制度的发展。城市经理制在美国起源并蓬勃发展，是美国三大市政管理体制之一，并且目前已经推广到加拿大、瑞典、印度等其他国家。本节将主要介绍美国的城市经理制的起源和特点。

（一）城市经理制的发展历程

美国是一个近代崛起的新兴工业化国家，其城市化进程发展十分迅猛，城市管理制度和方法也得到很多国家的研究和借鉴。19 世纪后半叶美国南北战争之后，工业化和城市化在全国加速推进，在纽约、芝加哥、费城、波士顿等原有大城市加速扩张的同时，众多新兴城市如洛杉矶、旧金山、西雅图、休斯敦、达拉斯等也在美国西部太平洋沿岸地区和南部地区快速崛起。到 1920 年，美国有 50% 以上的人口居住在城市，这标志着美国已经发展为一个城市化国家。①

美国独立以来，绝大多数城市都采用 1787 年美国联邦宪法确立的三权分立、互相制衡的原则，效仿联邦政府和州政府的形式，立法、行政两权分立并互相牵制。这种体制被称为“市长暨议会制”（Mayor - Council Plan），当时具有如下一些特征：第一，市长、议会议员以及一些重要的市政官员均由选民直接选举产生。第二，市长是法定的行政首脑，可以经议会同意任命部分市政官员。第三，议会是立法机构，但通常也有

① 罗思东、何艳玲，《城市应该如何管理——美国进步时代的市政体制及其改革》，载《公共行政评论》，2008 年第 2 期，第 92 - 119 页。

一定的财政权，如筹措市政管理经费、编制财政预算等。第四，市政厅各专门局负责具体的市政管理工作，局长多数为选民直接选举产生，工作上独立于市长和议会，直接向选民或州主管部门负责。这种体制中，议会相对强大，市长相对弱小，市政厅各职能部门相对独立于市长，市长很少有任命行政官员的权力，既没有权力对市议会的决定实施否决，也无法控制各职能局管理的城市行政管理事务。因此，这一体制又被称为“弱市长制”。①

美国传统的政治生活在农村地区，乡镇和县是美国民主制度的发源地，其选举政治和公共服务体系都反映了人口稀少的农村地区的分散性、直接性和志愿性等特点。当这一传统的民主政治机制运行于人口稠密的新兴工业城市的时候，由于外来移民大量涌入工业城市导致城市社会结构和公共服务体系的巨变，城市政治的运行背离了民主制度应有的政治价值与社会伦理。19 世纪的美国广泛实行“弱市长制”这种市政管理体制，在快速城市化的过程中暴露出了越来越多的弊病，第一最为突出的是“城市老板”操纵城市政治的问题。在城市普选的体制安排之下，一些城市出现了所谓的“城市老板”，即职业化的城市政客。他们利用政党势力操纵选举，安插亲信在市政厅中担任要职，而自己身居幕后遥控指挥。他们把城市公权力作为交易资本，进行各种营私舞弊的活动，导致城市政治中腐败泛滥，管理异常混乱。第二，由于市长、议会、市政厅各职能局相互独立、各自为政，极易出现相互扯皮、推诿的局面。而市长受到议会及其他方面过多的牵制，使整个政府体系缺乏统一有效的协调管理，行政效率低下。第三，大量市政管理官员由选民直接选举产生，由于选民不可能对数量众多的候选人深入了解，所以就很难保证政府一定能得到品德高尚和有业务能力的人才，反而是一些居心不良的职业政客在选举中胜出并在市政厅中担任要职，变成了“城市老板”在其利益集团中进行政治分肥的工具。这些问题都导致城市公共服务体系的发展

① 邢佳佳，《城市化与美国市政体制改革》，载《山东师范大学学报（社会科学版）》，1998 年第 3 期，第 31 – 36 页；罗思东、何艳玲，《城市应该如何管理——美国进步时代的市政体制及其改革》，载《公共行政评论》，2008 年第 2 期，第 92 – 119 页。

无法跟上工业化和城市化的发展要求。①

作为美国进步运动（progressive movement）的一部分，从19世纪七八十年代开始，美国城市中的新兴工商业者和中产阶级，开始发起城市改革运动，要求铲除“城市老板”，主张借鉴企业管理的经验，采用科学化管理原则进行城市管理，提出城市自治，以排除州立法机构对市政的过分干预，加强城市行政部门的权力，以遏制“城市老板”通过市议会干预市政，并实行无党派的市政选举。在学术界，一些学者也提出了市政管理体制改革的设想，其中弗兰克·约翰逊·古德诺（Frank Johnson Goodnow）提出，城市的政治和行政应该分开，政治留给政党，行政交给专家，城市的行政权力应该适当集中。一些美国城市探索扩大市长的权力，市长成为唯一由民选产生的行政官员，集中行使城市政府的行政权力，并与议会共享立法权，有权任命各职能局局长并直接统领行政事务，有权罢免不称职的市政官员，负责编制城市财政预算案以备市议会审议。这一体制被称为“强市长制”。这样，削弱了议会对行政工作不应有的控制（尤其是把编制预算权转交给市长），提高了市长的声望和地位，保证了各行政部门在市长领导下的协调和合作。②

然而“强市长制”并未在根本上改变市长暨市议会制的权力结构。其主要问题是，选民们选举市长时依据的是候选人的政治信誉和能力，但是这并不能保证选举产生的市长具备令人满意的行政管理能力。具备政治能力并当选市长的地方政治家，往往缺乏行政管理的经验，或者并不愿意从事行政管理工作。后来许多大城市对“强市长制”进行了进一步的改良，在市长之下设立首席行政官（Chief Administrative Officer）职位，由市长任命并向市长负责，协助市长履行行政管理的职能，市长则

---

① 邢佳佳，《城市化与美国市政体制改革》，载《山东师范大学学报（社会科学版）》，1998年第3期，第31－36页；罗思东、何艳玲，《城市应该如何管理——美国进步时代的市政体制及其改革》，载《公共行政评论》，2008年第2期，第92－119页。

② 王旭，《富有生机的美国城市经理制》，载《历史研究》，1989年第3期，第179－190页；邢佳佳，《城市化与美国市政体制改革》，载《山东师范大学学报（社会科学版）》，1998年第3期，第31－36页。

集中精力扮演城市政治领导者的角色。①

美国一些中小城市同时也在探索今日美国的另外两种主要的市政体制形式：城市委员会制（Commission Plan）和城市经理制。作为一种城市应急管理体制，城市委员会制首先诞生于20世纪初的得克萨斯州加尔维斯敦市（Galveston）。面对飓风和海啸的袭击，得克萨斯州议会任命5位在当地有很高名望的企业家组成一个委员会，集立法权与行政管理权为一体，将一切城市管理事务分为4类，每类由一人负责，余下一人为协调人，但其地位与其他4人等同。由于该委员会运行有效，使得城市重建工作得以顺利进行。第二年，加尔维斯敦市立法机构将这种委员会制作为正式体制固定下来，同时规定，委员无须政党提名，由市民直接选举产生。然而城市委员会制也存在问题：一是城市管理人员需要具备专门的城市管理知识，而民选的委员不一定具备这种才能，而城市管理专家又因为厌恶政界争斗而不愿出任公职；二是该体制完全放弃了分权与制衡的原则，几个委员地位相等、权力分散，缺乏有力政治领导，不易集中进行有效的市政管理。

弗吉尼亚州斯汤顿市（Staunton）则率先进行了城市经理制的探索。城市经理制也称市议会暨经理制（Council - Manager Plan），它是先由市民在无党派前提下普选或按城市区域选举产生小型市议会，通常由5、7或9人组成，负责制定城市有关政策和法令、批准市政年度预算等事宜。市长是市议会的首要官员，负责主持市议会的会议，并作为城市象征性的最高长官参与各类重要仪式，但并没有具体的行政职责，往往是兼职不领工资的。市议会聘用一位受过专门训练并有丰富的管理经验与才干的专家担任市经理，全职、全权负责城市管理事务。城市经理的选聘完全依据候选人的才干和资历，无须是本城市市民。市议会也负责确定城市经理的薪酬标准与考核方式。城市经理负责起草市政年度预算，任命与奖惩市政各行政部门官员，直接对市议会负责，任期不限，由市议会

① 罗思东、何艳玲，《城市应该如何管理——美国进步时代的市政体制及其改革》，载《公共行政评论》，2008年第2期，第92－119页。

根据其政绩而定。①

城市经理制形成于20世纪初，虽然时间上比较晚，但一产生就发展迅速，尤其是在美国西部和南部的新兴城市中得到广泛采用。1945年，全美共有455个城市采用了城市经理制，在人口2.5万人以上的所有城市中，有1/4采用了城市经理制。“第二次世界大战”之后，美国迎来了城市郊区化快速发展的新时期，这为城市经理制的发展创造了新一轮的发展契机。到1965年，有超过1600个城市采用城市经理制。在全美所有1万~2.5万人口的城市中，有2/5采用城市经理制；2.5万~10万人口的城市中，有一半采用城市经理制；10万人口以上的城市中，有1/3采用城市经理制。20世纪90年代以来，美国人口越来越集中居住于各大都市区中，“企业型政府”理念在美国得到广泛推行，城市经理制迎来第三轮的发展高峰，成为美国25万以下人口的城市所采用的最为普遍的一种市政管理体制。选择城市经理制的城市，市场化和企业化水平比较高，也拥有较多的具有显著参与意愿的管理精英。而在同时，1917年之后，城市委员会制逐步衰落；“强市长制”逐渐成为市长暨议会制的主流形式，为美国100万人口以上的大城市广泛采用。在政治环境高度复杂的大城市，需要有民选产生的、有较高政治声望的市长负责各方政治利益代表的调和，市长通过非正式的沟通渠道所发挥的政治作用更为重要，因此大城市更需要强有力的市长扮演政治领袖的角色。②

（二）城市经理制的原则和特点——科学化管理与政治、行政分权

市长暨议会制是美国最为传统的市政管理体制，经过历史上的多次

① 王旭，《富有生机的美国城市经理制》，载《历史研究》，1989年第3期，第179－190页；张凌，《美国的城市经理——议会行政管理模式：对摩根市行政管理体制的调查与思考》，载《浦东开发》，1997年第10期，第55－57页。

② 王旭，《富有生机的美国城市经理制》，载《历史研究》，1989年第3期，第179－190页；邢佳佳，《城市化与美国市政体制改革》，载《山东师范大学学报（社会科学版）》，1998年第3期，第31－36页；孙建军，《美国城市经理制的发展》，载《经济研究参考》，2003年第82期，第24－28页；金怒江，《美国城市经理制研究》，载《社会科学》，2004年第11期，第27－32页；林蓉蓉，《20世纪中后期西方城市经理制研究综述》，载马骏、侯一麟主编，《公共管理研究》，第7卷，上海，格致出版社，2010年，第163－178页；李壮松，《美国城市经理制——历史到现实的综合考察》，厦门大学历史系博士论文，2002年，第34－39页，第71－73页。

改良，目前仍然以“强市长制”的形式被美国很多大城市所广泛采用。由于市长暨议会制在历史上存在行政权力过于分散和软弱、易受党争影响和议会掣肘而导致决策迟缓、执行不力等问题，城市委员会制应运而生，它以快速集中的决策机制、超党派直接选举和行政、立法权力合一为主要特色。

斯汤顿市最初的实践探索相对简单，只是设立城市“总经理”职位，负责市政厅的行政管理工作，类似企业经理制，但没有形成较完整的理论。著名改革理论家理查德·蔡尔兹（Richard Childs）则把斯汤顿市有关城市经理的实践探索与城市委员会制结合起来进行研究，从而总结出一套较系统的城市经理制理论。这一理论基本涵盖了城市经理制度的核心原则，对后续的制度探索产生了深远的影响。

概括起来，城市经理制有如下原则和特点：

第一，主张城市自治，明确界定州政府与城市政府的权限范围，防止“城市老板”利用州立法机构操纵城市事务。

第二，继城市委员会制之后，城市经理制重申了市政选举的无党派原则，遏制了党派势力对市政厅的操纵。

第三，城市经理制提出市政管理科学化的理念，强调市政管理应该有效率观念，城市经理的任职者必须具备市政管理的专业知识，从而体现出“专家治市”的特征。

第四，城市经理制主张区分立法权（政治职能）与行政权（行政职能），市议会与市经理各有明确的分工。减少普选产生的市政官员的数量，将城市政治权力集中于普选产生的小型议会中。市议会议员负责立法与评聘市经理，但不得随便干预行政事务。城市管理需要建立行政权力集中、统一和简洁的行政部门，从而体现出“行政集权”的特征，而城市经理就是城市的行政长官。作为市议会中的一名成员，市长仅仅是名义上的行政首脑。城市经理由市议会选聘，向市议会负责，并有权任命城市各职能局的行政官员。城市经理不卷入政党政治，也不参与议会立法活动。这种体制很大程度上借鉴了现代企业制度中所有权和经营权分离的制度安排，城市经理制与企业的董事会经理制相类似，既提供了议会负责的稳定的集体决策，又建立了城市经理这一负责执行政策的单一的行政官职位。

第五，市政管理问题错综复杂，涉及各种阶层和社区方方面面的利益，因此，市政决策中要更广泛地促进基层民主参与，通过普选或分区选议员的方法，以及创制权（Initiative）、复决权（Referendum）、罢免权（Recall）等直接民主措施，扩大市民间接参与市政决策的范围。因此，虽然城市经理并非民选产生，看似违背了民主原则，但是通过扩大市民间接参与市政决策的方法，也增加了市民对城市政府的监督，因此仍能确保公共权力行使的公正性。①

（三）城市经理制的问题及改革措施

市政管理体制是随着城市发展的进程而不断演进的，当旧有的体制无法适应城市发展要求的时候，就会要求新的市政管理体制的出现。城市经理制脱胎于弱市长型的市长暨议会制和城市委员会制，大大推动了市政管理体制的改革和发展，取得了很多成效。然而，城市经理制并非完美，在运行的过程中也暴露出一些问题，遭到了一些批评。

第一，城市经理制倡导城市政治决策与行政管理的分离，然而这是一种理论上的理想状态，现实当中很难完全实现。城市经理为了稳固自己的职位，需要在市议会中培植自己的支持势力。城市经理也对市议会的决策、特别是预算编制具有重要的建议权。这些都是城市经理参与政治的渠道。此外，城市经理对市政管理的信息和知识的掌握程度，远远超过了市议会的议员，议员单凭自身很难对城市经理进行有效的监督和考核。

第二，城市经理制把市长设定为象征性的城市首脑，并没有高于议会其他议员的权力；同时又把城市经理设定为政治中立的行政管理专家，

---

① 王旭，《富有生机的美国城市经理制》，载《历史研究》，1989 年第 3 期，第 179 - 190 页；邢佳佳，《城市化与美国市政体制改革》，载《山东师范大学学报（社会科学版）》，1998 年第 3 期，第 31 - 36 页；林蓉蓉，《20 世纪中后期西方城市经理制研究综述》，载马骏、侯一麟主编，《公共管理研究》，第 7 卷，上海，格致出版社，2010 年，第 163 - 178 页；李壮松，《美国城市经理制——历史到现实的综合考察》，厦门大学历史系博士论文，2002 年，第 21 - 22 页。

不应插足政治决策，这就使得城市经理制缺乏一个法定的政治领导人。事实上，随着城市管理事务的不断扩大和复杂化，城市经理也越来越多地参与到了城市政治决策中，已经在一定程度上发挥了政治领导者的作用。

第三，市议会通过超党派的市民普选产生。这种选举制度往往对城市中的少数族裔不利，无法有效代表他们的利益诉求。同时，市议会的议员职位属于兼职性质的工作，而非全职领取薪俸的工作，因此并不富裕的普通市民往往无法投身这项工作。

面对这些问题，城市经理制也在不断进行着改革，以适应市政管理的新需求。主要有以下两种措施：

第一，改变市议会议员的选举方式，更多地采用分区选举，以增加少数族裔在议会中的代表。普选和分区选举相结合，成为大多数城市议会所采用的选举方式。在规模较大的城市和少数族裔比例较多的城市，这种选举方式显著地提高了市议会议员中少数族裔的代表。

第二，强化市长的权力，使市长能够更好地发挥政治领导和协调作用。越来越多地采用直接普选而非在议会中选举产生市长的方式，强化市长的政治基础，使得市长更有能力发挥非正式的政治影响力以协调城市不同利益群体之间的关系，以及城市不同行政部门之间的关系。同时赋予市长更多的政治权力，比如有权否决议会的法案，对城市经理提交给议会审议的预算案提出自己的建议，建议聘用或解聘城市经理等。这种强化市长权力的改革措施在规模较大的城市更为明显。

第三，允许城市经理适度参与城市决策过程。虽然没有明确城市经理的政治领导者身份，但是事实上已经给予城市经理在政策制定和修订过程中有较大的建议权，这一点在规模较大的城市尤为明显。当然市议会仍然拥有最终的决策权。在处理与城市内部各利益集团以及市政厅的关系方面，城市经理也发挥着日益重要的作用。①

此外，在市政管理规则和方式上也进行了改革，出现了一些新特色：

---

① 李壮松，《美国城市经理制——历史到现实的综合考察》，厦门大学历史系博士论文，2002年，第103－112页。

第一，实行“支出控制式预算”，取消明细分类项目，实行资金总额预算，允许各部门保留其没有花掉的预算经费；第二，在市政服务和市政工程方面引入竞争机制，实行公开招标；第三，按业绩对市政官员和普通公务员进行管理；第四，建立对市政官员和普通公务员的长效培训机制。①

（四）城市经理职业群体——职业化公共管理者

城市经理制的出现，催生了城市经理这一职业群体，城市经理这一职业也逐渐发展为美国公共管理领域中的一类重要的职业类型。城市经理这一群体一般具有以下特点。

第一，城市经理的专业教育背景。早期的城市经理多为工程师，这也适应了工业化初期城市市政公用设施快速发展的需求。此外，银行家等商界管理人员、前任市政官员也常成为城市经理的人选。后来，越来越多的大学提供公共管理专业教育，有越来越多具有公共管理专业教育背景的人担任城市经理。拥有本科以上学历的城市经理所占比例越来越高。

第二，从业资格。早期城市经理尚未成为一个独立的专业领域，因此城市经理一般都没有经过标准化的培训，也无须通过职业资格考试。但是国际城市/县管理协会（ICMA - International City/County Management Association），一直在推动城市经理的职业道德和从业资质建设。此外，城市经理也越来越多地接受常规的在岗培训。

第三，岗位职责。城市经理的主要职责包括，管理城市日常事务，保持与议会和市民的沟通协调，管理政府组织人事并协助政府职员的职业发展，编制城市财政预算，处理与主要劳工组织的关系，对市民咨询提供反馈，确保城市公共政策的执行。

第四，籍贯。总体上看城市经理的选聘并不看重候选人的籍贯，本地人外地人均可担任。但早期的城市经理多为外地人，因为当时的观念

① 王旭，《美国市政体制与市政管理中的“企业化”思想》，载《经济体制改革》，1999年第5期，第127-131页；罗思东、何艳玲，《城市应该如何管理——美国进步时代的市政体制及其改革》，载《公共行政评论》，2008年第2期，第92-119页。

认为城市需要外来观念给市政管理带来新思维。但20世纪初之后，随着城市经理制的发展成熟，有越来越多的本地人担任城市经理。

第五，薪资。城市经理的薪资水平普遍较高，一般高于城市中的民选官员，而且远远高于其下属。整体上看，城市经理的收入水平在美国属于中上层，与其他专业技术职业相比也处于较好的位置。一般来说，城市经理的薪资水平与其所管理的城市的人口规模成正比。

第六，党派。城市经理一般被认为是政治中立的专业技术人员，因此一般不参与政党政治。

第七，职业流动性。各城市经理的任期不定，但总体而言，平均为5年左右。人口在1万人以下的城市所聘用的城市经理，其职业流动性最大，一般流向更大的城市。

城市经理产生以来，作为一种新型的管理类专业技术职业群体，其队伍不断壮大，职业化、规范化水平不断提升，其中，城市经理职业群体自身的协会组织的建设起到了很大的作用。

美国的城市经理协会于1914年成立，向所有市议会任命的城市行政主管开放会员申请。1924年，为了接纳加拿大的会员，更名为国际城市经理协会，并开始设立一些常设委员会，主管培训、研究、工程标准等事务。1930年以来，对会员资格的要求中，原本要求任职城市经理职务1年的时间长度延长到2～3年；同时规定，拥有本科学历或5年公共管理经验的，可以顶替1年的城市经理任职经历。1968年，其会员范围扩展到所有市、县经理，及市长、议会任命的行政官和议会主管，并于1969年正式更名国际城市管理协会。

城市经理协会自成立以来，就发挥着重要的功能。目前其主要功能有以下几种：1. 培训：就市政管理的技术、人事、财政、规划等内容编制教材、组织培训课程。2. 出版刊物：交流城市管理的理念与方法，及城市经理的招聘、任命等信息。3. 与全国市政同盟等其他协会进行联络。4. 研究：提供城市管理的专业研究及咨询服务。[①]

---

① 李壮松，《美国城市经理制——历史到现实的综合考察》，厦门大学历史系博士论文，2002年，第120－126页。

二、城市经理制对中国农村专职干部制度建设的启示

美国与中国在经济社会结构和政治体制方面差别很大，但是美国在经济、社会、政治发展方面的先进经验仍值得我国学习。美国的城市经理制度，是美国快速城市化进程中重要的制度创新，极大地推动了美国城市政治的民主化进程、城市管理的科学化与职业化发展以及城市公共服务体系的完善。而我国目前的农村地区，正处于城镇化与社区化快速发展的新时期，各项公共服务正在农村逐渐完善推广，这一背景与美国在20世纪初的城市化历程有很多的相似性。当代中国农村、特别是经济先发地区的农村面临着很多新问题，比如外来人口涌入、基础设施压力增大、居民对各类公共服务日益增长的需求、农村民主制度出现发展瓶颈、农村治理体系绩效难以保证等问题。当代中国的农村治理制度，也需要适应新时期城镇化与城乡公共服务均等化的要求，向科学化和职业化的方向发展。慈溪探索的农村专职干部制度，实际上就代表着一些经济先发地区在这方面的创新，具有重大的理论与现实意义。此外，城市经理制主要在美国的中小城市中实行，城市规模较小。而我国在经历了大规模的村庄合并之后，很多村庄已经接近万人的人口规模，管理规模已经向着小城镇的方向扩张。美国的城市经理制能够给我国很多启示，主要表现在以下几个方面。

（一）决策与执行的适度分离

在农村治理中，应该保持村务决策与执行的适度分离，一方面确保农村村务决策的民主机制，另一方面也确保农村公共管理事务执行的绩效。

在城市经理制度产生之前，美国城市政府的市长及各职能局主要负责人都是民选产生，他们都拥有民选的合法性来源，因此市长无法有效节制各职能部门，整个城市政府缺乏统一的行政管理体系。同时，民选产生的官员虽然具有良好的政治基础，有能力从事政治动员与决策工作，

但是他们未必具备行政管理的技能，因此面对日益专业化的市政管理工作往往力不从心。此外，市议会与市长及各职能局负责人相互牵制，导致市政管理效率十分低下。

城市经理制度则把城市政府的最高权力统一于市议会，为所有城市重大事务决策的最终裁定方。另外则设立城市经理这一职位，专职从事城市行政管理工作，他有权任命各职能局负责人，并对重大事务决策拥有重要的建议权。这样，市议会和城市经理分工明确，分别承担城市事务决策与执行工作，由此不但确保决策的民主，也确保了执行的有效。

自从实行村民自治制度以来，我国的农村治理制度一直是以“两委关系”为核心。村党组织是农村治理中的政治领导，而村民委员会则作为村集体经济的法定代表人负责具体的村务管理工作。然而现实当中，两委班子人员交叉任职的情况非常普遍，村务决策和执行并没有实行适度分离。村党组织和村委会选举，确实以民主机制保证了村务决策班子的合法性基础，是农村政治中不可动摇的基本制度。然而随着农村公共服务体系的日渐完善，农村治理事务日益复杂化，对相应的专业技术知识的需求也在增加，选举产生的村班子成员未必具备村务管理工作所需的这些技术知识。此外，一些具备村务管理所需专业技术知识的人才，可能由于各种原因，无法通过选举进入村班子为村工作。

在完善现有的以村党组织、村委会为组织基础的农村基层民主制度的基础上，通过建立农村专职干部制度，就可以适度实现农村治理中决策与执行的分离。村党组织、村委会和村集体经济合作社负责农村村务民主决策工作，村专职干部负责村务执行工作。决策班子和执行班子在主体一致的前提下适度分离，没有精力全职工作的村班子成员，可以以兼职方式参与村务决策工作，而村务执行班子必须全职工作，专职负责村务的具体执行。专职干部也不必一定从决策班子人员中产生，而是通过公开招考等形式多渠道产生，从而为有能力从事村务执行工作但因为各种原因没有机会选进村班子的人才提供了为村工作的机会。当然，村务决策与执行并非泾渭分明的关系，只是在班子成员主体一致的基础上适度分离。这样，就既保证了村务决策的民主，又保证了村务执行的绩效。

（二）农村治理的科学化与农村干部的职业化

在农村治理中，应该以科学化和职业化为发展方向，重视农村治理中的科学管理制度与方法，以及农村干部的职业化。

在城市经理制出现之前，美国的市政管理主要由民选官员负责。他们有能力在选举中胜出，表明他们在城市中有相当的政治基础。但是他们未必具备相应的管理技能，因此往往无法应对日益复杂和专业化的市政管理工作。现代市政管理工作，越来越需要有系统化的教育培训经历和长期的从业经验。

美国的城市经理制提出市政管理科学化的理念，强调城市经理的任职者必须具备市政管理的专业知识，从而体现出“专家治市”的特征。城市经理一般均为工程、工商管理界的专业技术人员或者前任市政官员，他们在任职过程中，也越来越普遍地接受公共管理专业教育。城市经理逐渐也发展为一种独立的专业技术职业，任职者需要具备相应的从业资格，需要经过标准化的培训并通过职业资格考试，也越来越多地接受常规的在岗培训。

我国的农村干部主要是从本村的村民中选举产生，这些人对村子和村民的情况熟悉，具有较好的社会基础，适合从事村务决策工作。但目前村务管理工作对专业技术知识的要求越来越高，比如社会保障、土地与基建工程管理、公共卫生等。选举产生的村干部由于自身生活经历和教育背景的局限，很多不具备所需的这些专业技术知识，开展工作显得力不从心。而目前还存在一些人才，他们具备较高的教育水平，适合从事村务管理工作，但是他们无法通过选举进入村班子，比如长期在外地生活居住，本村人不了解。通过选聘分离的专职干部制度，这些人才就可以进入村班子工作，发挥他们的所长，专职从事村务管理。

长期来看，农村专职干部应该发展为一种独立的专业技术职业，从业人员应该在教育背景、从业年限等方面具备相应的从业资质，经历过标准化的培训教育并通过职业资格考试。在从事村务管理工作的过程中，也要接受各种形式的常规的在岗培训，以不断适应农村治理工作的新情况和新问题。农村专职干部的招聘，也应该逐渐打破传统的地域限制，在更大的范围内选拔人才。选拔过程应该公开透明，充分体现普通村民、村班子和上级党委政府等多方面的要求，以更好地服务于农村群众，更好地协助上级党委政府开展农村公共服务工作。同时，也允许村专职干部在政策许可的范围内适度提高职业流动性，以促进村专职干部的岗位竞争力度，以及促进村际之间的工作交流，不断为各村带来新的工作方法和工作思维。

农村专职干部应该发展为一种职业化的岗位，因此在工资报酬和福利方面，也应该向着职业化的方向发展，通过财政适度拨款的方式，适度提高村专职干部的工资水平和社会保障水平，以体现他们的工作价值和社会认可度。同时，也需要不断加强硬件建设，确保村专职干部有良好的办公条件。

（三）统一的农村专职干部管理平台

应该建立统一的农村专职干部管理平台，负责村干部的选拔、培养、考核、激励和联络以及村务管理研究工作，一方面保障村干部管理的统一高效，一方面培养村干部的职业群体归属感、责任感和职业道德。

城市经理产生以来，作为一种新型的管理类专业技术职业群体，其队伍不断壮大，职业化、规范化水平不断提升，其中，城市经理职业群体自身的协会组织的建设起到了很大的作用。美国城市经理协会首先对城市经理的职业资格进行相关规定，负责全美城市经理职业群体的联络交流工作。目前它还发挥着培训、出版刊物、研究等很多重要功能。

我国的村干部管理长期以来是由各地的党委政府和村级组织负责，这基本适应了我国的政治体制。然而这也导致了村干部管理中的一些局限性，村干部管理制度的科学化与标准化程度不足，村与村之间缺乏长效的村干部交流机制，村干部群体尚未培养出职业群体归属感、责任感和职业道德。

农村专职干部的管理，应该由当地镇级党委政府统一管理，根据当地的具体情况设计村干部选拔、培养、考核和激励机制，在保障村民自治民主管理的基础上，督促各村严格执行上级党委政府的村干部管理规定，以确保村干部管理的标准化与科学化，推动村际干部交流。此外，还可以建立农村专职干部（农村专职社会工作者）协会，作为农村专职干部的常设联络自治组织，以推动农村专职干部的自我管理、自我教育、自我服务、自我监督，培养农村专职干部的职业群体归属感、责任感和职业道德。还可以自主开展村务管理方面的研究工作，或者以设立科研课题、基金会等形式委托第三方开展相关研究，以促进村务管理工作的发展和农村专职干部队伍建设。

三、小结

国外的城市经理制，是美国、加拿大等国家应对快速城市化过程中市政管理科学化的现实要求而做出的重要的制度创新。该制度的基本精神，是在市政管理中要奉行政治（决策）与行政（执行）的分离，前者以民主为基本原则，权力统一于市议会，后者则以管理绩效为原则，由城市经理统一行使管理权。这种专家治市的机制，克服了以往市政管理体制中民主选举产生的市政管理班子无法保证公共管理绩效的弊病，实现了民主与绩效的统一，并催生了城市经理这一现代职业群体。

国外的城市经理制，虽然产生于与当代中国完全不同的政治体制和社会环境中，但是无疑对于正处在快速城镇化的中国农村有着极强的启示意义。城市经理制所达成的公共管理中民主与绩效的有机结合，正是慈溪农村专职干部制度的探索目标。在农村专职干部制度的探索过程中，应该认真借鉴国外城市经理制的成功经验，实现村级治理中决策与执行的适度分离，提升农村治理的科学化水平和农村干部的职业化水平，并尝试建立统一的农村专职干部管理平台。

本书的第九章将会从农村治理体系与治理能力现代化的理论视野出发，在总体上总结和评价慈溪农村专职干部制度所取得的成效，并展望未来进一步完善和发展的方向。

第九章　农村治理体系和治理能力现代化视野中的慈溪农村专职干部制度

如前文所述，中央对农业农村工作一直高度重视。通过对 1982 年以来“中央一号文件”的分析可以发现，“促进农民增加收入”是中央农村工作的基本着眼点；在城乡统筹的背景下建立农村基本公共服务体系，是农村治理绩效提升的基本工作方式；促进工业化、信息化、城镇化、农业现代化同步发展的“四化同步”，是中央统筹安排城乡发展的战略思路。而这些基本着眼点、工作方式和战略思路的落实，都要求必须完善农村治理机制。“中央一号文件”一直强调，要从加强农村党建工作、完善农村基层民主自治制度、加强农村干部队伍建设和改善农村社会管理等多方面着手，完善农村治理机制。这仍然是我们在新形势下持续推动农村治理体系和治理能力现代化的重要指针。

经过十多年的探索，慈溪在农村专职干部制度方面已经积累了丰富的实践经验，取得了相当的工作成绩。应对经济社会快速发展给农村治理所带来的新问题、新挑战，面对农村治理体系和治理能力现代化的重大议题，慈溪给出的答案是，在农村治理中，既要注意村级民主制度建设，以保障村民群众的民主权利，保障党在农村执政的合法性基础，同时，也要高度重视村级治理的绩效，以保障农村公共管理与服务工作的有效度、公平性、回应性和公众满意度，从而实现农村治理中民主与绩效的有机结合。全面领会党的十八届三中全会的精神，从农村治理体系与治理能力现代化的理论视角，审视慈溪农村专职干部制度探索的成效并展望未来进一步完善和发展的方向，对于进一步完善和发展我国的农村治理机制，具有重要的理论与现实意义。

一、慈溪农村专职干部制度的成效

总的来看，慈溪农村专职干部制度的探索，在进一步巩固和发展农村基层民主的同时，积极回应了快速城镇化进程中农村社会治理和公共服务对高水平、专业化管理人才的需求，大力提升了农村治理的科学化水平，运行效果是好的，社会评价是积极的，是重要的社会治理创新。具体分析可以发现，慈溪农村专职干部制度的探索，与“中央一号文件”一直强调的要从加强农村党建工作、完善农村基层民主自治制度、加强农村干部队伍建设和改善农村社会管理等多方面着手完善农村治理机制的精神完全一致，推进了农村治理体系和治理能力现代化，取得了显著的成效。

（一）加强了农村党建工作

农村专职干部制度的探索，巩固了党在农村的基层组织，进一步巩固了党组织在农村治理中的领导核心地位。

中共中央一直高度重视基层党组织建设工作，高度重视农业和农村工作。《中国共产党章程》中明确指出：“党的基层组织是党在社会基层组织中的战斗堡垒，是党的全部工作和战斗力的基础。”在农村工作中，党组织是政治领导核心，也为村级组织输送了大量负责具体村务管理的干部。各级党委政府的政策意见在农村落实，都必须首先依靠农村基层党组织的先锋带头作用和组织力量，农村干部是我们党执政所依靠的重要力量。然而，目前一些地方的农村党组织出现了组织涣散、执行不力的问题，严重削弱了党在基层的组织执行力，也影响到了党的政治领导力。面对农村中出现的问题和矛盾，如果农村党组织和村干部政治觉悟不高，工作能力不强，这些问题和矛盾就无法在基层就地解决，甚至会逐渐升级向上传递，给上级党委政府造成直接压力，也影响到社会稳定。

加强农村党建工作，是“中央一号文件”提出的完善农村治理机制的一项重要内容。慈溪农村专职干部制度的探索，巩固了以村党组织书记为核心的农村党组织和党员队伍，培养和稳定以党员为主体的农村干部队伍，提高农村干部的政治观念水平和管理水平，进一步发挥党组织在农村工作中的政治领导作用，这些都是与中央的精神相一致的。

具体来说，在农村专职干部的选聘中，上级党委政府统一制定选聘规则，并且在具体的选聘环节中有更为直接的意见参与渠道，这些都确保了上级党委政府对农村专职干部的聘用和管理有更大的发言权，有助于上级党委政府的支农惠农政策在农村基层的有效贯彻落实，有助于维护加强上级党委政府的权威。而农村党组织书记直接聘为农村专职干部，也进一步巩固了农村党组织书记在村级治理结构中的领导地位。

（二）加强了农村干部队伍建设

农村干部长期以来主要是从村党组织和村委会两类组织中产生（浙江另有村经济合作社）。村党组织主要是在党员内部通过选举产生委员和书记，村委会则通过全村普选的方式产生委员和村主任。这两种组织为村务管理提供了大量干部人才。然而，随着农村公共管理与服务工作的推进以及随之而来的对农村管理人才的更高要求，这一干部选拔方式也表现出一定的局限性，一些管理能力突出、但尚未入党、也难以在村委会选举中当选的人才，无法参与村务管理工作。

加强农村干部队伍建设，是“中央一号文件”提出的完善农村治理机制的一项重要内容。

首先，农村专职干部制度拓宽了农村干部的选拔渠道。

农村专职干部实际上是镇（街道）党委政府聘用的负责农村社会治理和公共服务的农村专职社会工作者，这就突破了党组织、村委会等传统村级组织的干部选拔范围限制，拓宽了干部选拔的渠道。农村专职干部的选拔，依据候选人从事农村公共管理与服务的能力和素质进行考察，并且选拔过程综合了上级党委政府、村级组织和普通党员村民代表三方的意见，因而更加科学、客观、公正和透明，选拔出的干部也更符合新形势下农村治理绩效提升的要求。

其次，农村专职干部制度推动了农村干部职业化进程并激励了农村干部的干事热情。

基于村民民主自治的理念，村干部的工资以前长期由村集体经济负担。然而由于各地村集体经济发展水平不均衡，在一些集体经济较弱的村，村干部工资难以得到保障。而且村干部总体工资福利水平偏低。这些都导致村干部队伍不稳定，村务管理人才流失。此外，农村干部长期被认为是村民在工农业生产等主业之外的一种“兼职工作”，工作时间常常得不到保证，工作绩效和态度也参差不齐，距离现代职业化社区管理者的定位还有很大的差距。

农村专职干部制度的探索，推行市、镇（街道）两级财政负担农村专职干部的工资报酬和社会保险，要求农村专职干部在村里全日制上班。这就极大地改善了农村干部的整体工资福利水平，稳定了农村干部队伍，推动了农村干部队伍的职业化，加强了对农村干部的监督管理，也减轻了村集体经济的负担。农村专职干部岗位职业化、报酬工薪制，在村里全日制上班，也改变了以往村干部不是脱产工作、只是从事工商活动和农业生产之余的“兼职”工作的观念。四大社会保险的全面覆盖，也会逐渐改变村干部与一般村民一样依靠土地和子女的传统谋生和养老方式，使得村干部成为一种全职性的、具有谋生和养老等多种保障的现代职业。而定向招录事业编制人员等政治待遇，则为农村干部提供了新的职业提升机会。人文关怀等措施，也使农村干部更加体会到上级党委政府的温暖，更敢于开展工作。这些措施，都使得农村干部向着职业化社会管理者的方向快速发展，有力地提升了农村干部的职业化水平。

最后，农村专职干部制度，专门设计了农村专职干部的系统化教育培训体系，能够大力提升农村干部的职业化素养、职业化行为规范和职业化技能，使村干部工作标准化、规范化、制度化和科学化。

经过这些系统化教育培训的农村专职干部，才能够更有能力应对现代农村治理中的新情况和新问题。

此外，农村专职干部制度，还实现了与大学生村官制度的有效对接。大学生村官制度实施以来，在很大程度上改善了过去农村干部老龄化、素质低、受地方宗族势力影响大等问题，为农村干部队伍建设开辟了一条新路，也一定程度上缓解了大学生就业难的问题。然而大学生村官制度的一个现实问题是，无论是到村大学生本身还是村班子，都往往把大学生村官看作一种短期过渡的职业，因为大多数到村大学生都会报考定向机关事业单位岗位。到村大学生的这种“临时性”的自我定位和社会观念，造成到村大学生难以安心本职工作、村班子不愿意花时间培养到村大学生、到村大学生也难以进入村班子等问题。其根本性的原因，还是到村大学生工作条件不理想、待遇水平低、职业发展前景不明。

慈溪实施农村专职干部制度，就为改善到村大学生的工作条件和待遇水平以及提供新的职业发展前景提供了契机。一些工作表现出色、愿意长期从事村务管理工作的到村大学生，可以聘用为农村专职干部，也可以通过选举进入村班子。因此，到村大学生有更大的机会长期扎根基层从事村务管理工作。特别是对于来自外村、外地的到村大学生，原本他们由于户籍身份的限制而无法参加村委会选举而进入村委会班子。农村专职干部制度的实施，长期的发展方向是打破地域限制，广开干部选拔渠道，因此可以为到村大学生提供新的职业发展机会，即进入农村专职干部序列。

（三）完善了农村基层民主自治制度

首先，农村专职干部制度的探索，有助于实现农村治理中村务议事与执行的适度分离。农村专职干部制度确保村党组织、村委会等村务议事机构继续发挥农村基层民主决策的作用，他们定期的换届选举也不会影响农村专职干部队伍的相对稳定和有效管理。而选聘分离、由农村专职干部承担村务执行工作，也可以实现村干部之间的适度分权与监督。

村委会选举是中国基层民主实践的重要创举，也是党领导下的人民当家做主的重要体现。村委会选举也成为动员基层群众参与村级事务管理的重要推动力量。同时，村党组织也不断创新党内基层民主机制，通过引入竞争性选举的因素，强化党内的民主决策机制。这些都构成中国农村基层民主的重要体现。根据《中国共产党章程》和《中华人民共和国村民委员会组织法》，村党组织和村委会每三年换届选举一次，基层政府和村级组织需要安排大量的人力物力组织和监督选举过程。此外，选举必然导致村班子人员的调整，新班子的磨合需要一定的时间。这些都对农村基层日常的公共管理与服务工作的延续性造成了一定的影响。而农村专职干部采用聘用制，无须进行定期的换届选举，因此具有较高的稳定性，从而确保了村务执行工作的稳定有序。此外，农村企业主等地方能人，可以通过参与竞选村党组织、村委会等村务议事机构的职位，参与村级事务议事。他们可以选择不被聘为村专职干部，因此就无须花费大量时间精力做村务执行的具体工作，有更多的时间搞好企业管理工作。村议事班子（党组织、村委会、村经济合作社）和村执行班子（专职干部）的适度分离，也成为村务管理监督的新机制。这些都真正体现了“选聘分离”的制度优势。

其次，农村专职干部制度的探索，也拓宽了普通党员村民参与村务管理的渠道。村委会选举，是中国农村基层民主的最直观体现。村委会成员由全体村民普选产生，对村民负责，接受村民监督，这是村民民主权利的基本保障。在选举结束、村委会班子确定之后，面临重大村务决策的时候，村民（代表）会议是村民参与到日常村务管理的最主要的制度化渠道。然而村庄合并之后，村庄规模急剧扩大，召开村民代表会议的时间和经费成本越来越高，而村务管理工作随时都在变化调整中，不可能随时召开村民会议，由此导致村民代表会议逐渐虚化。

选聘分离制度将一部分党员村民代表和村中其他有威望的人士纳入村务议事班子中，参与重大村务决策工作，并且代表村民与村班子进行日常沟通。村务议事班子召开会议的频次较高，除了常规会议之外也可根据具体村务需要随时召开会议。这样就一定程度上解决了村民代表会议虚化、村民参与村务管理决策工作渠道不足的问题。而村三套班子为主体构成村务执行班子负责具体的村务执行工作。在农村专职干部的考核过程中，“双述双评”制度的实施，确保了党员村民代表能够参与到对村干部的评述考核中。这些都直接体现了党员村民在村专职干部选拔和考核中的民主参与，成为补充村委会选举、村民（代表）会议等既有的村级民主机制的新民主成分。

（四）改善了农村社会治理

作为农村专职干部制度重要的配套性机制，村级和谐促进会的出现，也为农村外来人员提供了制度化的民主参与渠道，是一种新型村级吸纳式民主机制。在慈溪农村快速城镇化的背景下，农村外来人员成为一个重要的社会现象，村级和谐促进会所提供的新型村级民主，成为农村基层民主建设的新增长点。

这种新型吸纳式村级民主，并非传统意义上的以村民委员会制度为核心的农村基层民主机制，更多的其实是应对新形势下农村治理的复杂性而做出的农村社会管理创新。其重要特点，是以村级和谐促进会这一新型农村社会组织为纽带，把村级组织、本地村民和外来人员三者紧密联系起来，通过制度化的沟通与协商渠道，达到协调社会关系、规范社会行为、解决社会问题、化解社会矛盾、促进社会公正、应对社会风险、维持社会和谐等效果。

二、农村专职干部制度进一步完善发展的方向

在进一步发展农村基层民主和提高农村治理绩效的大背景之中，如何进一步清晰农村专职干部的性质定位，理顺运作机制，成为深化完善农村专职干部制度必须解决的首要的理论和现实问题。深化完善农村专职干部制度，远景目标将是建立一支能承担农村公共管理与服务职能的农村职业化社会工作者队伍。这支队伍类似“政府雇员”，与村级自治组织“并行”，同在村党组织领导下开展工作。农村专职干部队伍从事村级公共管理与服务工作，村级自治组织负责村级事务自我管理工作。这样就可以改变“当选”即为村专职干部的传统任用模式所存在的性质不明、

定位不清、职业化程度不高、管理与服务能力不足等弊端。

农村专职干部制度，是城镇化进程中农村社区建设与管理的新方向，值得进一步探索和发展。慈溪农村专职干部制度的探索，顺应了农村治理体系与治理能力现代化的时代要求，取得了显著的成绩。当然，目前慈溪的农村专职干部制度也有不成熟、不完善的地方，还需要从以下几个方面进一步完善和发展。

（一）进一步推动村务议事与执行班子的适度分离

从目前的实施状况来看，由于对农村管理人才的路径依赖，农村专职干部与村三套班子成员还是存在人员的高度重合，尚未真正实现村务议事班子和执行班子的适度分离。其后果是，一方面选聘分离、村议事班子与执行班子适度分离的制度意图尚未真正落实；另一方面，对选聘分离制度不了解的人，往往误以为该制度只是把村班子成员的工资全部改由市镇财政负担，其他并无创新，市镇两级政府甚至凭借聘用程序，找到了“控制”村干部的新手段。

因此，今后的发展方向，应该是在进一步巩固和发展农村党组织建设、村民委员会选举的基础上，让农村干部循序渐进地实现适度分流，让一些村干部选择或者进入村三套班子议事队伍，或者进入村专职干部执行队伍，从而使得村三套班子与村专职干部在主体一致的基础上，实现适度分离。要加大在村三套班子范围以外“两公开”选拔村专职干部的力度，加大将党员代表、村民代表和村内贤达人士纳入村务议事班子的力度。

（二）逐步完善农村专职社会工作者资格考试制度

农村专职干部制度的核心理念之一，是实现农村干部的职业化。职业化即工作状态的标准化、规范化和制度化，这必然要求对工作规范与标准的统一理解，因此对工作者的知识储备和职业素养提出了一定的要求。资格考试制度已经在各种专业技术职业领域得到广泛推广，比如会计、教师、建筑师、司法工作者等，对推进职业技术规范、职业道德建设等发挥了重大作用。农村专职干部制度借鉴现代社会工作的理念，把农村专职干部定义为职业化的农村社会工作者。这就需要对农村专职干部的职业技能、职业道德等作出统一的规定，从业人员也需要通过资格考试来获得一定的基本从业资质。

当然，由于目前农村专职干部的主体仍是村三套班子成员直接聘用，不可能短期内搞一刀切。但是今后的发展方向，应该是实现农村专职干部全部通过农村专职社会工作者资格考试。

（三）进一步保障村级组织和党员村民代表在农村专职干部选拔和考核中的民主权利

在农村专职干部选聘及考核过程中，要保障村级组织和村民代表的表决权，体现他们对农村专职干部的期望、要求和评价。

农村专职干部是从事农村管理工作的农村专职社会工作者，其聘用主体是村三套班子（村党组织、村委会、村经济合作社）。农村专职干部的服务对象是广大农民群众，群众对专职干部的满意度，才是评判干部工作能力乃至农村专职干部制度本身有效性的终极标准。同时农民群众对政府提供的公共服务，也有各种期望和要求，需要有制度化的渠道进行表达。所以，在村专职干部的选拔过程中，一定要体现村级组织和普通村民的意愿和要求。在“两公开”选拔村专职干部的过程中，通过安排村三套班子成员和村民小组长、村民代表、党员代表等村级代表作为评委；在对专职干部的定期述职考核中，安排村级组织和村级代表参与考核评判，这都是保障村级组织和村民民主权利的重要机制。

（四）进一步扩大公开选拔农村专职干部的范围

进一步完善“两公开”选拔村专职干部的制度，进一步扩大公开选拔农村专职干部的范围，允许村外人才报名竞聘。目前“两公开”选拔制度对竞聘人有地域方面的限制，一般要求有本村户口或原为本村户口。传统乡土社会为“熟人社会”，人与人之间距离近、日常互动多，日常生活经验对于生存具有基础性意义，反映在村务管理上，村干部一般必须是本村人，才有相应的生活背景、知识储备乃至个人威望以管理本村，村外人员难以具备上述素质。然而，随着城镇化的推进，农村已经越来越多地出现城乡融合、工农融合的发展格局，熟人社会已经在很大程度上被打破。此外，农村专职干部主要从事农村公共服务工作，这就对专业技术知识提出了更高的要求。

因此，在选拔村专职干部的范围方面，今后的发展方向应该是打破地域限制，在村外人才库中广泛筛选。至于村外人才是否能够胜任本村管理工作，则完全可以在“两公开”选拔过程中，以及专职干部的定期述职考核过程中得到检验。

（五）进一步完善村专职干部日常化培训与交流机制

进一步完善村专职干部日常化培训与交流机制，采取“长期、实用、互动”的培训方式；鼓励农村专职干部跨村、跨镇（街道）交流任职。

农村干部的培养并非一朝一夕的工作，需要有长效机制。在农村专职干部培训机制上，要不断探索新形式、新内容，把培训与统一村干部思想、促进村干部之间的交流与学习结合起来。此外，与村干部职业化的理念相适应，应该推动农村专职干部异地交流任职。农村管理工作虽然内容庞杂、事务众多，但主要的工作内容比较相似，村干部跨村、跨镇（街道）交流任职，一般都可以胜任新的工作。一些村干部反映，由于身处本村的社会关系网之中，有时碍于乡亲邻里的情面，对于严格执法、从严管理感到为难，甚至害怕受到打击报复。村干部跨村、跨镇（街道）交流任职，提高村干部的流动性，就可以帮助村干部少受地方社会势力的影响，更敢于开展工作。同时，交流任职也可以拓展村干部的视野，让他们了解到其他村和镇（街道）是如何开展工作的，从而促进本村管理工作的改进。

三、结语

农村治理体系和治理能力现代化是新形势下农村社会发展的必然要

求。《中共中央关于全面深化改革若干重大问题的决定》首次提出："全面深化改革的总目标是完善和发展中国特色社会主义制度，推进国家治理体系和治理能力现代化。"在我国快速城镇化进程中，农村治理体系和治理能力现代化成为更加突出的时代要求。推进农村治理体系和治理能力现代化，其基本方针是实现农村治理中民主与绩效的有机结合，关键是加强村级组织建设和农村干部队伍建设。"中央一号文件"一直强调，要从加强农村党建工作、完善农村基层民主自治制度、加强农村干部队伍建设和改善农村社会管理等多方面着手，完善农村治理机制。然而农村治理体系与治理能力现代化的具体实践机制，没有统一答案，各地因地制宜的创新之举都是积极有益的探索，也值得相互借鉴。

慈溪农村专职干部制度的探索，顺应了农村治理体系和治理能力现代化的时代要求。在"巩固和发展农村基层民主，重视和提升农村治理绩效，实现民主与绩效的有机结合"这一制度探索目标的指引下，秉持"以党领政，以选建政，以聘施政，以民督政"这样的总体政治理念，慈溪农村专职干部制度采取了"选聘分离、定编定酬、财政保障、双向监督"四大设计原则。慈溪农村专职干部制度的探索，强化了农村基层党组织在农村治理中的核心领导地位，大力提升了农村干部的职业化水平和农村治理的科学化水平，而且拓宽了农村基层民主参与的渠道，也改善了农村社会管理。可以发现，慈溪农村专职干部制度的探索，完全符合"中央一号文件"关于完善农村治理机制的总体精神，政治方向正确，机制保障有力，创新成果显著。慈溪农村专职干部制度的探索，反映了我国经济发达地区农村治理发展的新趋势、新方向，体现了我国活跃的地方政府创新和社会管理创新，是非常有益的、值得肯定的积极举措，为我国农村治理体系和治理能力现代化的重大发展进程，提供了有效的参考，也值得有条件的其他地区进行借鉴。

让我们积极响应中央关于推进国家治理体系和治理能力现代化的总体战略部署，坚定不移地沿着中国特色社会主义道路继续前进，积极探索农村治理体系和治理能力现代化的具体实践机制，并取得更大成绩！

参考文献

Wu, Guoguang, "Documentary Politics: Hypotheses, Process and Case Studies", in Decision - making in Deng's China: Perspectives from Insiders, edited by Carol L. Hamrin and Suisheng Zhao, M. E. Sharpe, Inc., 1995, pp. 24 - 38.

蔡旭昶、严国萍、任泽涛，《社会组织在流动人口管理服务中的作用——基于浙江省慈溪市和谐促进会的研究》，载《经济社会体制比较》，2011 年第 5 期。

陈海威，《中国基本公共服务体系研究》，载《科学社会主义》，2007 年第 3 期。

慈溪市档案局（馆）编，《改革开放以来慈溪市（县）委农村政策选编》，2010 年。

费孝通，《乡土中国》，北京：中华书局，2013 年。

冯兴元、柯睿思、李人庆，《中国的村级组织与村庄治理》，北京：中国社会科学出版社，2009 年。

胡岳鹏，《浅析慈溪民营企业在县域工业经济中的坐标》，载《慈溪史脉》，杭州：浙江古籍出版社，2010 年。

江宜航，《和谐促进会促和谐》，载《中国经济时报》，2008 年 4 月 21 日，第 007 版。

金怒江，《美国城市经理制研究》，载《社会科学》，2004 年第 11 期。

景跃进，《村民自治与中国特色的民主政治之路》，载《天津社会科学》，2002 年第 1 期。

李春峰，《治理压力中的组织调适：中国共产党党内学习机制的转换与再造》，中国人民大学国际关系学院博士论文，2012 年。

李永彩，《从“问题村官”看村级民主的困境与出路》，载《中共云南省委党校学报》，2013 年第 2 期。

李壮松，《美国城市经理制——历史到现实的综合考察》，厦门大学历史系博士论文，2002 年。

林蓉蓉，《20 世纪中后期西方城市经理制研究综述》，载马骏、侯一麟主编，《公共管理研究》，第 7 卷，上海，格致出版社，2010 年。

罗思东、何艳玲，《城市应该如何管理——美国进步时代的市政体制及其改革》，载《公共行政评论》，2008 年第 2 期。

施从美，《“文件政治”：当下中国乡村治理研究的新视角》，载《江苏社会科学》，2008 年第 1 期。

施从美，《当代中国文件制度的结构与功能解析》，载《江海学刊》，2010 年第 1 期。

施从美，《当代中国文件治理变迁与现代国家成长——以建国以来中央颁发的土地文件为分析视角》，载《江苏社会科学》，2010 年第 1 期。

史济权、许钰染、鲁企望，《农村改革又一重大突破——慈溪市调整村级行政区划推进农村城市化的报告》，载《宁波通讯》，2001 年第 5 期。

宋虎、沈虹燕，《把美国城市经理请到中国农村来——对中国农村基层民主自治制度的探讨》，载《才智》，2010 年第 11 期。

宋虎、施从美，《村庄经理制：村干部队伍建设的新思考》，载《学习与思考》，2013 年第 3 期。

孙建军，《美国城市经理制的发展》，载《经济研究参考》，2003 年第 82 期。

王汉生、王一鸽：《目标管理责任制：农村基层政权的实践逻辑》，载《社会学研究》，2009 年第 2 期。

王旭，《富有生机的美国城市经理制》，载《历史研究》，1989 年第

3期。

项继权，《从“社队”到“社区”：我国农村基层组织与管理体制的三次变革》，载《理论学刊》，2007年第11期。

邢佳佳，《城市化与美国市政体制改革》，载《山东师范大学学报（社会科学版）》，1998年第3期。

徐长军，《构建基层社会管理新模式公共管理创新——慈溪建立村级和谐促进会服务外来务工者的经验做法》，载《今日浙江》，2010年第8期。

杨海坤、曹寻真，《中国乡村自治的历史根源、现实问题与前景展望》，载《江淮论坛》，2010年第3期。

杨利登，《“3 + 1”村级公共管理基本设想——Y镇村级工作个案分析》，载《中共宁波市委党校学报》，2005年第5期。

余逊达、徐思勤主编，《民主、民主化与治理绩效》，杭州：浙江大学出版社，2011年。

张凌，《美国城市经理——议会行政管理模式：对摩根市行政管理体制的调查与思考》，载《浦东开发》，1997年第10期。

张小劲、李岩，《从语义图解到模式理解：〈关于全面深化改革若干重大问题的决定〉中关于治理问题的论述》，载《当代世界与社会主义》，2014年第1期。

赵鼎新，《当今中国会不会发生革命?》，载《二十一世纪评论》（香港），2012年12月号。

周飞舟，《从汲取型政权到“悬浮型”政权——税费改革对国家与农民关系之影响》，载《社会学研究》，2006年第3期。

周雪光、艾云，《多重逻辑下的制度变迁：一个分析框架》，载《中国社会科学》，2010年第4期。